Holtstiege · Modell Montessori

Hildegard Holtstiege

Modell Montessori

Grundsätze und aktuelle Geltung der Montessori-Pädagogik

Herder Freiburg · Basel · Wien

6. Auflage

Herstellung: Freiburger Graphische Betriebe 1991
ISBN 3-451-17867-2

Inhalt

Vorwort

Das vorliegende Buch hat eine Entstehungsgeschichte, die bis in den Beginn der 60er Jahre zurückreicht. Es verdankt Anstöße und Anregungen entsprechenden Tagungen und vor allem Gesprächen mit Kollegen und Studierenden.

Ausdrücklichen Dank möchte ich Studierenden an der EWH Rheinland-Pfalz, Abt. Worms, der Universität Mainz und der Pädagogischen Hochschule Ruhr, Dortmund, sagen, die an regelmäßig durchgeführten Montessori-Seminaren aktiv und die Diskussion vorantreibend teilgenommen haben. In solche Seminare waren Exkursionen im In- und Ausland (Holland) integriert. Dank sei den besuchten Montessori-Institutionen in Amsterdam, Den Haag, Wassenaar, Aachen, Bonn, Düsseldorf, Dortmund, Frankfurt, Hagen, Heiligenhaus, Herne, Münster und Köln gesagt, in denen Studierenden Möglichkeiten zu Hospitationen und Gesprächen mit Lehrenden geboten wurden.

Frau Irma Tetter, Freiburg, gilt posthum noch ein Wort des Dankes. Ihr besonderes Verdienst ist es, den Druck dieses Werkes initiiert zu haben.

In besonderer Weise möchte ich meinem Kollegen, Herrn Professor P. Oswald, Münster, danken, der trotz anderweitiger Belastung mit viel Sachverstand das Entstehen dieses Buches einerseits durch anerkennend bestätigenden, andererseits durch konstruktiv-kritischen Rat begleitet hat.

Herrn Theo Rombach vom Verlag Herder möchte ich ebenfalls danken für seine vielfältige Hilfe, durch die er mit Rat und Tat und mit viel pädagogischem Sachverstand die Endredaktion dieses Buches unterstützt hat.

Das Schreiben des Manuskriptes besorgte freundlicherweise Frau Inge Dumjahn, Mainz. Auch ihr sie an dieser Stelle gedankt.

Weiterhin habe ich Frau Christa Golenhofen, Mainz, zu danken; sie hat den Anhang (Zeittafel, Personen- und Sachregister) erstellt.

Mainz, den 7. April 1977 — Hildegard Holtstiege

Vorwort zur 2. Auflage

Nach dem ersten Erscheinen dieses Buches sind weitere Werke zur Montessori-Pädagogik primärer wie sekundärer Art veröffentlicht worden, die der Berücksichtigung bei einer Neuauflage bedurft hätten.

Das Erfordernis einer Neuauflage kam überraschend und ließ keine Zeit zur Einarbeitung neuer Literatur wie neuer Forschungsaspekte. Insbesondere drei Aspekte hätten einer Berücksichtigung bedurft, die hier einstweilen nur genannt werden können:

1. die Einarbeitung der kreativ-kosmischen Aufgabe des Menschen und ihre didaktische Umsetzung,
2. die Förderung der sensiblen Phasen des Jugendalters durch Konkretionen für die S I und S II,
3. das Prinzip der Kontinuität des einheitlichen Bildungsweges für den heranwachsenden Menschen unter dem Gesichtspunkt der architektonischen Einheit aller Montessori-Institutionen, um die „freie Zirkulation" zur Verwirklichung der „Kooperation der Kinder" zu ermöglichen.

Der Aufweis dieser Überarbeitungsgesichtspunkte mag deutlich machen, daß die Montessori-Pädagogik in sich ständig auf dem Wege zu ihrer Verwirklichung und damit für die Zukunft offen ist.

Havixbeck, den 23. Mai 1981 Hildegard Holtstiege

Vorwort zur erweiterten 3. Auflage

In die dritte Auflage konnte die bis heute erschienene, neuere und wichtigste Primär- und Sekundärliteratur – soweit bekannt – eingearbeitet werden. Außerdem war es möglich, die Neuauflage um den dritten der im Vorwort zur 2. Auflage genannten Aspekte zu erweitern, und zwar unter der Überschrift im Kapitel V, „4. Organisationsstruktur und Kooperation der Kinder".

Münster/Havixbeck, den 22. Mai 1982 Hildegard Holtstiege

Vorwort zur 4. Auflage

Mit dieser 4. Auflage fällt zeitlich die Veröffentlichung von zwei Bänden „Studien zur Montessori-Pädagogik" zusammen. Im Kontext dieser Arbeiten hat das erneut aufgelegte Werk den Charakter eines Kompendiums, auf das in den neuen Publikationen Bezug genommen wird.

Münster/Havixbeck, den 11. März 1986 Hildegard Holtstiege

Vorwort zur 5. und 6. Auflage

Die 5. und 6. Auflage ist um die seit 1982 erschienene wichtigste Primär- und Sekundär-Literatur ergänzt worden.

Münster/Havixbeck, den 30. 4. 1989/19. 3. 1991 Hildegard Holtstiege

I. Einleitung

An den Anfang dieser Einleitung soll ein Zitat gestellt werden. Es enthält eine Begründung für die Gegenwartsbedeutung der Pädagogik M. Montessoris im Sinne eines u.a. möglichen Modells.

„Der Mensch ist ein Produkt seiner Persönlichkeit und seiner Erziehung, wenn wir zur Erziehung auch die lange Reihe von Erfahrungen hinzurechnen, die er in seinem Leben macht. Diese zwei Seiten des Individuums lassen sich nicht auseinanderhalten: der Geist an sich, ohne das, was er aus der Umwelt schon in sich aufgenommen hat, ist eine Abstraktion. Die Feststellung, die für alle Lebewesen gilt, daß nämlich das Individuum sich nicht von seiner Umwelt freimachen kann, gilt um so mehr für das psychische Leben, weil die vielgestaltige Umgebung, die die Mittel der Selbsterfahrung, die den Menschen psychisch entwickelte, darstellt, einen wesentlichen Bestandteil des Individuums, man kann sagen, dieses selbst bildet. Und doch wissen wir alle, daß das psychische Individuum nicht identisch ist mit seiner Umwelt, sondern ein eigenes Leben führt." (1, 119–111)*

In dieser Aussage aus dem Jahre 1916 wird jenes Problem angesprochen, das die Diskussion der Gegenwart bewegt: die Frage nach dem Anteil der Umwelt und die Frage nach dem Anteil des Individuums bei der Intelligenzentwicklung sowie am Vorgang der Selbstverwirklichung im Sinne eines Bildungsprozesses. Unter dieser Leitidee steht die umfassende Zielsetzung dieser Arbeit. Die Intentionen dieser Veröffentlichung werden an entsprechender Stelle noch differenzierter ausgegrenzt und dargelegt.

Zunächst soll auf eine seit Jahren feststellbare Tendenz eingegangen werden:

1. Montessori-Renaissance: Gründe

Ein Blick in die Bildungsgeschichte der Nachkriegszeit zeigt, daß seit Anfang der fünfziger Jahre mit der Einrichtung von Montessori-Institutionen in Westdeutschland neu begonnen wurde (vgl. V. 4, 2). Diese Initiativen fallen zeitlich zusammen mit dem Beginn der Reformbestrebungen im deutschen Bildungswesen, an deren Ende der vom Deutschen Bildungsrat 1970 vorgelegte *Strukturplan für das Bildungswesen* steht.

Während der Diskussion um den sich wandelnden Begabungs- und Entwick-

* Die Schreibweise der Zitatstelle wird erläutert auf Seite 13.

lungsbegriff und entsprechende Konsequenzen für die Früh- und Vorschulförderung erschien 1967 ein Beitrag von A. Flitner, in dem sich folgende bemerkenswerte Aussage findet: „Nicht von ungefähr erlebt M. Montessori in den letzten Jahren eine Renaissance; in Amerika, wo sie noch kaum Fuß gefaßt hatte, entsteht augenblicklich geradezu eine Montessori-Bewegung, eben weil bei ihr ein systematisch durchdachtes Programm der Förderung und Anregung durch Beschäftigungsmaterial und durch herausfordernde und stimulierende Spielaufgaben entwickelt ist." (Flitner, A., 1967, 526; vgl. Orem, R. C., 1975; Schulz-Benesch, G., 1979,5).

1.1 Gegenwartsbedeutung für Problembereiche der Bildungsreform

Genannt wurde bereits eine gewisse Entsprechung zwischen Montessoris Begabungs- und Entwicklungsverständnis und dem der Gegenwart. Aus diesem Ansatz resultiert die Frage nach einer entwicklungsangemessenen systematischen Förderung im Bereich frühen Lernens (vgl. Lückert, H.-R., 1969). Weitere Aspekte von Reformbestrebungen der Gegenwart sollen nachfolgend kurz umrissen werden. Auf ihre Entsprechung zu Reformbemühungen in Montessoris Konzeption wird im Verlaufe der Entwicklung dieses Erziehungsmodells an jeweils geeigneter Stelle eingegangen werden.

An Prinzipien heutiger Bildungsreform wären zu nennen:

die von H. Roth konzipierte Theorie einer Entwicklungspädagogik (Roth, H., 1971, 26),

die damit verbundene Übernahme einer „Theorie sensibler Phasen".

Es handelt sich um das Phänomen erhöhter Lernbereitschaften für bestimmte menschliche Entwicklungsbereiche (Aebli, 1969, 189; Roth, H., 1971, 27; Deutscher Bildungsrat, 1970),

die Forderung von Entwicklungsaufgaben, die den Sensibilitäten der jeweiligen Entwicklungsphasen entsprechen, diese herausfordern und gemäß dem „Prinzip der Passung" fördern (Lückert, H.-R., 1969, 19; Deutscher Bildungsrat, 1970, 42.43.47; Roth, H., 1971, 34),

die Entwicklung von Förderprogrammen oder Curricula (Deutscher Bildungsrat, 1970, 112),

ein entsprechend revidiertes Erzieherverhalten von partnerschaftlichem und repressionsarmem Charakter (Deutscher Bildungsrat, 1970, 37.44).

Die genannten Prinzipien entsprechen einer pädagogischen Leitvorstellung: Selbstbildung in Richtung Mündigkeit (Selbstbestimmung). Das „Grundmuster mündigen Verhaltens" ist an lebenslanges Lernen rückgebunden. Daraus ergibt sich die Forderung nach dem „Lernen des Lernens" (Deutscher Bildungsrat, 1970, 29.37.33; vgl. auch Scheid, P. / Weidlich, H., Hg., 1977, 6).

Die pädagogischen Prinzipien sind als Organisationsprinzipien für die Strukturierung eines Bildungssystems gedacht, das durch Kontinuität gekennzeichnet ist.

Kontinuität soll durch zeitlich und inhaltlich aufeinander aufbauende Curricula (Erziehungspläne) und Institutionen (organisierte Erziehungsformen und -bereiche) eine Pädagogische Einheit des Bildungsgeschehens ermöglichen und bewirken.

1.2 Eignung für Lehrveranstaltungen

Die in 1.1 genannten Gründe gaben den Anstoß zu hochschuldidaktischer Berücksichtigung der Montessori-Pädagogik. Hochschuldidaktik wird im Sinne der Auswahl von Inhalten für das erziehungswissenschaftliche Studium verstanden. Die methodische Gestaltung im Sinne arrangierter Studiersituationen ist dabei einbezogen.

Montessoris Erziehungskonzept ließ sich als Modell heranziehen, um die Bewältigung der (1.1) umrissenen Problembereiche an einer dafür geeigneten Konzeption theoretisch durchzuspielen.

Hinzu kam die Möglichkeit, durch Hospitationen die praktische Umsetzung der theoretischen Grundgedanken in entsprechenden Institutionen zu beobachten. Das bot weiter die Möglichkeit, in der letzten Lehr- und Lerneinheit einer Gesamtveranstaltung die Erfahrungen auszuwerten und mit der Theorie zu konfrontieren.

Diese Art von Lehrveranstaltungen, die seit 1972 zehnmal durchgeführt wurden, erbrachte stets erneut den Beweis, daß Montessori ein Modell entwickelt hat, das sowohl Gegenwartsrelevanz besitzt als auch noch heute gültige tragende Prinzipien, die sich theoretisch erarbeiten und praktisch beobachten lassen. Durchgängig hielt sich die Erfahrung, daß zur Einsicht und angemessenen Beurteilung Hospitationen integraler Bestandteil solcher Veranstaltungen sein sollten. Derartige Veranstaltungen hatten motivierende und erschließende Wirkung bei Studierenden. Sie brachten ihnen einen echten Zugewinn an Einsicht in pädagogische Phänomene, Zusammenhänge und Probleme sowie an Beobachtungsfähigkeit und Vorbereitung für die zukünftige Praxis. Aufgrund der beschriebenen Erfahrungen wird die inhaltliche Struktur der Lehrveranstaltungen zur Disposition dieses Buches verwandt. Auf diese Weise läßt sich eine gewisse Strukturierung des Modells der Bildung nach Montessori vornehmen.

2. Ziele dieses Buches

2.1 Zwei Intentionen wurden bereits genannt:

Der Modellcharakter einer Konzeption, in der sowohl die Frage nach dem Anteil der Umwelt als auch des Individuums am Intelligenz- und Selbstbildungsprozeß gestellt und auch beantwortet wird, soll herausgearbeitet werden.

2.2 Die Ermittlung und der Aufweis von Parallelen im Montessori-Modell zu Gegenwartsproblemen ist ein weiteres Ziel. Jedes der folgenden fünf Kapitel enthält diese spezielle Fragestellung.

2.3 Die Arbeitsintentionen richten sich auf die genuin pädagogischen Ziele und Prinzipien. So werden forschungs- oder problemgeschichtliche Fragestellungen nicht berücksichtigt. Dies ist bereits durch andere Autoren geschehen und soll hier nicht wiederholt werden (vgl. Hecker, H./Muchow, M., 1927; Schulz, G., 1961; Böhm, W., 1969; Schulz-Benesch, G. [Hrsg.], 1970; Oswald, P., 1970). Es sei ausdrücklich festgestellt, daß auf solcherart auftretende Probleme im Rahmen dieser Arbeit nicht eingegangen werden kann. Eine Ausnahme bilden lediglich auftauchende Fragen, die in einem unmittelbaren Begründungszusammenhang mit den für den Modellcharakter herauszuarbeitenden grundlegenden Zielen und Prinzipien stehen.

So wird z. B. auch die Bezogenheit vieler Aussagen Montessoris auf religionspädagogische, theologische oder theologisch-anthropologische Inhalte nicht berücksichtigt. Hinsichtlich solcher Intentionen kann verwiesen werden auf Arbeiten, die diesen Aspekt bereits aufgegriffen und einbezogen haben. (Oswald, P., 1958, 42–45; Schulz, G., 1961, 105–158; Böhm, W., 1969, 129–137; Oswald, P., 1970, 35) Die Ausgrenzung dieser Betrachtungsweise geschieht nicht, weil ihr keine Bedeutung beigemessen wird. Sie hat ihren Grund lediglich in der eingangs erwähnten Zielsetzung: Herausarbeitung der genuin pädagogischen Ziele und Grundsätze, also nur solcher, die innerhalb des pädagogischen Bezugsrahmens entstehen und aus diesem Feld des Denkens und Handelns entspringen.

2.4 Auf eine hochschuldidaktische Zielsetzung soll ausdrücklich verwiesen werden. Die unter 1.2 vorgenommene hochschuldidaktische Begründung der Montessori-Rezeption ist hier relevant: Ziel ist das Aufgreifen der erschließenden Funktion von Leitideen des Montessori-Modells für pädagogisches Theorieverständnis und für Motivation zu entsprechendem Handeln in der Praxis. Aufbau und arbeitstechnische Durchführung dieser Publikation geschehen in Ausrichtung an der beschriebenen hochschuldidaktischen Absicht. Es handelt sich um eine durchlaufende Perspektive, die zutage tritt in den Zusammenfassungen, graphischen Skizzen oder Übersichtstabellen am Schluß eines jeden Kapitels.

3. Hermeneutische Probleme

In dieser Veröffentlichung wird hermeneutisch gearbeitet, d. h. mit dem Verfahren der Textauslegung und -erklärung.

Das Montessori-Schrifttum bietet bei diesem Vorgehen ihm eigentümliche Schwierigkeiten. Die Eigenart der Literatur liegt begründet in ihrer Entstehung: Montessori hat ihre Werke nicht systematisch geschrieben; sie ist keine systematisch arbeitende Theoretikerin. Ihre Stärke liegt in der praktischen Verwirklichung ihrer Ideen. Der überwiegende Teil ihrer Schriften sind Darlegungen und Begründungen ihrer praktischen Versuche. Die Schriften Montessoris gelten Kennern als direkte oder indirekte Niederschläge von Vorträgen, die sie in aller Welt zur Einführung in ihre Methode hielt. Das erklärt den stark rhetorischen und oft impulsiven Charakter ihrer Schriften. Von hier aus dürfte auch die Heranziehung von Bildern und Symbolen verständlich werden, deren Verwendung stellenweise zu Begriffsunklarheiten führt. Es läßt sich oft ein Sprung aus der Beschreibung ihrer exakten empirischen Beobachtungen hinüber zu symbolischen Deutungen feststellen. Hinzu kommt die Verwendung sehr ausgefallener Bilder und eigenwilliger Wortprägungen. (9, 72)

Diese „Schwächen der Schriften Montessoris" (Schulz, G., 1961, 92), die sich sowohl auf ihre Diktion (Ausdrucksweise) als auch auf ihre sogenannte Theorieschwäche beziehen, waren in der Forschungsgeschichte immer neu auftretende Brennpunkte der Auseinandersetzung (Schulz, G., 1961, 92–104; Böhm, W., 1969, 32–34). 1970 schreibt P. Oswald, daß es nicht immer leicht sei, den Kerngehalt der „Gedankenführung aus den Darlegungen Montessoris herauszudestillieren. Sie läßt sich von ihrem rhetorischen Schwung hinreißen, übertreibt und spitzt zu, verallgemeinert und braucht Bilder (man denke nur an das uns so fernliegende Akrostichon vom *Ombius!*), daß man ärgerlich werden möchte ..." (Oswald, P., 1970, 53; vgl. Schulz-Benesch G., 1980, 28).

Für das Studium ihrer Literatur ergibt sich die Konsequenz, sehr differenziert zu lesen, d. h. zu unterscheiden zwischen den exakten Beobachtungen und den symbolischen Deutungen mit ihren Überschwenglichkeiten.

Es treten auch vielfach Widersprüche auf. Eine Reihe solcher Widersprüche wird sich durch exaktes hermeneutisches Vorgehen lösen lassen. Im Kapitel III wird unter 1.3 „Exkurs – Widersprüchlichkeiten?" ein solches Verfahren exemplarisch durchgeführt. Nicht alle Widersprüchlichkeiten werden sich lösen lassen. Wie noch zu zeigen ist, sind solche gegensätzlichen Aussagen nicht so gravierend, daß sie die Herausarbeitung grundlegender theoretischer Linien ihres Erziehungsdenkens unmöglich machen. Bei der Priorität des letzten Anliegens wird nicht so wesentlichen – wenn auch manchmal verwirrenden – Aussagen hier keine Beachtung geschenkt. Untersucht werden die das Modell tragenden Grundstrukturen – Ziele, Prinzipien und ihre Umsetzung in Materialien, Institutionen, Erzieherverhalten und arrangierte Situationen für den Vollzug von Bildungsprozessen. Dabei wird auf die innere Schlüssigkeit geachtet und – wie schon erwähnt – nach der Gegenwartsrelevanz im Sinne des Modellcharakters für Erziehung und ihre Institutionalisierung gefragt.

4. Praxisprobleme

In 1.2 wurde bereits auf die Notwendigkeit der Einbeziehung von Hospitationen in Montessori-Lehrveranstaltungen hingewiesen. Die Eigenart der Entstehung von Montessoris Schrifttum fügt dieser Forderung ein weiteres Argument hinzu: Es handelte sich überwiegend um Einführungen in ihre Erziehungspraxis. Also muß der Nachvollzug ihres Erziehungsdenkens entlang der Praxisbeobachtung vorgenommen werden. In bisherigen Lehrveranstaltungen wurde dieser Weg mit Erfolg gegangen.

Positiv machte sich als Folge der konkreten Praxisbeobachtung eine differenziertere Beurteilung der Konzeption bemerkbar. Die Praxis widerlegte die z. T. schon stereotyp auf dem Wege über Sekundärliteratur wiederkehrenden Einwände bzw. relativierte sie.

Die Praxis (beobachtet zwischen 1972 und 1982 in ca. 60 Montessori-Institutionen vom Kinderhaus bis zum Gymnasium in Holland und Deutschland) gab auch Probleme auf. Die Auswertung von Hospitationen zeigte sehr unterschiedliche Erfahrungen. Sie reichten vom Pol einer stark orthodoxen sogenannten „Gefolgstreue" im Sinne einer starren Fixierung über den Versuch einer reflexiven und flexibleren Haltung bis zum entgegengesetzten Pol, an dem die Frage auftauchte, was Name und Praxis noch miteinander zu tun haben.

Das Grundproblem der Praxis scheint darin zu bestehen, nicht in eine Ideologie zu geraten. G. Schulz-Benesch sagt von Montessori: „Gegenüber einseitigen ‚Montessorianern' hatte sie ihre Vorbehalte." (1968, 56) Ideologisierung würde eine Situation schaffen, die diametral der Grundauffassung Montessoris gegenübersteht: Die „Geschicklichkeit" des Erziehers besteht in der „durchdachten Anwendung" der Grundlagen ihrer Methode (2,88). Eine „durchdachte Anwendung" der theoretischen Grundlagen fordert die Reflexion der Praxis in Konfrontation mit der Theorie: Hier liegt die Herausforderung der Praxis an die Theorie und der Theorie an die Praxis begründet. Es zeigt sich die Notwendigkeit der Kooperation zwischen beiden. Diese Einsicht hatte motivierenden Charakter für die Erstellung dieses Buches und seine speziellen Inhalte.

5. Technische Arbeitsweise

Gemäß der Zielsetzung von 2.4 wird besonders darauf geachtet, daß die Struktur (das Ordnungsgefüge) des Buches durchschaubar ist. Stichwortartige Zusammenfassungen etc. haben die Funktion, Leitgedanken im Sinne eines „roten Fadens" herauszustellen.

Im Hinblick auf die hermeneutische Verfahrensweise und um das Montessori-Kolorit zu erhalten, werden im notwendigen Umfang Zitate (in Kleindruck) eingearbeitet.

Wie im 3. Punkt erwähnt, wird an manchen Problemen vorübergegangen;

es geht darum, prinzipielle Aussagen für ein systematisches Skelett zu gewinnen, um die Grundlinien des Montessori-Modells herauszustellen: Im II. Kapitel wird die Frage nach dem Ziel Selbstbestimmung und dem Weg seines Erreichens gestellt. Das III. Kapitel befaßt sich mit dem Prinzip: Beachtung sensibler Phasen. Im IV. Kapitel wird die didaktische Konsequenz herausgearbeitet. Das V. Kapitel befaßt sich mit der „indirekten Erziehung" durch die „Verteilung des Erziehungswerkes" auf die vorbereitete Umgebung und den „neuen" Erzieher. Systematisch betrachtet, bereiten die bis dahin behandelten Prinzipien das eigentliche Bildungsgeschehen vor: die Polarisation der Aufmerksamkeit und ihre Wirkungen, die im V. Kapitel behandelt wird. Dieses Kapitel stellt den Kulminationspunkt dar und soll die Arbeit in Verzahnung mit dem II. Kapitel abrunden.

Die Ermittlung der Gegenwartsbedeutung stellt einen eigenen Punkt in jedem Kapitel dar. Sie gilt als ein Durchziehen der Verbindungslinien von Geschichte und Gegenwart und ist gedacht als historischer Beitrag zur Lösung von Gegenwartsfragen.

Zitiert wird auf zweierlei Weise:

(1) Original-Literatur nach Montessori oder ihre Zusammenstellung durch Autoren wird nach einem Ziffernschlüssel zitiert (vgl. 6.). In der Klammer steht zunächst die Nummer des Werkes, dann die Seitenzahl aus dem entsprechenden Buch. Mehrere Werke sind durch ein Semikolon (;) voneinander getrennt.

(2) Sekundär- und Zusatzliteratur findet sich am Ende eines jeden Kapitels alphabetisch aufgelistet. Zitiert wird folgendermaßen: in Klammer Name des Verfassers, Erscheinungsjahr des zitierten Werkes, Seitenzahl. Sind mehrere Werke von einem Autor in einem Jahr erschienen, so wird für das weniger oft zitierte Opus ein Stichwort aus dem Titel hinzugefügt.

Wird im laufenden Text ein Werk sehr häufig mit Titel genannt, so steht hinter der Literaturquelle die Abkürzung (Beispiel: Strukturplan = Abkürzung für „Strukturplan für das Bildungswesen").

6. Ziffernschlüssel für die Montessori- (d.h. Primär-)Literatur

Die Reihung erfolgt chronologisch. Es werden die Werke in der Reihenfolge aufgelistet, in der sie zuletzt in deutscher Sprache erschienen sind. Bei Büchern, die schon früher einmal gedruckt wurden, befindet sich das Ersterscheinungsjahr in der Klammer am Ende des Quellenhinweises.

In die Liste der Primärliteratur werden (Nr. 12–14, 16–18) Werke aufgenommen, die Aufsatzsammlungen oder thematisch geordnete Textzusammenstellungen enthalten. Hier wird der Einfachheit halber auf die Angabe früherer Erscheinungen verzichtet. Sind in einer späteren Ausgabe Passagen fortgelassen worden, so wird auf das frühere Erscheinungsjahr (in Klammer) zurückgegriffen. Nach der Endredaktion dieses Buches erschien das an erster Stelle genannte Werk in einer Neuausgabe. Die Zitation und Interpretation nach der früheren Ausgabe bleiben erhalten. Die Fundstellen im neuen Werk werden bei den Quellenangaben nach dem früheren Buch – durch Gedankenstrich getrennt – angeführt.

1. Montessori, M.: Montessori-Erziehung f. Schulkinder. Stuttgart: Hoffmann 1926. Neu: Schule des Kindes (Hg. Oswald, P./Schulz-Benesch, G.) Freiburg 1976, [2]1987
2. Montessori, M.: Das Kind in der Familie. Stuttgart 1954 (Wien 1923)
3. Montessori, M.: Kinder, die in der Kirche leben. Die religionspädagogischen Schriften von M. Montessori (Hg. Helming, H.) Freiburg: Herder 1964
4. Montessori, M.: Über die Bildung des Menschen. (Hg. Oswald, P./Schulz-Benesch, G.) Freiburg: Herder 1966
5. Montessori, M.: Von der Kindheit zur Jugend. (Hg. Oswald, P.) Freiburg: Herder, [2]1973 ([1]1966)
6. Montessori, M.: Kinder sind anders. Stuttgart: Klett [8]1967 ([1]1952) [10]1978
7. Montessori, M.: Grundlagen meiner Pädagogik. (Besorgt v. B. Michael) Heidelberg: Quelle & Meyer [3]1968 (Grundlagen u. Grundfragen der Erziehung, Bd. 18) (München 1934)
8. Montessori, M.: Die Entdeckung des Kindes. (Hg. Oswald, P./Schulz-Benesch, G.) Freiburg: Herder 1969 (textkritisch überarbeitete Neuauflage v. „Selbsttätige Erziehung im frühen Kindesalter", Stuttgart 1913), [9]1989
9. Montessori, M.: Das kreative Kind. Freiburg (Hg. Oswald, P./Schulz-Benesch, G.) Freiburg: Herder 1972, [7]1989
10. Montessori, M.: Frieden und Erziehung. (Hg. Oswald, P./Schulz-Benesch, G.) Freiburg: Herder 1973
11. Montessori-Sinnesmaterial (zusammengestellt v. Dokumentations- und Informationszentrum) Zelhem (Holl.) 1973 (Bearbeitung des holländischen Materialbuches „Het Montessorimateriaal", Hg. Holländische Montessori-Vereinigung)
12. Grundgedanken der Montessori-Pädagogik (Oswald, P./Schulz-Benesch, G.) Freiburg: Herder 1967, [9]1989
13. Montessori. Texte u. Diskussion (Hg. Böhm, W.) Bad Heilbrunn: Klinkhardt 1971, 3., neubearb. Aufl. 1984 (Klinkhardts Päd. Quellentexte) [4]1989
14. Montessori für Eltern. Eine Auswahl aus dem Werk Maria Montessoris. (Hg. Oswald, P./Schulz-Benesch, G.) Ravensburg: Maier 1974 (Ravensburger Elternbücher Bd. 53/54)
15. Montessori, M.: Das Neugeborene. In: Montessori-Blätter der Internationalen Montessori-Gesellschaft (Hg. Montessori, M.) 1 (1932) 11
16. Montessori, M.: Spannungsfeld Kind–Gesellschaft–Welt (Hg. Schulz-Benesch, G.) Freiburg: Herder 1979

17. Montessori, M.: Kosmische Erziehung (Hg. Oswald, P./Schulz-Benesch, G.) Kleine Schriften Maria Montessoris 1. Freiburg: Herder 1988
18. Montessori, M.: Die Macht der Schwachen (Hg. Oswald, P./Schulz-Benesch, G.) Kleine Schriften Maria Montessoris 2. Freiburg: Herder 1989

7. Literatur

Aebli, H.: Die geistige Entwicklung als Funktion von Anlage, Reifung, Umwelt- und Erziehungsbedingungen. In: Roth, H. (Hg.): Begabung und Lernen. Stuttgart [4]1969

Böhm, W.: Maria Montessori. Hintergrund u. Prinzipien ihres pädagogischen Denkens. Bad Heilbrunn 1969

Deutscher Bildungsrat: Strukturplan für das Bildungswesen. Stuttgart [1]1970

Flitner, A.: Der Streit um die Vorschulerziehung. In: Zeitschrift für Pädagogik 6 (1967) 515–538

Fuchs, B./Harth-Peter, W. (Hg.):Montessori-Pädagogik und die Erziehungsprobleme der Gegenwart. Würzburg 1989

Hecker, H./Muchow, M.: Friedrich Fröbel und Maria Montessori, Leipzig 1927

Holtstiege, H.: Montessori-Pädagogik. In: Lenzen, D. (Hg.): Enzyklopädie Erziehungswissenschaft, Bd. 7: Hemmerer, P./Wudtke, H. (Hg.): Erziehung im Primarschulalter. Stuttgart 1985, S. 425–435

Holtstiege, H.: Maria Montessori und die „reformpädagogische Bewegung". – Studien zur Montessori-Pädagogik 1. Freiburg 1986

Holtstiege, H.: Maria Montessoris Neue Pädagogik: Prinzip Freiheit – Freie Arbeit – Studien zur Montessori-Pädagogik 2. Freiburg 1987

Lückert, H.-R.: Das Abenteuer des Lernens. In: Spielen und Lernen 4 (1969) 19–21

Lückert, H.-R.: Die basale Begabungs- und Bildungsförderung. In: Lückert, H.-R. (Hg.): Begabungsforschung und Bildungsförderung als Gegenwartsaufgabe. München – Basel 1969, 225–279

Orem, R. C.: Montessori heute. Ravensburg 1975

Oswald, P.: Das Kind im Werke M. Montessoris. Mülheim (Ruhr) 1958

Oswald, P.: Die Anthropologie M. Montessoris. Münster 1970

Roth, H.: Pädagogische Anthropologie, 2 Bde. Hannover 1968/1971

Scheid, P./Weidlich, H. (Hg.): Beiträge zur Montessori-Pädagogik 1977. Stuttgart 1977

Schulz, G.: Der Streit um Montessori. Freiburg 1961

Schulz-Benesch, G.: Die große Anklägerin. In: Pädagogik heute. 1 (1968) 24–32

Schulz-Benesch, G. (Hg.): Montessori. Darmstadt 1970

Schulz-Benesch, G.: On the Actuality of Maria Montessori. In: AMI-Comm's, 4. 1979

Schulz-Benesch, G.: Montessori. Darmstadt 1980

II. Selbstbestimmung: Ziel und Weg

Das Ziel aller Erziehungsbemühungen ist für Montessori die aktive Förderung kindlicher Unabhängigkeit und Selbständigkeit durch Selbsttätigkeit. Eine andere Umschreibung dieser Erziehungsabsicht lautet: „Meister seiner selbst sein“, ein Zustand, der gleichbedeutend ist mit Freiheit (7.23).

In der Realität bleibt Erziehung jedoch hinter diesem Ziel zurück:

„Der Mensch leistet viele große Dinge, aber eines wird nur selten von ihm erreicht: die innere Disziplin einer Persönlichkeit.“ (7,26).

Negativ ausgedrückt heißt es:

„Es gibt zu viele Menschen, die sich mit Krücken aufrechterhalten“. (9,191)

Diese Krücken sind ihnen durch die Erziehung „verliehen“ worden, eine Erziehung, die demütigend ist, zu Minderwertigkeitskomplexen und künstlicher Herabsetzung menschlicher Kräfte führt. (9, 192) Dagegen wird die Forderung erhoben, daß Erziehung die verborgenen Antriebe aufwerten müsse, „die den Menschen bei der Konstruktion seiner selbst leiten“ (10,71).

Der bildhaften Situationsbeschreibung von Erziehungswirkungen, durch die sich Menschen auf Krücken aufrechterhalten, steht eine andere bildlich beschriebene inhaltliche Forderung gegenüber: Herstellung eines inneren Gleichgewichts, aus dem jene Stärke quillt, die es dem Menschen ermöglicht, Herr seiner selbst zu sein: Gehorsam als eine Art geistiger Geschicklichkeit. (1,110–103; 2,69.70)

Für die Erarbeitung der Struktur von Montessoris Erziehungsmodell liegen damit nun einige Aussagen vor, die Anstoß zu grundsätzlichen Überlegungen geben: Die Forderung nach Aufwertung verborgener Antriebe für die Konstruktion seiner selbst enthält die Frage nach der Antriebsstruktur des Menschen sowie nach dem Organisationsvorgang für eine Selbst-Konstruktion. Daraus ergibt sich die Frage nach dem funktionalen Aspekt der Organisation menschlicher Persönlichkeit, ihrer Antriebe und ihrer Entwicklung. Die Aussage, daß die innere Disziplin einer Persönlichkeit nur selten geleistet werde, enthält die Frage nach dem, was mit innerer Disziplin gemeint sein könnte: Meister oder Herr seiner selbst – so lautet die vorläufige und noch zu begründende Antwort. Es handelt sich um Formulierungen, die den Sachverhalt der Freiheit beschreiben. Voraussetzung für solche Freiheit ist ein erst zu erwerbendes inneres Gleichgewicht. Dieses gibt die zur Selbstbeherrschung erforderliche Stärke, den inneren Halt.

Eine solcherart vorgegebene Zielsetzung für Erziehung ist an die „Aufwertung“ verborgener menschlicher Antriebe rückgebunden. Diese Aufwertung läßt sich als Freigabe der leitenden Energien für die menschliche Selbst-„Konstruktion“ verstehen. Sie steht im Gegensatz zu Erziehungsabsichten und Verfahren, die menschliche Kräfte herabsetzen und nur Krücken verleihen. Aus diesen Aussagen wird die Forderung nach einer „neuen Erziehung“ verständlich.

Am Ende dieser Vorüberlegungen läßt sich vorgreifend feststellen: Selbstbestimmung bedeutet einfach gesagt: sich selbst gehorchen können. Voraussetzung dafür ist die zunehmende Fähigkeit, sich selbst Verhaltensmaximen vorzugeben, die zunächst gefunden werden müssen und die verpflichtenden Charakter für das Handeln erhalten.

1. Ziel Selbstbestimmung

Im Wort Selbstbestimmung steckt die Frage nach dem Selbst, jener verfügbaren Einheit, über die bestimmt werden kann und die sich selbst bestimmen läßt. Diese Frage umfaßt zweierlei: 1. Wie kommt es zu einer verfügbaren Einheit, die Montessori auch als „funktionelle(n) Einheit der Personalität“ oder als das „feste Gefüge der Persönlichkeit“ bezeichnet (10,124; 1,185 – 174)? Diese Frage berührt den psychologisch verstandenen funktionellen Aspekt: Aufbau der Persönlichkeit durch dynamische Energien und organisierende Strukturen. 2. Nach welchen Grundsätzen bestimmt der Mensch über sich selbst als einer verfügbaren Einheit? Diese Frage berührt den Gesichtspunkt der Orientierung an fundamentalen Normen und Werten, also den ethischen Bereich im Verständnis von Persönlichkeit.

1.1 Synthese – funktionelle Einheit der Personalität

Montessori sagt von dem Ansatz der herkömmlichen Pädagogik, daß sie „von dem Begriff einer ‚rezeptiven Persönlichkeit‘ ausgehe, die die Lehren in sich aufnehmen und selbst passiv gebildet werden mußte“, während die von ihr vertretene Richtung „von dem Begriff einer aktiven, denkenden und Gedanken verbindenden Persönlichkeit“ ausgehe. (1,78–75)

Die Begriffe Person, Personalität und Persönlichkeit werden in der Montessori-Literatur synonym verwandt, d. h., sie sind austauschbar. Es ist schwierig, exakte begriffliche Differenzierungen vorzunehmen. Zwei Unterscheidungen lassen sich jedoch treffen; trotzdem bleibt ein innerer Zusammenhang bestehen.

Persönlichkeit wird einmal nach dem psychologischen Modell einer im Entwicklungsverlauf aktiv sich vollziehenden „Organisation der Personalität" verstanden (9, 182). Unter diesem Aspekt läßt sich auch die Forderung verstehen, „dem Kinde die Reorganisation seiner Persönlichkeit" im Sinne der „Normalisierung" zu ermöglichen (7, 20).

Aktivität (Dynamik) und Organisation (Struktur) sind zentrale Aussagen für das theoretische Persönlichkeitsmodell im psychologischen Verständnis. Der Psychologe G. W. Allport hat das durchgängig Gemeinte in fünfzig Definitionen auf folgende Formulierung gebracht: „Persönlichkeit ist die dynamische Ordnung derjenigen psychophysischen Systeme im Individuum, die seine einzigartige Anpassung an die Umwelt bestimmen." (Drever, J./Fröhlich, W. D., 1972, 199)

Zwei fundamentale Aussagen im Hinblick auf das Modell einer Persönlichkeitstheorie werden gemacht. In der Formulierung „dynamische Ordnung" steckt einerseits die Feststellung, daß eine Dynamik (Energie) vorhanden ist, die auf Aktivitäten, Wirken und damit auf Entwicklung (in Gang setzende und in Gang haltende) drängt. Diese Dynamik ist jedoch keine blinde, d.h. ziellose. Sie wird in ihrer Tätigkeit gelenkt durch eine Ordnung oder Struktur, die sich wiederum mit Hilfe der Antriebsenergien entwickelt und differenziert. Die gegebene dynamische Ordnung bezeichnet ein Strukturmodell von psychophysischen Systemen, die für den Aufbau der menschlichen Person erforderlich sind. (Lersch, Ph., 1970, 107f.; Wellek, A., 1950, 42–58)

Wie problematisch dabei die oben ausgesprochene exakte begriffliche Festlegung von Person und Persönlichkeit ist, zeigt ein stichwortartiges Zitat: „Personale (psychophysische) Struktur = Persönlichkeit" (Wellek, A., 1950, 56). Diese Definition steht zudem für das Verständnis von Charakter im psychologischen Sinne: die einzelnen Dispositionen (Angelegtheiten) und ihre Anordnung zu einem Gefüge, auch psychophysische Systeme genannt. Sie verändern und entwickeln sich als ganze, durch Vorgänge der Selbstregulation.

Die zitierte „einzigartige Anpassung an die Umwelt" – gelenkt durch die dynamische Ordnung psychophysischer Systeme – schließt die schöpferischen und einzigartigen Auseinandersetzungen des Individuums mit seiner Umwelt ein. (Drever, J./Fröhlich, W. D., 1972, 199)

Anthropologisch betrachtet, hat der Mensch im Vergleich zu den übrigen Lebewesen „einen neuen Entwurf" und „eine neue Bestimmung". Vernunft – Geist und Intelligenz – sind es, die den Menschen als solchen auszeichnen. Sie ermöglichen ihm einen zunehmenden Grad an Freiheit der Bewegung, des Denkens und Handelns.

Entwurf und Bestimmung entsprechen einander. Aus heuristischen (wissenschaftlichen Erkenntnis-) Gründen soll im Rahmen dieser Überlegung der neue

Entwurf im Mittelpunkt stehen. Die Aussage „neuer Entwurf“ meint die Abgrenzung der spezifischen Eigenart des Lebewesens Mensch zu den übrigen, wie z.B. den Tieren (4,74f.; 6,28f.; 9,31f.; 51).

Es geht um die Frage nach der spezifisch menschlichen dynamischen Ordnung derjenigen psychophysischen Systeme, die für den Aufbau der menschlichen Person charakteristisch sind:

> „Wenn das Werk des Menschen auf dieser Erde mit seinem Geist, seiner schöpferischen Intelligenz verbunden ist, müssen Geist und Intelligenz den Mittelpunkt der individuellen Existenz und aller Funktionen des Körpers bilden. Um diesen Punkt gestaltet sich sein Verhalten und auch die Physiologie seiner Organe.“ (9,56)

Geist und Intelligenz sind Mittelpunkt der „dynamischen Ordnung“ psychophysischer Systeme der menschlichen Person. Sie zeichnen in Auseinandersetzung mit der Umwelt die „erste Skizze des Menschen“ in der frühen Entwicklung und ermöglichen die „Verwirklichung der Entwürfe des Lebens“ (4,51).

Geist und schöpferische Intelligenz sind, anthropologisch gesprochen, integraler Bestandteil der menschlichen Antriebsstruktur, wie sie nach Montessori verstanden werden muß. „Darum faßt sie auch die ungemein komplexe leib-seelisch-geistige Wirklichkeit der menschlichen Persönlichkeit mit Vorliebe unter dem einen Begriff des Lebens auf. Alle Unterscheidungen von Bereichen, Stufen oder Schichten im Aufbau der menschlichen Persönlichkeit, wie sie heute in der Psychologie und Anthropologie üblich sind, sind zwar ein methodisch berechtigtes, aber doch auch künstliches Zerlegen der einen, einigen, lebendigen Wirklichkeit, eben des Menschen.“ (Oswald, P., 1954, 4)

1.1.1 Dynamischer Aspekt – horme

Das komplexe Verständnis der spezifisch menschlichen Antriebsstruktur kommt durch Montessoris Wahl und Verwendung des griechischen Begriffs horme zum Vorschein. Die horme (der vitale Antrieb) ist einer der zentralen Begriffe, mit denen die dynamische (energetische) Seite der psychophysischen Organisation der menschlichen Person beschrieben wird. Der vitale Antrieb (horme) wird strukturiert gedacht, d. h. als ein in sich geordnetes Gefüge von Antriebsenergien verstanden. Diese Struktur entwickelt und differenziert sich im Wechselspiel mit Umwelterfahrungen. Strukturierte Antriebsenergien liegen Motiven, Handlungen und Verhaltensweisen zugrunde. Sie bestimmen auch das intelligente Verhalten. (9,89)

> „Im Individuum ist eine vitale Kraft tätig, die es zu seiner Entfaltung führt. Diese Kraft wurde von Percy Nunn als horme bezeichnet.“ (9,77)

An der zitierten Stelle wird in einer Fußnote zum Begriff horme gesagt, daß dieser Ausdruck, der mit dem „elan vital“ von Bergson und der „Libido“ von Freud verglichen werden könne, zuerst von Nunn verwandt und dann von

McDougall in seine Psychologie übernommen wurde. Die hormische Psychologie gilt als einer der zu Beginn dieses Jahrhunderts bekanntesten Gesamtentwürfe einer Antriebspsychologie, die bereits als die Wissenschaft von den Verhaltensweisen bezeichnet wird. „Hauptkennzeichen des Verhaltens sei das Streben, Ziele zu erreichen." (Hehlmann, W., 1967, 364)

Anstelle des weniger bekannten, aber seiner Meinung nach exakteren Begriffs „hormisch" wählte McDougall nach ausdrücklicher eigener Aussage die Bezeichnung „dynamisch". (McDougall, W., 1947, 2)

Die dynamische (hormische) Psychologie erkennt an, daß Lebewesen ihrer Gattung gemäße Triebkräfte erben, die ursprüngliche Grundausstattungen für deren gesamtes Streben sind. Ziele, nach denen getrachtet wird, sind entweder die den Triebkräften entsprechenden natürlichen Ziele oder aber solche, die aufgrund von Erfahrung gesetzt werden können. (McDougall, W., 1947, 20)

Im Bereich menschlichen, schöpferischen Strebens macht McDougall die sehr klare Aussage, daß auch bei Verwendung unterschiedlicher Begriffe zur Bezeichnung von Dynamik oder Antriebsenergie die Einsicht in die wahre Natur der Tätigkeit oder Prozesse die Hauptsache bleibe: „nämlich, als die auf ein Ziel eingestellte Tendenz, als ein zielbewußtes Streben." (McDougall, W., 1947, 75)

Im Rahmen dieser Arbeit ist hervorzuheben, daß in dieser Theorie der Antriebspsychologie auch nach der Bedeutung der Antriebselemente für den Charakteraufbau des Menschen, anders gesagt, für die Organisation der menschlichen Person im Laufe ihrer Entwicklung gefragt wird.

„Wie entsteht... durch Wachstum, Differenzierung und Integration jenes vielgestaltige Wunder der menschlichen Persönlichkeit?" (McDougall, W., 1947, 1) Dieser Prozeß wird mit Hilfe des Strukturmodells gedeutet: allen Formen und Ausdruckserscheinungen seelischen Lebens liegt eine Organisation zugrunde. Angesichts der Komplexheit der Persönlichkeitsstruktur des Menschen wird einmal von Entwicklung durch Differenzierung gesprochen, zum anderen nach der Integration gefragt und in diesem Zusammenhang der Begriff der „funktionellen Einheit" eingeführt. (Mc.Dougall, W., 1947, 232.233)

Dynamik (im Sinne der horme) und Struktur (im Sinne organisierter psychophysischer Systeme) des Menschen kennzeichnen das ganzheitliche Persönlichkeitsmodell, mit dem auch Montessori arbeitet. Hervorzuheben ist die dem hormistischen Ansatz eigene und in Montessoris Auffassung wiederzuerkennende Feststellung, daß dem menschlichen Charakter oder der menschlichen Persönlichkeit konative (d. h. strebehaltige) Dispositionen zugrunde liegen. In diesen sich im Entwicklungsverlauf differenzierenden Dispositionen ist der Intellekt als Faktor menschlicher Persönlichkeit ursprünglich angelegt und integriert. Bei der Entwicklung der Persönlichkeitsstruktur spielen individuelle und soziale Faktoren eine bedeutende Rolle. Eine wirkliche Integration aller strebehaltigen (konativen) Tendenzen durch alle Personschichten hindurch ist nur möglich durch eine gelungene Wechselwirkung und deren Förderung durch Erziehung, damit das Ziel „der synthetischen Einheit der Gesamtpersönlichkeit“ erreicht werden kann (McDougall, W., 1947, 231).

Die letzten Ausführungen reichen bereits in den anschließend zu behandelnden Aspekt der Persönlichkeitsentwicklung hinüber.

1.1.2 Organisatorischer Aspekt – Struktur

Ausgangspunkt ist die Frage nach der psychophysischen Organisation der Personalität des Menschen. Mittelpunkt ist der Geist im Sinne schöpferischer Intelligenz als zentrierende und strukturierende Instanz aller menschlichen Funktionsbereiche – wie Bewegung, Wollen, Fühlen, Denken, Handeln.

Der Aufbau der Person hat seine Wurzeln in der Organisation der Bewegungen (13, 80). Die Synthese des motorischen Lebens mit dem geistigen ist die fundamentale Voraussetzung für die Erlangung der Einheit der eigenen Persönlichkeit. Die Synthese von Geist und Bewegung beschreibt Montessori als eine Verbindung des inneren Willens mit der Intelligenz auf der Grundlage der willentlichen Beherrschung der gesamten Motorik. Bewegung ist „der Schlüssel zur gesamten Formung der Persönlichkeit, die sich durch praktisches Tun aufbaut“ (13, 77).

Die beschriebene Synthese der grundlegenden Einheit von Geist und Bewegung hat zur Folge, daß die Motilität unter die klare Führung des Bewußtseins gestellt wird und daß „in einem gegenseitigen Bezug Gedanke und Handlung vereinigt“ werden (13, 80).

> „Die Bewegung muß vielmehr vom Willen des Menschen beherrscht sein, der seine Handlungen frei wählt und lenkt.“ (13, 79)

Die Synthese der eigenen Persönlichkeit umfaßt und integriert neben Bewegung, Denken, Wollen, Handeln auch das Fühlen: Die Erfahrung einer gelungenen Einheit von Denken und Wollen im praktischen Tun schlägt sich im Kinde bewußtseinserweiternd auf dem Wege der Intensivierung des Gefühls nieder, das die Erfahrung von sich als einer lebendigen Einheit bewirkt. Montessori beschreibt dieses Gefühl der Selbsterfahrung am Beispiel von Menschen, die mit innerer Freude banale alltägliche Arbeiten verrichten:

> „... sie spürten dabei so etwas wie eine Enthüllung ihres wahren Selbst ... Sie fühlten gleichsam ein neues Leben in sich entstehen.“ (13, 78)

Die zunehmende Organisation der grundlegenden menschlichen Funktionsbereiche (Bewegung, Fühlen, Wollen, Denken, Handeln) ist im Vorstehenden nach Montessori als „Synthese der Persönlichkeit“ beschrieben worden. Sie spricht in diesem Zusammenhang auch von einem Streben nach Erlangung der Einheit der eigenen Persönlichkeit (13, 80).

„Der Mensch wird geboren, wenn seine Seele sich selbst fühlt, sich konzentriert, orientiert und auswählt." (9,245)

Die Erfahrung seiner selbst als einer lebendigen Einheit vollzieht sich am intensivsten durch Vorgänge der Polarisation der Aufmerksamkeit, der ein eigenes Kapitel vorbehalten ist. Auf ihren zentralen Stellenwert für den Prozeß der „Konstruktion seiner selbst" sei hier nur verwiesen.

Durch kontinuierlich eintretende Konzentrationsvorgänge vollzieht sich der Vorgang der Ausdehnung und Erweiterung seiner selbst. (9,28)

Selbstentwicklung führt zu zunehmender Selbstenthüllung, jedoch nur auf dem Wege von Aktivitäten, in denen der ganze Mensch zusammenklingt und sich als Einheit im Denken, Wollen, Handeln offenbart: Selbsterfahrung der funktionellen und lebendigen Einheit der Person. Im Blick auf die Entwicklung des Kindes heißt es:

„Aus einem Naturgeschöpf wird ein Vernunftgeschöpf, das durch Sammlung und Stille zum sozialen Menschen heranwächst, das in der Harmonie des Gedankens und der Bewegung, des freien Willens und der Tat eine sittliche Persönlichkeit bildet." (7,25.26)

Mit diesem Zitat schließt sich der Kreis. An den Beginn der Überlegungen wurde die Aussage Montessoris gestellt, daß sie von dem Begriff einer aktiven, denkenden und gedankenverbindenden Persönlichkeit ausgehe. Dem so beschriebenen „neuen Entwurf" des Lebewesens Mensch entspricht – wie schon zitiert – eine „neue Bestimmung": individuelle und soziale Verantwortung zu tragen.

„Es ist daher notwendig, den verantwortlichen Menschen vorzubereiten." (10,64)

Ursprungsort verantwortlichen Handelns ist jene funktionelle Einheit der Person, die sich auch als Synthese zunehmender Wissens- und Gewissensorganisation bezeichnen läßt (vgl. IV. 5.1.2).

Der abstrakte und oft sehr schwer zugängliche Begriff des Selbst läßt sich umschreiben als Synthese aller Persönlichkeitsbereiche zu einer funktionellen Einheit. Sie ist die Quelle für Selbsterfahrung und -entdeckung und somit Basis und Ursprungsort verantwortlichen Handelns.

Erfahrungssituationen solcher Art sind die Vorgänge der Polarisation der Aufmerksamkeit, als Vorgang der Sammlung und Bindung aller Kräfte, die damit eine verfügbare Einheit bilden.

Die bisher vorgenommenen Interpretationen treffen sich mit A. Welleks Auffassung von der Persönlichkeitsstrukturierung. Als haltgebenden Kern im Gefüge der Schichten und Bereiche menschlicher Persönlichkeit bezeichnet er das „Gemüt zweieinig mit dem Gewissen" (Wellek, A., 1950, 40). Das Gemüt gilt ihm als „Ort" menschlicher Bindungen und das Gewissen als „Ort" verantwortlicher Bindungen (Wellek, A., 1950, 48). Durch sogenannte Tiefenerlebnisse gelangt der Mensch zur Erfahrung jener Bereiche seiner Existenz, die überdauern. „Die Tiefenerlebnisse bilden die ‚Erfahrungsbrücke' zwischen psychischen Erscheinungen und psychischem Sein: Sie wurzeln im Kern der Struktur, dem Gemüte." (Wellek, A., 1950, 46)

Von nicht zu übersehender Bedeutung ist die Feststellung, daß Gemüt und Gewissen zusammen als haltgebender Kern der Persönlichkeitsstruktur jene „kernhafte Identität" darstellen, ohne die es weder Individualität noch Persönlichkeit gäbe (Wellek, A. 1950, 40).

Gemüt und Gewissen sind nach dieser Aussage „Ort" von Bindungen und Verantwortung des Menschen. Hier zeigt sich die eingangs erwähnte Einheit aller Funktionsbereiche in ihrer Bedeutung für verantwortliches, d. h. sich selbst verpflichtendes Handeln: Auf dem Wege über die Entwicklung und Förderung des gesamten senso-motorischen Bereiches kann die Fähigkeit zu Einsicht und dem Vernehmen von Anspruch gewonnen werden. Einsicht und Anspruch ermöglichen eine angemessene Entsprechung im Sinne der freien Bindung an Sach-, Sozial- und Selbsteinsichten. Das solchermaßen „Gewußte" wird zur Verbindlichkeit in der freiwilligen Anerkennung durch das Gewissen. Einsichten werden so zu verbindlichen und verpflichtenden Grundsätzen (Prinzipien, Verhaltensmaximen) für das konkrete Handeln und seine Überprüfbarkeit durch das Gewissen. Gemüt als „Ort" der Bindungen und Gewissen als „Ort" verpflichtender Bindungen sind nach diesem Denkmodell die zentrierende Mitte, aus der die Einheit jenes Handelns entspringt, das verantwortlich oder mit einem alten Wort „sittlich" genannt wird. Diese „zweieinige" Mitte ist damit jene „Stelle" im Gefüge menschlicher Persönlichkeit, die Erfahrung seiner Selbst als haltgebender Kern und als verfügbare Einheit ermöglicht.

Wenn Wellek Tiefenerlebnisse als „Erfahrungsbrücke" bezeichnet, so wäre in Montessoris Konzeption die Polarisation der Aufmerksamkeit die erschließende Erfahrungssituation, die Zugang zum haltgebenden Kern – Gemüt und Gewissen – und damit zur kernhaften Identität (= Selbst) gewährt. Gemüt und Gewissen als sich entwickelnder haltgebender Kern der Persönlichkeit machen den Menschen zunehmend selbständiger, so daß er der eingangs zitierten Krükken (in vielerlei Form) nicht mehr bedarf.

1.1.3 Entwicklung – Konstruktion seiner selbst

Bisher stand (in 1.1.1 und 1.1.2) die Frage nach den „verborgenen Antrieben" im Vordergrund, die den Menschen bei der „Konstruktion seiner selbst" leiten. Nun ist der Konstruktionsprozeß selbst Gegenstand der Überlegungen.

> „Die Entwicklung ist aktiv, sie ist Aufbau der Personalität, der durch die Mühe und die eigene Erfahrung erreicht wird; sie ist die große Arbeit, die jedes Kind vollziehen muß, um sich selbst zu entwickeln." (9, 184)

Montessoris Entwicklungsbegriff ist demnach primär anthropologischer Natur, so paradox das auf den ersten Blick scheinen mag. Ihre ganzen Bemühungen waren darauf gerichtet, die verdeckte Eigenart des Menschenkindes mit Hilfe von Beobachtungen, Untersuchungen und geeigneter Erziehung wieder zum Vorschein kommen zu lassen. „Enthüllung ihres wahren Selbst" (13,78) nennt sie einmal diesen Vorgang. Noch deutlicher wird diese Absicht bei der Forderung, dem Tätigkeitsdrang Raum zu verschaffen, wodurch „die Möglichkeit der Selbstentwicklung gewährt" wird (12,95).

P. Oswald interpretiert diesen anthropologischen Entwicklungsbegriff anhand eines Montessori-Zitates – das Kind sei der Vater des Menschen – folgendermaßen: „Wie alles Lebendige, so verwirklicht sich erst recht dieses Personsein nur als Selbsttat." (Oswald, P., 1968, 59)

Die Beobachtung kindlicher Entwicklung wird mit Kategorien der Embryologie beschrieben:

> „So ist die neue Eigenschaft des menschlichen Wesens folgende: es hat ein doppeltes embryonales Leben, einen neuen Entwurf und den anderen Lebewesen gegenüber eine neue Bestimmung. Diesen Punkt müssen wir vertiefen, und von hier aus müssen wir das Studium der gesamten psychischen Entwicklung des Kindes und des Menschen beginnen." (9,56)

Das Neugeborene muß auf psychischem Gebiet eine formativ schöpferische Tätigkeit entwickeln. Diese erinnert an die embryonale Entwicklung des Körpers. Die Zeit dieser Tätigkeit wird als postnatale Periode bezeichnet. Montessori nennt sie die „formative Periode"; sie ist eine embryologisch aufbauende Lebensperiode, die das Kind einen geistigen Embryo sein läßt. (4,81.82; 6,48f.; 9,55f.)

> „Somit durchläuft der Mensch zwei embryonale Perioden: die eine ist pränatal und ähnelt der der Tiere, und die andere ist postnatal und tritt nur beim Menschen auf. Dadurch erklärt sich das Phänomen, das den Menschen vom Tier unterscheidet: die lange Kindheit." (9,55; 4,76)

Diese Aussagen decken sich mit Forschungsergebnissen A. Portmanns, dessen Ziel es ist, die menschliche Sonderart und ihr Werden mit biologischen Mitteln, insbesondere der Embryonalforschung, herauszuheben.

Zwei wichtige Vergleichspunkte sind zu nennen: die Bedeutung des „extrauterinen" Frühjahrs und die Bedeutung der langen Kindheit.

Die durch Portmann erforschte Eigenart des menschlichen Geburtszustandes besteht in einer Art physiologischer, d.h. normalisierter Frühgeburt. Die Bedeutung des ersten Lebensjahres liegt in drei kennzeichnenden Ereignissen: Erwerb der aufrechten Körperhaltung, Erlernen der eigentlichen Wortsprache und Eintritt in die Sphäre des technischen Denkens und Handelns. Sie gelten als Phänomene spezifisch menschlicher Daseinsart, die vom Geburtsmoment an geschichtlichen und sozialen Gesetzen unterliegt. (Portmann, A., 1969, 58.65; Oswald, P., 1970, 55; Oswald, P. 1968, 63)

Geburtsmoment und Geburtszustand des Menschen lassen erkennen, daß den biologischen Faktoren in der Embryonalentwicklung geistige und soziale Faktoren an die Seite treten; von ihrem Vorhandensein und ihrer Beschaffenheit hängt die weitere spezifisch menschliche Entwicklung ab. Hier wird sehr deutlich, daß Entwicklung eine aktiv durch das Kind zu betreibende Aufgabe ist: Montessori sagt, daß im geistigen Embryo „richtungsweisende Sensibilitäten" existieren (4, 82), die sich jedoch nur auf Kosten der Umgebung entwickeln können. (vgl. III. 4.2)

Es entspricht dem weltoffenen Wesen und Verhalten des Menschen der frühe Kontakt mit der Welt, der durch und über die Sozialumgebung ermöglicht wird. Diese Sozialwelt ist – ebenfalls entsprechend der Tatsache des weltoffenen Wesens und Verhaltens – nicht erblich gegeben. Sie muß sich durch die ererbten Anlagen und Kontakte mit der Wirklichkeit in jedem Menschen neu gestalten.

Von der Bedeutung der langen Kindheit sagt Portmann, daß sie in „Zuordnung zur weltoffenen Existenzweise des Menschen" gesehen werden müsse (Portmann, A., 1969, 126). Bei Montessori heißt es:

> „Das beweist uns, daß die Funktion der langen Kindheit in der Ontogenese des Menschen darin liegt, das Individuum an seine Umgebung anzupassen, indem es ein Modell des Verhaltens bildet, das es so befähigt, frei in seiner Umgebung zu handeln und Einfluß auf sie zu nehmen." (9, 60)

Hier taucht das Phänomen der Freiheit des Menschen im Kontext biologischer Notwendigkeiten auf: An die Stelle ererbter und festliegender Verhaltensmodelle bei Tieren tritt beim Menschen die Forderung, Verhaltensmodelle zu bilden, durch die der Mensch in seiner Umgebung sowohl frei handeln als auch Einfluß auf sie nehmen kann. Nur so läßt sich Montessoris Äußerung verstehen, daß Freiheit eine Folge aktiv unterstützter Entwicklung sei. (9, 184)

Portmann hat darauf hingewiesen, daß die Keimentwicklung (Embryologie) dazu beigetragen habe, unsere Vorstellungen vom Organismus zu wandeln. „Der Eindruck der Selbstentfaltung, des ‚Sich-Schaffens' dieser organischen Wesen ist eine mächtige Dominante unseres Denkens geworden." (Portmann, A., 1969, 12)

In Montessoris Sprache heißt es, daß die menschliche Persönlichkeit sich selbst schaffe, „und aus dem Embryo, dem Kind, wird der Schöpfer des Menschen." (6, 58) So wird dann auch die Selbstentwicklung analog embryonaler Vorgänge charakterisiert, wie das folgende Zitat zeigt:

> „Im Neugeborenen scheint auch psychisch nichts aufgebaut zu sein, so wie sich auch kein fertiger Mensch in der ersten Zelle befand. Am Anfang steht das Werk der Materialanhäufung, genau wie wir ein Anhäufen der Zellen durch die Zellteilung beobachtet haben. Im psychischen Bereich wird die Anhäufung durch den absorbierenden Geist, wie ich ihn genannt habe, bewirkt. Auch auf psychischem Gebiet bilden sich die Organe um einen Sensitivitätspunkt. Die Sensitivitätspunkte bilden sich später und entwickeln eine so intensive Aktivität, daß der Erwachsene sie in sich nicht wieder erschaffen kann, noch kann er sich etwas Ähnliches vorstellen. Wir haben es angedeutet, als wir die Eroberung

der Sprache erläutert haben. Aus diesen Sensitivitätspunkten entwickelt sich nicht die Psyche, sondern es entstehen die ‚Organe‘ der Psyche.“ (9, 47)

Die Organisation der Psyche um Sensitivitätspunkte analog dem Verlauf der Embryonalentwicklung wird in zeitgenössischen Untersuchungen, z. B. im Bereich der Entstehung der Objektbeziehungen im Verhältnis von Neugeborenen und Bezugspersonen ähnlich beschrieben.

Die verschiedenen Stufen im Bereich der Objekt- und Ichfindung erkennt R. A. Spitz an dem Auftreten bestimmter „Organisatoren“, ein Begriff, der aus der Embryologie stammt. (Spitz, R. A., 1960, 36) Unter Organisatoren versteht er Strukturen, die sich an einem Punkt bilden, an dem sich verschiedene Entwicklungslinien vereinigen und die das Niveau von Funktionen ändern. Der erste Organisator z. B. ist nach Spitz das Lächeln, das Ausdruck der Erinnerung und des Wiedererkennens in der sozialen Kommunikation ist. Das erste Lächeln gilt als Gestaltkeim von Ich und Objekt, entwickelt durch Lernen im Wahrnehmungsbereich aufgrund taktiler und optischer Sozialbezüge. (Holtstiege, H., 1974, 20.21)

Sensitivitätspunkte als Organe der Psyche markieren die Entwicklung einer aktiven Organisation der Persönlichkeit „in Perioden bestimmter Sensibilität“ (7, 8).

Erziehung bedeutet, dieser psychischen Entwicklung menschlicher Personalität von Geburt an zu helfen. Zum Prinzip wird die Beachtung sensibler Phasen, die Inhalt des III. Kapitels sind.

Die funktionelle Einheit der Personalität oder das feste Gefüge der Persönlichkeit sind das Ziel aller Erziehungsbemühungen Montessoris. (10, 124; 1, 185 – 174) Der Weg zum Ziel wird als Prozeß der Umwandlung eines Naturgeschöpfes in ein Vernunftgeschöpf beschrieben. Entscheidend ist die Beobachtung der „Rolle der Vernunft als erste Ursache, einer Vernunft freilich, die sich erst im Zustande des Keimens befindet“ (6, 94).

Diese keimende Vernunft wird in ihren vielen kleinen Äußerungen beobachtet und ihr durch die pädagogische Gestaltung einer Anregungsumwelt Hilfsstellung geboten. (vgl. IV. 5) In einem Bild ist die Rede von den vielen kleinen und guten Steinen, mit deren Hilfe sich das Fundament gebildet habe, auf das sich dann das feste Gefüge der Persönlichkeit aufbaut mit der „zunehmenden Fähigkeit, sich selbst zu leiten“ (1, 185 – 174).

Der Entwicklungsweg dieser Fähigkeit zur Selbstleitung im Sinne der Selbstbestimmung soll in II. 2.2 anhand der ihn bestimmenden Faktoren nachgezeichnet werden.

Zunächst wird nach inhaltlichen Prinzipien zu fragen sein, die Orientierungsfunktion für Selbstleitung haben.

1.2 Freiheit als Selbstbestimmung – Meister seiner selbst

Nur auf Grund seiner festgefügten Persönlichkeit, die sich in der funktionellen Einheit der Personalität ausdrückt, kann der Mensch über sich verfügen, sich bestimmen und selbst leiten. „Herr seiner selbst zu werden“ – das ist das Ziel selbsttätiger Persönlichkeitsentwicklung (1, 110). An anderer Stelle wird diese Aufgabe als eine erst zu verwirklichende relative Freiheit beschrieben:

„Die Freiheit unserer Kinder hat als Grenze die Gemeinschaft, denn Freiheit bedeutet nicht, daß man tut, was man will, sondern Meister seiner selbst zu sein.“ (7, 23)

Dieses Zitat umreißt den Inhalt der „neuen Bestimmung“ (vgl. 1.1), der dem „neuen Entwurf“ des Lebewesens Mensch entspricht: zunehmend Freiheit der Bewegung und des Handelns zu erwerben und zu verwirklichen, und zwar sowohl innerhalb der Sozialumgebung als auch im Verhältnis zu sich selbst. Darin erfüllt sich die dem menschlichen Entwurf zugeordnete Bestimmung. Anstelle ererbter Verhaltensweisen sind Handlungsmodelle durch den Menschen selbst zu bilden. Mit ihrer Hilfe kann er frei in seiner Umgebung handeln und auf sie einwirken, sie gestalten.

Im folgenden sollen aus Montessoris Konzeption Kriterien für die Gestaltung freiheitlicher Verhaltens- und Handlungsmodelle herausgearbeitet werden.

1.2.1 Freiheit und Bindung

Die Relativität der Freiheit, ihre Bindung durch Beziehungen, seien sie Bezugspunkte sachlicher, sozialer oder transzendenter Art, sind in obigem Zitat klar ausgesagt. Bezogenheit auf die Gemeinschaft und auf sich selbst stehen in dieser Aussage als Kriterien für Verhaltensorientierung im Vordergrund. Im Rahmen dieser Interpretation läßt sich die eingangs erwähnte Definition von Persönlichkeit inhaltlich erschließen. Montessori geht im Gegensatz zur Auffassung einer „rezeptiven“ Persönlichkeit von der Vorstellung einer aktiven, denkenden und Gedanken verbindenden Persönlichkeit aus.

In 1.1 wurde herausgearbeitet, wie sich dieser Verarbeitungsprozeß erworbener Einsichten zu verpflichtenden Verhaltensnormen vollzieht. Im Bereich von Gemüt und Gewissen, dem haltgebenden „Ort“ der Persönlichkeit, werden menschliche Bindungen eingegangen und erhalten verpflichtenden Charakter. Die Bedeutung von Bindungsfähigkeit für die zunehmende Entwicklung von Freiheitsfähigkeit hat Buytendijk in den Mittelpunkt seiner Montessori-Interpretationen gestellt: „Montessori erzieht das Kind zur Freiheit durch Bindung, d.h. durch eine lebendige organische Bindung an die Eigenschaften seiner Umwelt.“ (Buytendijk, F. J. J., 1932, 261) Seine Frage, an was die Bindung erfolge, beantwortet er mit der pädagogischen Wirkung der Sinnesmaterialien (vgl. IV. 5): „Was in den Sinnesübungen Montessoris geübt wird, ist eine bestimmte Art, sich der Welt gegenüber zu verhalten ... Die Übung mit dem Montessori-Material soll einerseits Gebundensein an das Wesenhafte bewirken, andererseits Bindungsbereitschaft herbeiführen." (Buytendijk, F. J. J., 1932, 264)

Die systematische Herbeiführung kindlicher Bindungsfähigkeit ist einer der Pole für die Entwicklung der (1.1.3) anthropologisch begründeten Freiheitsfähigkeit. „Freiwerden" ist die der „neuen Bestimmung" des Lebewesens Mensch entsprechende entwicklungspädagogische Aufgabe (7, 23). Sie vollzieht sich durch gleichzeitige Minderung anfänglicher sogenannter „sozialer Determiniertheit".

„Denn das Kind ist im Zeichen der Ohnmacht, in der es geboren wird, als soziales Individuum von Bindungen umgeben, die seine Aktivität einschränken. Eine auf Freiheit begründete Erziehungsmethode muß darauf abgestellt sein, dem Kind zu helfen, eben diese Freiheit zu erobern, und muß die Loslösung des Kindes von den Bindungen bezwekken, die seine spontanen Äußerungen einschränken." (8, 64)

Teil der vorangestellten Persönlichkeitsdefinition von Montessori war die Forderung einer aktiven Selbstverwirklichung – aktiv durch Selbsttätigkeit des Kindes und aktiv durch die erzieherische Freigabe kindlicher Selbständigkeitsbemühungen. An die Stelle der Fremdleitung soll, zunehmend auf dem Wege indirekter Hilfe, die Selbstleitung treten. Um sich selbst leiten zu können, bedarf es Halt gebender Orientierungshilfen innerer Art.

Auf dem Wege der Vernunftentwicklung (vgl. 1.1.3; IV. 5.5.2) soll dem Kind der Erwerb solcher Orientierungsinhalte ermöglicht werden. Montessori geht wiederum aus von der aktiv denkenden und Gedanken verbindenden Persönlichkeit. Sach-, Sozial- und Selbsteinsichten sollen zu Polen der Bindung werden, denen das Kind sich freiwillig verpflichtet. Aus dem vernommenen Anspruch wird Entsprechung. Genau dies ist der Sachverhalt jener Freiheit, in der der Mensch Meister oder Herr seiner selbst wird.

1.2.2 Freiheit und Disziplin

Die Befreiung des Kindes soll pädagogisch bewirkt werden durch die Schaffung einer geeigneten Umgebung, „in der das Kind handeln kann, um erstrebenswerte Ziele zu erreichen, um es so auf den Weg der Ordnung und der Vervollkommnung seiner unbändigen Aktivität zu lenken" (8, 71).

Das Zitat macht deutlich, daß nicht Zügellosigkeit gemeint ist mit der Forderung nach Freigabe der aktiven Persönlichkeitsentwicklung. Durch Ordnung und Vervollkommnung soll die Lenkung der Aktivität erfolgen. Montessori umschreibt in dem zu Beginn dieses II. Kapitels angeführten Zitat eine selten erreichte menschliche Leistung: die innere Disziplin einer Persönlichkeit. Mit dieser Definition ist der ganze Sachverhalt der Selbstbestimmung ausgesagt.

„Freiheit und Disziplin (sind) zwei Seiten derselben Medaille." (9, 257)

Diese Auffassung Montessoris ist durch ihre übrigen Aussagen zu erhellen. Disziplinierung oder Beherrschung der Bewegungen soll erfolgen durch die indirekte Lenkung der „unbändigen Aktivität" auf erstrebenswerte Ziele. Hier hat das Angebot didaktischer Materialien und einer vorbereiteten Umgebung ihre Bedeutung, die Inhalte des IV. und V. Kapitels dieses Buches sind. Die Bindung der Aktivität vollzieht sich durch Vorgänge der Polarisation der Aufmerksamkeit. Als auffällige Wirkung dieser Konzentrationsvorgänge wird die freiwillige Disziplin genannt.

In diesem Zusammenhang ist es wichtig darauf hinzuweisen, daß Montessori zweierlei Disziplin unterscheidet: Disziplin als Synonym für Sklaverei auf Grund erzwungener Anpassungen (10, 19) und Disziplin, die nicht Unterwerfung bedeutet, „sondern die Kehrseite der menschlichen Freiheit ist" (9, 257). Disziplin muß aktiv sein. Bei einem künstlich stillen und stummen Menschen handelt es sich um einen geduckten und nicht um einen disziplinierten Menschen.

„Wir nennen einen Menschen diszipliniert, wenn er Herr seiner selbst ist und folglich über sich selbst gebieten kann, wo es gilt, eine Lebensregel zu beachten." (8, 57)

Dieses Zitat macht den Zusammenhang von Disziplin und Freiheit deutlich: Disziplin ist die zielstrebige Entwicklung aller Funktionsbereiche zur funktionalen Einheit der Personalität. Diese steht für die Definition des Selbst, das über sich gebieten und sich an verbindliche Regeln halten kann.

Diszipliniertheit läßt sich auch als innere Geordnetheit und inneren Gehorsam einem inneren Führer gegenüber aussagen. Auf die Bedeutung von Ordnung und Gehorsam für die Selbstbestimmung wird in 2.2 dieses Kapitels eingegangen.

Den inneren Führer repräsentiert das Gewissen. Freiheit im Sinne von aktiver Disziplin besteht im freien Befolgen der bindenden Verpflichtungen, die im „Ort" des Gewissens eingegangen sind. Diese Ausführungen dürften ein Zitat verständlich machen:

„Wer sich selbst erobert, der erobert auch die Freiheit, denn in ihm verlieren sich viele ungeregelte und unbewußte Reaktionen, die die Kinder unausweichlich unter die ständige steife Kontrolle der Erwachsenen stellen... Dem englischen Begriff entsprechend sind sie ‚kontrollierte' Wesen, und soweit ihre eigene Kontrolle reicht, haben sie sich von der Kontrolle der anderen befreit." (8, 105)

Der englische Begriff „self-control" meint Selbstbeherrschung und enthält in dieser Übersetzung auch noch einen weiteren englischen Begriffinhalt: „self-command"; die verwandten Begriffe „control", „to control" heißen übersetzt: beherrschen, Gewalt haben über. Allen Begriffen ist ein Inhalt gemeinsam: sich selbst befehlen, sich selbst beherrschen können oder Gewalt über sich selbst haben. So läßt sich Montessoris Ziel der Selbstbestimmung verstehen: Herr oder Meister seiner selbst sein, seinem inneren Führer gehorchen können.

1.2.3 Freiheit und Liebe

Im Hinblick auf die Beziehung des Kindes zur umgebenden Welt spricht Montessori von der „Schaukraft der Liebe“ (6, 144). Diese Schaukraft leitet das kindliche Erkennen. So ist die Liebe jene motivierende intelligente Strebekraft, die das Kind mit den Dingen seiner Umgebung verbindet. In der kindlichen Umwelt bildet der Erwachsene den wichtigsten Gegenstand seiner Liebe. Liebe wird zum Fundament der Freiheit, die, wie in 1.2.1 ausgeführt, als Gegenpol Bindung aufweist. Liebe baut diese Beziehungen auf, läßt Bindungen eingehen.

In diesem Zusammenhang steht eine bemerkenswerte Aussage von der Intelligenz des Kindes. Von ihr wird gesagt, daß ihr auch das Verborgene nicht entgehe. Das Kind beobachtet nie mit Gleichgültigkeit, sondern mit Liebe. Aktives, brennendes, eingehendes und dauerndes Sichversenken in Liebe gelten als spezifisches Merkmal des Kindesalters.

> „So kommt es, daß das Bewußtsein des Kindes von Liebe erfüllt ist, ja daß das Kind erst durch Liebe zur Selbstverwirklichung findet.“ (6, 144)

Liebe ist die Wurzel der Freiheit. Sie verbindet, bindet sich und läßt Verantwortung möglich werden. Wie sehr die Liebe innerlich mit der Freiheit zusammenhängt, mag das folgende Zitat zeigen:

> „In der Entwicklung der Persönlichkeit sind zwei Wege möglich: die des Menschen, der liebt, und die des Menschen, der besitzt; auf der einen Seite steht der Mensch, der seine Unabhängigkeit errungen hat und der sich mit den anderen in Harmonie zusammenschließt, auf der anderen Seite der Mensch als Sklave, der, obwohl er sich befreien will, Sklave des Besitzes wird und zum Haß gelangt. Dies scheinen die zwei Wege des Guten und des Bösen zu sein.“ (10, 97)

1.2.4 Freiheit und die Alternative des Guten und Bösen

Freiheit liegt also in der Möglichkeit alternativer Entscheidungen. Hier wird Montessoris Erziehungsforderung relevant: das Kind freizugeben aufgrund der Einsicht, daß es die schöpferische Aufgabe des Kindes ist, selbst eine sittliche Persönlichkeit zu bilden. Erziehung gehört oft zu jenen Faktoren, die dem Kind diesen Weg der Selbstverwirklichung versperren. Das Drama zwischen dem „Willen zum Guten und der Neigung zum Bösen“, das sich in der Tiefe jeder Seele abspielt, kann auch durch eine entsprechende Erziehung in Richtung der Neigung zum Bösen verstärkt werden.

Daß Montessori – trotz vieler unklarer Aussagen – nicht von dem ursprünglichen Gutsein des Kindes überzeugt ist, geht aus folgendem Zitat hervor:

> „Wir wissen, daß dem Menschen Tendenzen angeboren sind, die sittlich inferior erscheinen ... Alle, die um die Erbsünde im Menschen wissen, sollten durch Liebe und Achtung vor dem Kinde den Willen zum Guten stärken, statt die Neigung zum Bösen durch erzieherische Maßnahmen und ihre Folgen zu unterstützen.“ (7, 17)

Hier wird ein Maßstab für Verantwortung in der Erziehung aufgestellt. Liebe und Achtung fördern also jenen Selbstverwirklichungsprozeß, in dem das Kind durch Liebe zu sich findet – „zur Entfaltung der Einheit des kindlichen Wesens und seiner sittlichen Vollendung" (7, 17). Werden die Energien des Kindes in diesem aktiven Aufbauvorgang seiner Personalität gestört, so führt das zu „Zerrissenheit der wachsenden Persönlichkeit, zum Kampf statt zur Liebe" (7, 17).

Der formale Prozeß der funktionellen Einheit der Person geht in Form eines Bedingungs- und Wechselwirkungszusammenhanges einher mit der Verwirklichung von Freiheit als Bindung, Disziplin und Liebe, die zusammen die „Physiognomie" der Sittlichkeit im Sinne von Gutsein gestalten. Erziehung und erzieherische Verantwortung haben sich an den Zügen dieser Physiognomie zu messen. (vgl. Kap. IV u. V)

1.2.5 Gutsein – Physiognomie der Sittlichkeit

Mehrere Male wurde Montessoris Äußerung zitiert, daß der Mensch zwar vieles leiste, selten jedoch die „innere Disziplin einer Persönlichkeit". Diese abstrakte Aussage läßt sich nach den bisherigen Interpretationen nun inhaltlich beschreiben. Es taucht hervor die Physiognomie der Sittlichkeit, die mit Gutsein identisch ist und als das umfassende Ziel der Selbstverwirklichung durch Selbstbestimmung von Montessori aufgefunden wurde.

Die Züge der Physiognomie der Sittlichkeit kennzeichnen den „neuen Menschen", dessen Bildung Aufgabe der Erziehung ist:

> „Dieser Mensch besitzt wahre Qualitäten: die Liebe, die nicht Anhänglichkeit bedeutet; die Disziplin, die nicht Unterwerfung bedeutet; die Möglichkeit, sich in Beziehung zur Wirklichkeit zu setzen, was nicht Phantasie bedeutet." (10, 36)

Die Art der Liebe, die nicht Anhänglichkeit bedeutet, wird auch beschrieben als Liebe, die nicht besitzen, sondern erkennen und sozial anerkennen will. (10, 37) Es handelt sich um eine disziplinierte Liebe, die gekennzeichnet ist durch Gehorsam und aktiven Frieden, d. h. Gerechtigkeit. (9, 248.253.255) Montessori fügt den Zug der Achtung hinzu, der die Qualität der Zuneigung ändert und zur Disziplinierung der Liebe beiträgt. (3, 238; 7, 17.25; 9, 253.254) Achtung distanziert und bringt in Anhänglichkeiten ein Stück Freiheit.

Von der Art der erkennenden Liebe, die schauen und nicht besitzen will, wird gesagt, daß sie zum Kontakt bewegt „zwischen der geliebten Sache und dem Geist, der zum Schaffen führt: es gesellen sich die Arbeit, das Leben, die Normalisierung ... es ist die Liebe, die zur intelligenten Aktivität führt, zum Erzeugen, zur Arbeit des Menschen auf dieser Erde" (10, 38). Diese Aussage hat fundamentalen Charakter für die Bedeutung der Polarisation der Aufmerksamkeit und ihre Wirkungen in Montessoris Erziehungskonzeption. Die neue Humanität zeichnet sich also durch folgende Qualitäten aus, die zusammen die Physiognomie der Sittlichkeit bewirken:

Achtung führt zur disziplinierten Liebe, die die Wirklichkeit erkennen und anerkennen möchte. Sie umfaßt Gehorsam und aktiven Frieden im Sinne von Gerechtigkeit und verpflichtender Bindung. Aktive Disziplin ermöglicht die sukzessive Entwicklung aller Persönlichkeitsbereiche zu einer funktionellen Einheit, erfahrbar als Gewissen, dem „Ort" verpflichtender Bindung und verantwortlichen Handelns. (vgl. Holtstiege 1991, 42–49)

1.3 Selbstbestimmung und Gesellschaft

Eine der Zielsetzungen dieses Buches enthält die Frage nach dem jeweiligen Anteil von Umwelt und Individuum im Prozeß der Selbstverwirklichung.

Die Thematik dieses Punktes richtet sich auf das sehr aktuelle Problem des Verhältnisses von Individuum und Gesellschaft, von Selbstbestimmung und Fremdbestimmung. Im Hintergrund steht die Frage nach dem Freiheitsspielraum für Selbstbestimmung, Selbstgestaltung und Selbstverwirklichung im Sozialisationsprozeß.

Montessori spricht von einem Problemkomplex im Verhältnis zwischen Individuum und Gesellschaft. Bei den vielen Komplikationen (Verwicklungen) des sozialen Lebens erscheint ihr jedoch die Freiheit als Grundproblem. (10, 54)

1.3.1 Freiheit – Grundproblem im Verhältnis Individuum – Gesellschaft

Die Verflechtung individual-sozialer Probleme entsteht aus der anthropologisch-pädagogisch begründeten Notwendigkeit, „Mittel zur Entwicklung der freien Persönlichkeit zur Verfügung zu stellen, zu denen auch die Umgebung gehört. Die Umgebung muß nicht nur die Freiheit des Individuums ermöglichen, sondern auch die Bildung einer Gemeinschaft" (10, 54; vgl. Kap. V). Eine doppelte Zielsetzung wird von der Bereitstellung einer angepaßten Umgebung ausgesagt: Freiheit der individuellen Entwicklung in Einklang zu bringen mit dem Erfordernis der Bildung einer Gemeinschaft. Die Sozialbezogenheit der individuellen Entwicklung als aktive Erziehungsaufgabe wird ausdrücklich genannt.

Das Grundproblem besteht in der Wahrung des Freiheitsspielraumes innerhalb des Wechselwirkungsprozesses von Individuum und Gesellschaft. Dazu ist es notwendig, sowohl die Verwicklung von Schwierigkeiten im sozialen Leben zu erkennen und zu verstehen als auch um das unbewußte Streben des Menschen nach seiner Befreiung zu wissen. (10, 52)

Die Grundsituation im Verhältnis von Individuum und Gesellschaft läßt sich durch drei Problemkreise beschreiben:

(1) Die durch den Fortschritt bedingten Wandlungen im sozialen Bereich erschweren es dem einzelnen Individuum, soziale Mechanismen, Kommunikationswege und deren Faktoren zu erkennen, zu durchschauen und moralisch zu bewältigen. (10, 68.101.103)

„Vergebens suchen wir in der Geschichte nach etwas, was uns hilft, uns in unserem gegenwärtigen sozialen Zustand zu orientieren.“ (10, 101)

Soziale Orientierungslosigkeit wäre also die erste Schwierigkeit, die sich auch als soziale Hilflosigkeit bezeichnen läßt. Wichtig ist in diesem Zusammenhang die Aussage, daß dem Menschen ein großer Widerstand begegne bei der Anpassung an die veränderte Umgebung, daß er an diesem Widerstand leide und durch ihn geschwächt werde. Die durch die Menschen geschaffene Kultur hat soziale Verhältnisse bewirkt, die Hindernisse für die normale Entwicklung des Menschen mit sich bringen. (4, 20.22)

Was aber ist die Aufgabe der Erziehung im Rahmen dieser Problematik?

„... dem Menschen zu helfen, sein inneres Gleichgewicht, seine seelische Gesundheit und sein Orientierungsvermögen unter den gegenwärtigen Umständen in der äußeren Welt zu bewahren.“ (4, 21)

Positiv gelten die effektiven Errungenschaften als Zeichen des Beginns neuer Orientierungsmöglichkeiten, auf die der Mensch jedoch bewußt vorbereitet werden muß.

(2) Die Komplikationen auf seiten der Individuen bestehen darin, daß dem äußeren zivilisatorischen Fortschritt kein innerer Fortschritt der Menschheit entspricht. Der Mensch steht der Beeinflussung des von ihm geschaffenen Fortschritts „machtlos und schwach gegenüber, unfähig einer sicheren Kritik und ohne die Einheit seiner Persönlichkeit“ (10, 81).

Die Gegenwartssituation ist gekennzeichnet durch ein Mißverhältnis zwischen dem erreichten äußeren Fortschritt und dem Rückstand in der Entwicklung menschlicher Personalität.

„In unserer Zeit ist die Menschheit durch ihre eigene Umgebung besiegt und zum Sklaven gemacht worden, da sie im Vergleich zu ihr schwach geblieben ist.“ (4, 22)

Dem heutigen Menschen bleiben nur zwei Wege: sich entweder in seinem menschlichen Verhalten zu der erreichten äußeren Fortschrittshöhe aufzuschwingen oder aber durch das Werk der erreichten eigenen Errungenschaften zugrunde zu gehen. Er muß die Bestimmung und Verantwortung begreifen lernen, die ihm aus den äußeren Mitteln erwachsen, über die er verfügt und die er selbst geschaffen hat.

Hier wird die versäumte Aufgabe einer inneren Um- und Neuorientierung des Menschen im Blick auf die von Grund auf veränderten zivilisatorischen Verhältnisse genannt. Sie ist von so vordringlicher Art, weil von ihr das Überleben der Menschheit abhängt. Zur Bewältigung dieser Aufgabe ist es dringend erforderlich, die menschliche Persönlichkeit auf das Niveau der Umgebung zu heben, die der Mensch sich selbst durch Arbeit und Intelligenz geschaffen hat. (10, 50)

In dieser Situation weist Montessori auf die Bedeutung des Kindes hin. Die Funktion der Kindheit in der Ontogenese des Menschen hat Bedeutung im Hinblick auf die menschliche Zukunft. Wie in 2.2 noch dargelegt wird, hat das Kind die Aufgabe, den Menschen durch Bildung freiheitlicher Verhaltensmodelle an seine Umgebung anzupassen. Die Offenheit, neue zeitgemäße Verhaltensmodelle im Hinblick auf die veränderte Zeitsituation zu bilden, läßt die große Bedeutung der Kindheit für die Zukunft erkennen – vorausgesetzt, daß Erziehung diese Kreativität zuläßt.

„Das Kind muß also heute als Verbindungspunkt, als Bindeglied unter den verschiedenen Abschnitten der Geschichte und den verschiedenen Kulturstufen betrachtet werden. Die Kindheit ist eine äußerst wichtige Periode; denn will man neuen Ideen zum Durchbruch verhelfen, die Gebräuche und Sitten eines Landes ändern oder verbessern, die Charakteristika eines Volkes stärker betonen, müssen wir uns des Kindes bedienen." (9, 60)

Die Formulierung, sich des Kindes zu „bedienen", um Ideen oder Verhaltensweisen zum Durchbruch zu verhelfen und damit Gegenwart und Zukunft zu bewältigen, schillert in dieser Aussage. Sie muß aus dem gesamten Kontext der in 1.3.1 geschilderten Problemlage verstanden werden. Daß es sich nicht um die Ausnützung der Kindheit zu individuellen oder kollektiven Zwecken handelt, wird aus der Einleitung des 2. Punktes noch ersichtlich. Es geht ihr in diesem Zusammenhang vielmehr um das Aufgreifen eines heute immer stärker werdenden Bedürfnisses nach einer „dynamischeren Charaktererziehung" (5, 95). Dadurch werden dem Menschen Neuanpassungsleistungen angesichts der sich rasch verändernden zivilisatorischen Verhältnisse möglich. Dazu muß die Entwicklung der Personalität des Kindes in einer Weise gefördert werden, daß sie für unvorhergesehene Eventualitäten vorbereitet wird. Das erfordert eine die Zukunft oder auf Zukunft hin offenhaltende Erziehung; die Bildung einer entsprechend festen und zugleich flexiblen Persönlichkeitsstruktur des Menschen. Die Flexibilität (Beweglichkeit und Umstellungsfähigkeit) besteht in einer schmiegsamen und lebendigen Anpassung (5, 94), die auch als Elastizität der Anpassung bezeichnet wird. (1, 111–104) Diese Anpassung beruht auf einem inneren Gleichgewicht, das Voraussetzung ist für Mut, starken Charakter und schnellen Verstand. Gewandtheit in der Anwendung von Einsichten auf veränderte Situationen wäre eine andere Umschreibung für die geforderte Fähigkeit der Anpassung, auf die noch einzugehen ist.

(3) Der dritte Problemkreis besteht in der erforderlichen Abstimmung der beiden grundlegenden Freiheiten des Individuums und der Gesellschaft durch die Herstellung eines Gleichgewichts zwischen ihnen.

„Die freie Individualität ist die Grundlage für alles. Ohne diese Freiheit ist eine vollständige Entwicklung der Personalität unmöglich. Die Freiheit ist die Basis von allem, und der erste Schritt ist getan, wenn das Individuum ohne Hilfe anderer handeln kann mit dem Bewußtsein, eine lebendige Einheit zu sein. Das ist eine primitive Definition für die Freiheit, die im Gegensatz zum sozialen Charakter des Menschen und der Funktionsweise der menschlichen Kollektivität zu stehen scheint. Wie können sich die individuelle Freiheit und das soziale Leben vereinbaren lassen, das sich ganz auf Einschränkungen und Gehorsam gegenüber sozialen Gesetzen aufbaut? Auf die gleiche Schwierigkeit, den gleichen scheinbaren Widerspruch stößt man im praktischen sozialen Leben. Dennoch ist die Freiheit die notwendige Grundlage der organisierten Gesellschaft. Die individuelle Persönlichkeit könnte sich ohne die individuelle Freiheit nicht verwirklichen." (10, 52)

Freiheit als Grundlage der organisierten Gesellschaft hat den gleichen (1.2) beschriebenen Charakter der Relativität. Kriterien waren die Notwendigkeit der Rückbindung, Disziplin, Liebe und die Alternative des Guten und Bösen. Sie werden – wie in 1.3.3 noch aufzuzeigen ist – zu Kriterien der Gestaltung des Verhältnisses von Individuum und Gesellschaft.

1.3.2 Verständnis von Gesellschaft und Sozialisation

In Entsprechung der Entwicklung des sozialen Bewußtseins beim Heranwachsenden beschreibt Montessori zwei Arten von Gesellschaftsbildung. Kinder in der ersten Lebensphase von 0–6 Jahren bilden – obwohl es sich um „unabhängige Individuen" handelt – eine wirkliche Gesellschaft. Sie entsteht jedoch mehr durch den absorbierenden Geist als durch das Bewußtsein.

„Diese Verbindung, die sich aus einem spontanen Bedürfnis gebildet hat, geleitet durch eine innere Kraft und angeregt durch einen sozialen Geist, habe ich als Gesellschaft der Kohäsion bezeichnet... Wenn das Kind mit dem sechsten Jahr in eine neue Phase der Entwicklung tritt, die den Übergang vom sozialen Embryo zum sozialen Neugeborenen bezeichnet, beginnt plötzlich deutlich eine andere spontane Lebensform: eine bewußt organisierte Vereinigung." (9, 210.211)

Dieses Zitat mit seiner Differenzierung zweier kindlicher Gesellschaftsformen – durch Kohäsion und durch Organisation – ist sozialisationstheoretisch hoch bedeutsam. Es berührt die Frage nach der Gewinnung von Freiheit im Vorgang der Sozialisation. Das ist der Prozeß, in dem das Kind in die Ursprungsgruppe sozial integriert wird und deren Wertsysteme für Verhaltensorientierung übernimmt. Angesprochen wird die auf dem Gefühlswege (Kohäsion) einsetzende Erweiterung des sozialen Bezugsfeldes durch soziale Integration in Kindergruppen. Bedeutsam wird dann die Gesellschaftsbildung durch Organisation. Sie ist rückgebunden an rationale Einsichten in soziale Gebilde und freiwillige Übernahme sozialer Regeln. (vgl. II. 2.1.2)

Wie schon in 1.1 erwähnt, wird die anthropologisch bedingte, anfänglich starke „soziale Determiniertheit" (8, 63) zu einem pädagogischen Ausgangspunkt: dem Kinde zu helfen, seine Freiheit zu erobern.

„Die Lösung dieser Beziehung ist Notwendigkeit für die Entwicklung des Menschen." (7, 8)

Montessori meint damit nicht eine totale Lösung, sondern die Umwandlung der Sozialbeziehung (3, 238), in der dem Kind die „Möglichkeit der Selbstentwicklung gewährt" wird (12, 95). Auf der Basis der Achtung soll eine neue

Beziehung aufgebaut werden, die es dem Kind ermöglicht, selbst eine „sittliche Persönlichkeit zu bilden." (7, 17; vgl. V. 2)

„Unsere Kinder leben und handeln frei und selbständig in der Gemeinschaft anderer Kinder und werden so zu willensstarken sozialen Wesen." (7, 23)

Das Hauptproblem besteht darin, dem Kind einerseits zu helfen, daß es seine freie Individualität in all ihren individuellen Funktionen entwickeln kann, andererseits ist die Entwicklung der Personalität dahingehend zu fördern, daß durch sie die gesellschaftliche Organisation verwirklicht und verbessert wird. (10, 54.107)

Für die Erziehung ist es wichtig darauf zu achten, daß das Individuum sich vom Beginn der Entwicklung an seine Unabhängigkeit erwerben und bewahren kann.

„Es sind also zwei Dinge notwendig: die Entwicklung der Individualität und die Anwendung der individuellen Aktivität auf ein soziales Leben, Entwicklung und Anwendung, die je nach den verschiedenen Perioden des kindlichen Lebens verschiedene Formen annehmen." (10, 96)

D. Schwerdt hält den in Montessoris Konzept enthaltenen sozialisationstheoretischen Ansatz für bedeutsam, weil sich in ihm eine neue – weiterführende – Position anbietet. Das Offenhalten des Freiheitsspielraumes für Selbstbestimmung im Sozialgefüge gilt als gelungen: Durch das Phänomen des absorbierenden Geistes, der komplexe Umwelteindrücke ganzheitlich „aufsaugt", und die gleichzeitige Bewußtseinsentwicklung im Sinne der (hier 1.2 umrissenen) Freiheit als Selbstbestimmung wird die Fähigkeit entwickelt, „schon Sozialisiertes in Frage zu stellen", wie Schwerdt im Anschluß an Löwisch folgert. (Schwerdt, D., 1973, 122.120)

Nach Montessoris Auffassung können nur Einzelwesen, getrennte Individuen, sich zu einer Gesellschaft zusammenschließen. Sie sind in der Lage, nicht nur eine Anhäufung, sondern eine wirkliche Vereinigung vorzunehmen, in der Arbeit und soziale Funktionen aufgeteilt werden. Diese Vereinigung hat die Durchführung kollektiver Aktionen zum Ziel. Entscheidend jedoch ist die Tatsache, daß es sich um die Vereinigung freier Individuen handelt. (10, 53)

In diesem Zusammenhang muß notwendig ein Verständnis von Sozialisation entstehen, das die beschriebene Fähigkeit des Individuums zur Rationalität auch sozial anzuwenden lernt: schon Sozialisiertes in Frage zu stellen. Dazu bedarf das Kind der sozialen Erfahrungen. (vgl. III. 2.1.2, 2.1.3; V. 2.2.3) Kritisches Infragestellen ist erst möglich, wenn Alternativen im Sozialisationsverlauf angeboten und zugelassen werden. So werden mehrere Momente zur rationalen Durchdringung des „schon Sozialisierten" genannt: „Lösen von Problemen, gutes Verhalten und Entwerfen von Plänen, die für alle annehmbar sind" (9, 202). Sozialeinsicht und soziale Kreativität sind über Kritik hinaus weiterführende Wege im Sozialisationsvorgang. Hier wird die Stärke in Montessoris Erziehungsdenken erkennbar. Durch ihre Nähe zur Praxis bleibt dieses Denken nicht im Bereich des Rationalen stecken, sondern sucht gangbare Wege zur praktischen Umsetzung von Theorie. Wahrnehmung von Freiheit innerhalb der organisierten Gesellschaft umfaßt ein komplexes Wechselspiel individueller Fähigkeiten im Sozialbezug. So läßt sich auch die Aussage von K. Aurin verstehen, daß erst die individuelle Vorbereitung des Kindes für das Leben in der Gemeinschaft zu sozialer Selbständigkeit führe. (Aurin, K., 1960, 460)

> „Die Individualität bildet das Grundelement, den Ausgangspunkt für den Aufbau der Gesellschaft, die sich aus vielen Individuen zusammensetzt, die alle alleine arbeiten, aber mit den anderen durch einen gemeinsamen Zweck verbunden sind." (10, 94.95)

1.3.3 Gestaltung des Verhältnisses Individuum – Gesellschaft

Grundforderung für beide ist die Freiheit, wie sie in 1.2 beschrieben worden ist. Die Bindung wird erkennbar an der Tatsache, daß die Grenze der individuellen Freiheit die Gemeinschaft ist und umgekehrt.

Zwei Leitmotive zur Herstellung eines ausgewogenen Verhältnisses zwischen Individuum und Gesellschaft werden herausgestellt: 1. die Herstellung eines aktiven Friedens als praktisches Fundament für die wechselseitige Beziehung. (10, 72) Dieser aktive Friede ist gleichbedeutend mit der Verwirklichung von sozialer Gerechtigkeit, die Fähigkeit zur Übernahme sozialer Verantwortung (10, 64.118) und sozialer Disziplin (10, 57) voraussetzt. 2. Übereinstimmung im Sinne der Harmonie von der Qualität einer Liebe, die nicht besitzen will. Montessori spricht auch von der Solidarität. Die Menschen „finden zu ihrer Vereinigung kein anderes Bindemittel als die Liebe" (10, 24). Liebe gilt also als Bindemittel. Es ist eine Liebe, die nicht besitzen will, den Charakter wechselseitiger Achtung trägt und damit ein freiheitliches Strukturelement in die solidarische Einheit bringt. Dieses wiederum ermöglicht praktizierte Gerechtigkeit, in der jedem das Seine gewährt wird und jeder das Seine tut. Wechselseitige soziale Anerkennung und Verantwortung kommen darin zum Vorschein. (10, 118)

Die genannten Kriterien sind Inhalte einer Erziehung, die eine neue Menschheit vorbereiten kann. Diese Erziehung hat nur das eine Ziel: „das Individuum und zugleich die Gesellschaft auf ein höheres Niveau zu heben" (10, 107). Im Hinblick auf dieses Ziel wird eine sehr kritische Bemerkung gemacht. Der derzeitige Zustand der Menschheit kann nur dann mit Hilfe der Erziehung überwunden werden, wenn diese sich an das Kind wendet; „diesem ‚vergessenen Bürger' muß neuer Wert zugemessen werden ..." (10, 75). Die Gesellschaft muß die Bedeutung des Kindes „als Erbauer der Menschheit" erkennen und begreifen, daß die psychischen Ursprünge die positive oder negative Orientierung des erwachsenen Menschen bestimmen. Die Unkenntnis der Erwachsenengeneration über die soziale Bedeutung der Kindheit bestätigt sich darin, daß bei der Behandlung sozialer Fragen das Kind vollständig ignoriert wird, „fast als wäre es ein extra-soziales Wesen" (10, 74.75). Die Unlösbarkeit vieler sozialer Fragen entsteht dadurch, „daß man einen Faktor nicht in Betracht zieht: den Menschen als Kind." (10, 86) Der Mensch als Kind hat entscheidende Bedeutung für die Erneuerung der Gesellschaft durch eine neue Erziehung. (4, 96)

„Durch die Verbesserung des Individuums muß die Erziehung die Gesellschaft verbessern helfen." (5, 92) Der erreichte Grad individueller Freiheit und Selbständigkeit hat eine formende Wirkung auf die Gestaltung des Freiheitsspielraumes zwischen Individuum und Gesellschaft. Erziehung als „Realisation von Freiheit" ist an eine entsprechende Organisation rückgebunden.

2. Selbstbestimmung – Entwicklungsweg und Faktoren

Selbstbestimmung als Ziel aller Erziehungsbemühungen wird beschrieben als die zunehmende Fähigkeit, Meister oder Herr seiner selbst zu sein. Das schließt ein, sich selbst als eine lebendige Einheit erfahren und handelnd über sie verfügen zu können. Im ersten Punkt wurde nach der anthropologischen Begründung dieses Zieles und nach seinen Voraussetzungen gefragt.

Der Entwicklungsweg der Fähigkeit zur Selbstleitung im Sinne der Selbstbestimmung soll in diesem Punkt behandelt werden. Das geschieht durch die Herausarbeitung der zentralen Faktoren für die Entwicklung von Selbstbestimmung. Faktorenanalytisch betrachtet, ergeben sich drei fundamental mitbestimmende Ursachen, die tragende Elemente für den Aufbau einer dynamischen Persönlichkeitsstruktur sowie der Fähigkeit zur Leistung der Selbstbestimmung sind: Anpassung, Ordnung, Gehorsam.

Das Hinfinden zur Selbstbestimmung wird von Montessori auch als der „lange und schmale Weg der Vervollkommnung" bezeichnet (9, 245). Diese Vervollkommnung ist gleichbedeutend mit dem, was sie Entwicklung und Bildung des Charakters nennt:

> „Unter Charakter verstehen wir das zum Fortschritt treibende Verhalten der Menschen (wenn auch in vielen Fällen unbewußterweise). Das ist die allgemeine Tendenz: Die Menschheit und die Gesellschaft müssen in der Entwicklung fortschreiten. Es gibt natürlich die Anziehung durch Gott; hier betrachten wir nur ein Zentrum rein menschlicher Vollkommenheit: den Fortschritt der Menschheit." (9, 191)

Dieser Fortschritt bedarf, wie in 1.3.1 begründet, einer dynamischeren Charakterbildung. Darunter läßt sich nach dem Gesagten ein fortschrittliches Verhalten verstehen, das es dem Individuum und der Gesellschaft erlaubt, inneres Gleichgewicht und verläßliche Orientierung angesichts der sich wandelnden Verhältnisse zu bewahren.

Festigkeit und Elastizität sind die erforderlichen Eigenschaften, mit denen Montessori eine dynamische Qualität der funktionellen Einheit (das Selbst) aussagt. Diese funktionelle Einheit der Personalität wurde in 1.1.2 interpretiert als kernhafte Identität, deren Repräsentant die „zweieinige“ Mitte von Gemüt und Gewissen ist. Die zweieinige und zentrierende Mitte gilt als „Ort“ verantwortlicher, d.h. verpflichtender Bindungen.

Es ist gesagt worden, daß sich das Kind auf den langen Weg der Vervollkommnung begebe, um ein zum Fortschritt treibendes Verhalten zu entwickeln. In 1.1 hieß es, daß Geist und Intelligenz, in Auseinandersetzung mit der Umwelt in der frühen Entwicklung, die „erste Skizze des Menschen“ zeichnen, die die „Verwirklichung der Entwürfe des Lebens“ ermöglicht (4, 51; vgl. II. 1.2; 4.2). Es werden also unterschieden die „erste Skizze“ (Kindheit) und die „verwirklichten Entwürfe“ (Erwachsenenalter). Kind und Erwachsener haben eine unterschiedliche Geistesform. Montessori beklagt, daß der einzige Wert des Kindes für die Menschheit häufig darin besteht, daß es ein zukünftiger Erwachsener sein wird. So verlegt man die Bedeutung des Kindes für die Menschheit ausschließlich in die Zukunft.

„Das Kind ist ein wichtiges menschliches Wesen in sich selbst. Das Kind ist nicht nur ein notwendiger Übergang, um ein Erwachsener zu werden; wir dürfen das Kind und den Erwachsenen nicht nur wie eine Aufeinanderfolge von Phasen im individuellen Leben betrachten, wir müssen dagegen zwei verschiedene Lebensformen sehen, die gleichzeitig da sind und aufeinander Einfluß haben. Das Kind und der Erwachsene sind zwei verschiedene Teile der Menschheit, die aufeinanderwirken und bei gegenseitiger Hilfe in Harmonie sein sollten. Es ist also nicht nur so, daß der Erwachsene dem Kind helfen muß, sondern das Kind muß auch dem Erwachsenen helfen.“ (3, 223.224)

Im Kontext dieses sehr bemerkenswerten Zitates nennt Montessori das Kindesalter die „formative Periode“. In ihr entsteht die Skizze des Menschen, sein erst zu verwirklichender Entwurf. Die Periode des Erwachsenenalters „mit mehr oder weniger Erfolg in der Verwirklichung der Entwürfe“ (4, 50) wird als „definitiv“ bezeichnet (3, 224). Eine bestimmte innere Gestalt tritt hervor, zu deren Qualität jedoch das Merkmal der Flexibilität gehört, die eine dynamische Charakterfortbildung möglich macht.

Auf einen sehr dominierenden Aspekt im Hinblick auf die Geistesform des Kindes muß noch hingewiesen werden. Er bezieht sich auf die qualitativen Unterschiede in der sich formenden Intelligenz des Kindes, im Unterschied zu der des Erwachsenen: der absorbierende Geist, als die Form der unbewußten Tätigkeit der kindlichen Intelligenz. Dieses Charakteristikum der Geistesform des Kleinkindes nennt P. Oswald ein „ausgesprochenes Sondergut des Menschen in seiner Kindheitsphase ... Der absorbierende Geist des Kindes vermag in ungemein komplexer Simultanerfassung die menschlich-geistigen Gegebenheiten in seiner Umgebung ganzheitlich zu erfassen ... Es fehlen ihm wesentliche Merkmale unserer Erwachsenengeistigkeit: Bewußtheit, kritische Reflexivität, willentliche Steuerung, ausgeprägte Individualität; und doch ist es nach Montessoris Überzeugung wirklicher menschlicher Geist.“ (Oswald, P., 1970, 15)

Im folgenden sollen nun jene drei Faktoren behandelt werden, die mitbedingende und mitbestimmende Faktoren für die Leistung der Verwirklichung von Skizze und Entwurf der Selbstgestaltung des Menschen sind.

2.1 Faktor Anpassung

Der Anpassungsbegriff wird heute sehr einseitig im Sinne der Bewirkung eines anpassungsmechanistischen oder konformen Verhaltens verstanden. Die in 1.1 zitierte Feststellung Montessoris, daß sie von dem Begriff einer aktiven, denkenden und gedankenverbindenden Persönlichkeitsauffassung ausgehe, läßt ein Verständnis von Anpassung im eingangs genannten Sinne nicht zu. Es muß also noch eine andere Verstehensweise geben, nach der hier zu fragen ist.

(1) Frühe Kindheit – Periode der Anpassung

Die erste Lebensperiode ist die der Anpassung. Sie kommt allen Menschen gemeinsam zu (9, 69). Die Anpassung ist die vitale Aufgabe der Kindheit, deren Funktion in der Ontogenese des Menschen darin liegt, das Individuum in der Weise an seine Umgebung anzupassen, daß es selbst Verhaltensmodelle erwirbt und bildet, durch die es, wie in 1.1.3 gesagt, frei in seiner Umgebung handeln lernt und gestaltend auf sie Einfluß nehmen kann. Die Anpassung des Erwachsenen wird von der des Kindes unterschieden. Das Kind besitzt ein Anpassungsvermögen eigener Art. Das macht es ihm möglich, sich an geographische Regionen mit ihrem speziellen Klima, an Kulturen, deren Sprache und Gebräuche anzupassen.

> „Im Menschen, der sich an alle Lebensbedingungen und Umstände der Umgebung anpassen muß und sich in seinen Gewohnheiten nie völlig festlegt, da er kontinuierlich auf dem historischen Wege der Kultur weiterschreitet, muß also ein „Vermögen" schneller Anpassung sein, das die Vererbung auf psychischem Gebiet ersetzt. Zwar ist dieses Vermögen unzweifelhaft durch die Tatsache bewiesen, daß wir in allen Ländern der Erde, auf allen Längen- und Breitengraden, auf allen Höhen vom Meeresspiegel bis zum Hochgebirge Menschen finden, doch ist es dem erwachsenen Menschen nicht eigen. Der Erwachsene paßt sich nicht leicht an oder, besser gesagt, wenn einmal die Merkmale seines Volkes in ihm gebildet sind, lebt er nur in seinem eigenen Land in voller Befriedigung und ist nur inmitten der Merkmale, die sich ihm auch eingeprägt haben, glücklich... Das Kind verwirklicht diese Anpassung, und der Erwachsene findet sich schon angepaßt, das heißt, er fühlt sich seinem Lande zugehörig. (4, 87.88; 9, 58)

(2) „Vermögen" schneller Anpassung – Ersatz für Vererbungsmangel

Wie das Zitat zeigt, steht das Wort Vermögen in Anführungsstrichen. Damit dürfte das Wissen um die Problematik und Belastung dieses Begriffes ausgedrückt sein. Es handelt sich bei der Anpassung um eine Fähigkeit des Menschen, die im Bereich der Verhaltensweisen „Vererbung auf psychischem Gebiet ersetzt". Umschrieben wird dieses „Vermögen" durch die Begriffe Mneme (eine Form des vitalen Gedächtnisses) und absorbierender Geist. Mit ihnen wird die

Geistesform des Kindes charakterisiert. Montessori spricht von unbewußter Intelligenz. (9, 21; vgl. 2. Einleitung)

„Wir Erwachsenen nehmen die Umwelt nur in unserem Gedächtnis auf, während sich das Kind an die Umwelt anpaßt. Diese Form des vitalen Gedächtnisses, das sich nicht bewußt erinnert, sondern das Bild in das Leben des Individuums absorbiert, erhielt von Percy Nunn einen besonderen Namen: ‚Mneme'.... Im Kinde besteht für alles, was es umgibt, eine absorbierende Sensitivität – und nur durch das Beobachten und Absorbieren der Umwelt ist die Anpassung möglich: Diese Form der Aktivität offenbart eine unbewußte Kraft, die nur dem Kinde zu eigen ist." (9, 57)

Nach diesen Aussagen dürfte es zulässig sein, die Formulierung „Vermögen schneller Anpassung" im Sinne von intelligenter, wenn auch unbewußter Tätigkeit zu interpretieren. Dieses Verständnis läßt sich durch eine andere Aussage erhärten und weiterführen. Montessori vertritt die Auffassung, daß aus dem vollendeten Kreislauf einer Tätigkeit – methodische Konzentration genannt – das Gleichgewicht und die Elastizität der Anpassung entspringen. Diese wird als Kraft für Betätigungen höherer Natur, wie den Gehorsam, bezeichnet. (1, 110–103. 111–104)

Abgesehen von dem hier nur zu erwähnenden und später zu behandelnden erkennbaren Zusammenhang von Konzentration, Anpassung und Gehorsam, sei im Rahmen dieser Überlegungen auf die Heranziehung des Begriffs Gleichgewicht und auf seine Definition als „Elastizität der Anpassung" verwiesen.

Mit der Formulierung „Vermögen schneller Anpassung" erfaßt Montessori einen Komplex von Phänomenen, der weiter zu differenzieren ist. Das Vermögen schneller Anpassung ersetzt – wie zitiert – die Vererbung auf psychischem Gebiet. Mit dieser Aussage wird der Unterschied von tierischer und menschlicher Kindheit, von tierischer und menschlicher Daseinsform angesprochen. Die Aufgabe der Anpassung wird verglichen mit den „Entwürfen" der Vererbung des Verhaltens beim tierischen Embryo.

„Die Tiere werden geboren und sind mit allem fertig ausgestattet: der Art der Bewegungen, der Geschicklichkeit, der Auswahl der Nahrung, den der entsprechenden Art eigenen Formen der Verteidigung. Der Mensch hingegen hat alles in seinem sozialen Leben ausbilden müssen: Das Kind muß sich die Eigenschaften seiner sozialen Gruppe einprägen, indem es sie nach der Geburt aus der Umwelt absorbiert." (9, 65)

Das „Vermögen schneller Anpassung" läßt sich also interpretieren als eine spezifische Eigenschaft des Menschen, die ihm – im Gegensatz zum festgelegten tierischen Verhalten – den Aufbau weltoffener und entscheidungsfreier Handlungsweisen grundsätzlich ermöglicht. Die Basis für den Aufbau freier Verhaltensweisen anstelle ererbter Verhaltensmuster liegt in der frühen Kindheit. Diese gewinnt damit ein besonderes Interesse für Beobachtungen und Hilfeleistungen. Unter diesem Gesichtspunkt wird die Bezeichnung der frühen Kindheit als „Anpassungsperiode" verständlich.

(3) Biologische Anpassung – schöpferische Intelligenz

Montessori spricht von einer vitalen oder biologischen Anpassung. Wie in 1.1.3 dieses Kapitels zitiert und interpretiert, bilden Geist und Intelligenz den Mittelpunkt der individuellen menschlichen Existenz und aller Funktionen des Körpers. „Um diesen Punkt gestaltet sich sein Verhalten und die Physiologie seiner Organe." (9, 56)

Biologische Anpassung ist demnach die Anpassung eines lebendigen Organismus, der mit einer schöpferischen Intelligenz ausgestattet ist, zu der alle biologischen Funktionen in einer Beziehung stehen.

Die absorbierende Form der kindlichen Psyche – unbewußte Intelligenz genannt – ermöglicht dem Kind die vitale Anpassung an seine Umgebung. Intelligenz und Anpassung stehen demnach in einem sehr engen Zusammenhang.

Montessoris Beschreibungen von Anpassungsprozessen lassen erkennen, daß sie Anpassung im Sinne der französischen Verhaltenspsychologie versteht, dessen Vertreter Claparède sie mehrfach zitiert. (1, 65.67.68, 258; 4, 35.36).

Durch den Rückgriff auf Claparèdes Denkansatz bewegen sich ihre Vorstellungen von Intelligenz und Intelligenzentwicklung im Bereich der französischen Verhaltensforschung. Diese geht von der Voraussetzung aus, „daß der Gegenstand der Psychologie das menschliche Verhalten (la conduite) ist, daß also auch ‚Erkennen' als ein Verhalten zu verstehen sei. Dazu kommt die Tatsache, daß diese Verhaltenspsychologie stark genetisch orientiert ist." (Piaget, J., 1947. X)

Es legt sich nahe, auf den von Piaget im Rahmen der genannten Forschungsrichtung exakter herausgearbeiteten Intelligenzbegriff einzugehen, der deutlich machen kann, was Montessori durch ihre sporadischen Äußerungen grundsätzlich sagen will.

Piaget befaßt sich in seiner Arbeit mit dem Verhältnis von Biologie und Intelligenz, das er mit Hilfe des Anpassungsbegriffes untersucht. Biologisch betrachtet, bezieht sich die Anpassung auf die Wechsel- und Austauschbeziehungen zwischen einem lebendigen Organismus und seiner Umgebung. Sie hat in diesem Zusammenhang eine zentrale existentielle Bedeutung für das Lebewesen. Im biologischen Anpassungsprozeß geht es um die Erhaltung oder Wiederherstellung des Gleichgewichts zwischen Organismus und Umwelt. Diesen Anpassungsvorgang definiert Piaget als Intelligenz.

„Als beweglichste und gleichzeitig dauerhafteste Gleichgewichtsstruktur des Verhaltens ist die Intelligenz ein System von lebendigen und aktiven Operationen. Sie ist die höchste Form der geistigen Anpassung an die Umwelt." (Piaget, J., 1947, 10)

Intelligenz als Form der Anpassung stellt ein Ziel dar. Ihr Ursprung liegt bereits in der senso-motorischen bzw. in der biologischen Anpassung überhaupt. Anpassung wird von Piaget definiert als „ein Gleichgewicht zwischen den Wirkungen des Organismus auf die Umwelt und den Wirkungen der Umwelt auf den Organismus." (ebd.)

Tätigkeit und Wirkung des Subjekts auf die Umwelt gilt als Assimilation und die umgekehrte Wirkung als Akkommodation.

Im Vergleich zu Montessoris Annahme einer aktiven, denkenden und Gedanken verbindenden Persönlichkeitsstruktur wird ein weiterer Aspekt in Piagets Intelligenzbegriff relevant: Die Betrachtung der Wechselwirkung zwischen einem mit Intelligenz ausgestatteten Organismus und seiner Umgebung geht von der doppelten Natur des intelligenten Verhaltens aus: der biologischen und der logischen. Intelligentes Verhalten als Wiederherstellung des Gleichgewichts in diesem Austauschprozeß ist gleich Anpassung. Es hat einen affektiven und kognitiven Aspekt. Damit wird einerseits die Dimension der Energetik erfaßt, der ganze Antriebsbereich, der das Verhalten in Gang setzt und hält. Andererseits ist die Intentionalität, die Ziel- und Wertgerichtetheit des Verhaltens einbezogen. Das Gefühl bestimmt das Verhalten, indem es „die für das Handeln notwendigen Energien liefert, während das Erkennen ihnen eine Struktur gibt.“ (Piaget, J., 1947, 7)

Eine Verbindungslinie zu der in 1.1 behandelten Synthese – der Organisation der Personalität – sowie ihrer inhaltlichen Ausrichtung an Prinzipien, wie sie in 1.2 behandelt wurden, bietet sich an.

Intelligentes Verhalten im Sinne einer Anpassung, die der Erhaltung oder Wiederherstellung des Gleichgewichts zwischen Organismus und Umwelt dient, umfaßt alle Funktionsbereiche eines mit schöpferischer Intelligenz ausgestatteten Organismus. Intelligenz als eine Form der Anpassung gilt als beweglichste und gleichzeitig dauerhafteste Gleichgewichtsstruktur des Verhaltens. Diese läßt einen aktiven Fortschritt der Intelligenzentwicklung durch die Aufnahme und Verarbeitung von Eindrücken zu. (vgl. III. 4.2) Sie bewirkt die Synthese der Wirkungen des Organismus auf die Umwelt (Assimilation) und der Wirkungen der Umwelt auf den Menschen (Akkommodation).

Wie schon gesagt, nennt Montessori das aus einer methodischen Konzentration entsprungene Gleichgewicht die Elastizität der Anpassung und die Kraft für höhere Betätigungen. Aus dieser Gegenüberstellung dürfte sich ergeben, daß auch sie mit ihrer Beschreibung des Gleichgewichts als Elastizität der Anpassung eine Form intelligenter Betätigung meint. Elastizität der Anpassung ist als eine Aussage zu verstehen, die die Anpassung eines menschlichen Organismus als intelligentes Verhalten sieht, das durch Vorgänge der Assimilation und Akkommodation strukturiert ist, Begriffe, die sich auch in Montessoris Schriften finden. (1, 109 – 102.159 – 149.283 – 278)

Von dem fortschreitenden Prozeß der intelligenten Anpassung durch die Strukturelemente der Assimilation (sozusagen Einverleibung von wahrgenommenen Sinneseindrücken) und der Akkommodation (der Anpassung, z. B. der Sinne an die wahrgenommenen Gegenstände) sagt Montessori:

„Der Geist trägt also jetzt nicht nur die treibende Kraft zur Vermehrung der Kenntnisse in sich, sondern auch eine feste Ordnung, die sich während der nachfolgenden, unbegrenzten Bereicherung mit neuem Material aufrecht erhält und ihn, während er wächst und sich kräftig, im ‚Gleichgewicht' erhält! Diese fortgesetzte Übung im Vergleichen, Urteilen und Wählen setzt dann die inneren Errungenschaften in so logischer Weise untereinander in Beziehung, daß eine merkwürdige Leichtigkeit und Folgerichtigkeit des Denkens eine besondere Schnelligkeit im Begreifen daraus hervorgeht; das Gesetz vom geringsten ‚Kräfteverbrauch' ist hier verwirklicht, wie überall, wo Ordnung und Tätigkeit herrschen." (1, 166 – 155.167 – 156)

Durch das beschriebene intelligente Verhalten – auch Anpassung genannt – wird der Aufbau und die fortdauernde Einheit der inneren Persönlichkeit möglich. Dieses zielt darauf ab, daß sich der Mensch durch die auf dem Wege der Bildung erworbene Einsicht in seinem Verhalten leiten läßt. Auf diesem Wege kommt es dann, im Gegensatz zum „rezeptiven" Persönlichkeitsverständnis (das mit der Annahme eines passiven Aufnehmens von Belehrung arbeitet), zu einem veränderten Verständnis: Entwicklung einer aktiven, denkenden und Gedanken verbindenden Persönlichkeit, die sich selbst aufgrund ihres inneren Gleichgewichts von eigenen Einsichten in ihrem Verhalten bestimmen und leiten kann. (vgl. II. 1.1)

Die kindliche Anpassung läßt sich als ein Vorgang umfassenden und fortschreitenden Lernens in allen Persönlichkeitsdimensionen und deren fortschreitender Integration verstehen. Montessori hält es aus diesem Grund für selbstverständlich, „daß dem Kind bei seiner ersten Anpassung an die Umwelt geholfen werden muß" (9, 63; vgl. III. 4.3 Schema IV. 5.8).

2.2 Faktor Ordnung

Wie in 2.1 dargelegt, stellt die Anpassung eine vitale Funktion für die Existenz von Lebewesen dar. Beim Menschen, der eine plastische Anpassungsfähigkeit anstelle einer ererbten Anpassungsorganisation besitzt, ist der Anpassungsprozeß ein komplexer Lernvorgang, dessen Zentrum die menschliche Intelligenz und deren Entwicklung darstellt. Schon früher ist Montessoris Äußerung zitiert worden, daß der „Mensch geboren" werde, wenn seine Seele sich selbst fühle, sich orientiere und auswähle. (9, 245)

Der Mensch tritt damit in Distanz zu sich selbst und zur Welt, zu Menschen und Dingen in ihr. Er muß lernen, sich auf diese Gegenüber einzulassen durch eine je eigene und angemessene Weise der Anpassung. Diese Beziehung muß aufgebaut und in ein Gleichgewicht gebracht werden. Dazu bedarf es der Orientierung. Der Mensch benötigt dazu Hilfe, die ihm beisteht. Das gilt insbesondere für die eigentliche Anpassungsperiode der frühen Jahre.

„... die Keime des ‚menschlichen Verhaltens' ... können sich nur in einer rechten Umgebung von Freiheit und Ordnung entfalten." (9, 219)

Zunächst ist danach zu fragen, in welchem Sinne Montessori Ordnung versteht. Erst dann wird die Beziehung der Ordnung zur Freiheit sich erhellen lassen.

2.2.1 Unterschiedlicher Ordnungssinn bei Kindern und Erwachsenen

Die Ordnungsliebe, wie sie bei Kindern zu beobachten ist, geht weit über den kalten und trockenen Begriff Ordnung hinaus, den Erwachsene von ihm haben. Für den Erwachsenen bedeutet Ordnung eine „äußerliche Annehmlichkeit", die ihn mehr oder minder gleichgültig läßt. (6, 83)

> „Das Kind aber formt sich mit Hilfe seiner Umwelt, und solch ein innerer Aufbau kann nicht nach unbestimmten Formeln vor sich gehen, er fordert vielmehr eine genaue und bestimmte Führung. Für das Kind ist die Ordnung das, was für uns der Boden ist, auf dem wir stehen... Im frühen Kindesalter entnimmt der Menschengeist seiner Umwelt die Orientierungselemente, deren er für seine späteren Eroberungen bedürfen wird." (6, 83.84)

Das kindliche Ordnungsbedürfnis hat also eine vitale Bedeutung im Sinne der Entwicklung von Orientierungsfähigkeit in Bezug zur Welt und zu sich selbst. Es steht damit im Dienste der bereits beschriebenen vitalen kindlichen Anpassung im Hinblick auf die „Formung der Intelligenz und der menschlichen Personalität" (4, 17).

Kindliche Empfänglichkeit für Ordnung gehört zu den in III. 4.5 genannten Sensibilitäten, die fundamentale Bedeutung für die Organisation (Strukturierung) des Wissens und der Persönlichkeit haben. Die Behandlung der Sensibilität für Ordnung erfolgt in III. 2.1.1 nur kurz mit dem Hinweis, daß sie an dieser Stelle eingehender erörtert wird.

Die genannte Doppelfunktion der Ordnung – Formung der Intelligenz und der Personalität – wird in folgendem Zitat deutlich:

> „Alles das zeigt, daß die Natur dem Kinde die Sensibilität für Ordnung einpflanzt, um einen inneren Sinn aufzubauen, der nicht so sehr Unterscheidung zwischen den Dingen ist, als vielmehr das Erkennen der Beziehungen zwischen den Dingen. Dieser Sinn macht die ganze Umwelt des Kindes zu einem Ganzen, dessen Teile in einem Abhängigkeitsverhältnis zueinanderstehen. In einer solchen, in ihren Zusammenhängen bekannten Umwelt vermag das Kind sich zu orientieren, sich zu bewegen und seine Zwecke zu erreichen. Ohne diese Fähigkeit, Beziehungen herzustellen, würde ihm jede Grundlage fehlen, und es befände sich gleichsam in der Lage eines Menschen, der zwar Möbel besitzt, aber keine Wohnung, um sie darin aufzustellen. Wozu diente dem Kind eine Menge angehäufter Bildeindrücke ohne jene Ordnung, wodurch diese erst zu einem sinnvollen Ganzen werden? Würde der Mensch nur die ihn umgebenden Dinge kennen, nicht aber die Beziehungen zwischen ihnen, so fände er sich in einem ausweglosen Chaos. Das Kind leistet somit jene Vorbereitungsarbeit, aufgrund deren der Erwachsene dann imstande sein wird, sich im Leben zurechtzufinden und seinen Weg zu suchen... Die Intelligenz des Menschen taucht nicht plötzlich aus dem Nichts empor; sie baut auf Grundlagen auf, die das Kind während seiner sensiblen Perioden gelegt hat." (6, 85.86)

Im Blick auf die Orientierungsfunktion der Ordnung für die Persönlichkeitsbildung heißt es, daß das innere Leben sich auf der Grundlage einer einheitlichen Personalität aufbaue, „die in der äußeren Welt gut orientiert ist" (9, 240).

2.2.2 Doppelaspekt des kindlichen Ordnungssinnes: innerer und äußerer

Im Kinde tritt die Sensibilität für Ordnung unter zwei Gesichtspunkten in Erscheinung: als Sinn für äußere Ordnung und als innerer Orientierungssinn. (6, 86.87)

(1) Der Sinn für die äußere Ordnung bezieht sich – wie das Zitat am Ende von 2.2.1 zeigt – auf die Beziehungen zwischen den Bestandteilen der Umwelt. Dadurch wird also das Erfassen von Sinn, Bedeutung und Zusammenhang der Umwelt, der Aufbau von Weltverständnis möglich. In diesem Zusammenhang erhält eine Aussage besonderes Gewicht:

> „Der gesamte Mensch entwickelt sich innerhalb eines geistigen Raumes." (9, 56)

Die dem Erwachsenen nur als äußerlich geltende Ordnung – daß alle dem Kind bekannten und für sein Leben notwendigen Gegenstände und Ereignisse ihren Platz und ihre Zeit haben – hat für das Kind eine existentielle Funktion. Mit Hilfe der äußeren Ordnung bewältigt es das auf sich eindringende Chaos von Bildern und Eindrücken in Raum und Zeit. Diese Ordnung stellt eine vitale Entlastung dar und hat Leitfunktion für das differenzierte Kennenlernen der Welt.

> „Um die Außenwelt kennenzulernen und sich in ihr zurechtzufinden, bedarf das Kind einer Ordnung, die einen Teil seines Lebens ausmacht und die es verteidigt, wo es nur kann. Es liebt die Dinge seiner Umgebung immer auf dem gleichen Platz zu sehen und ist selbst bemüht, diese Ordnung, wenn sie einmal gestört ist, wiederherzustellen... In der Familie muß es einen Platz geben, der nur dem Kind gehört, an dem die Dinge immer an derselben Stelle stehen. Es handelt sich hier nicht um den Sinn materiellen Besitzes, wie der Erwachsene ihn auffaßt, sondern um einen geistigen Besitz des Kindes." (7, 10)

Die Sensibilität für äußere Ordnung hat eine innere Ausrichtung: das elementare Erfassen der Beziehungen von Dingen untereinander, mit deren Hilfe es die Strukturen des geistigen „Raumes" entdeckt.

Der geistige Raum ist nach Montessori eine gestaltete Wirklichkeit (vorbereitete Umgebung), deren Organisationsstrukturen (Beziehungen zwischen Dingen und deren Anordnung) sie zu einem erkennbaren und definierbaren Gebilde werden lassen.

Die Erfassung – besser: selbständige Entdeckung des geistigen Raumes als Prozeß der ganzheitlichen Bildung kindlicher Intelligenz und Personalität ist Voraussetzung für die Betätigung des in II. 1.1.2 beschriebenen freien und verantwortlichen Handelns. Dies aber ist ein langwieriger Entwicklungsprozeß, bei dem das Kind sehr gezielter Hilfen bedarf.

Zu Beginn der Sinnesausbildung z.B. fehlen dem Geist des kleinen Kindes Kenntnisse und Gedanken. Die Bilder, d.h. die absorbierten Umwelteindrücke, sind wirr miteinander verwoben.

„Das Chaos seiner Seele braucht nichts Neues, sondern nur *Ordnung* in den bereits vorhandenen Dingen. Und das Kind beginnt, alle die Merkmale der Dinge zu unterscheiden; es trennt Quantität von Qualität und Form von Farbe. Es unterscheidet die Dimensionen gemäß den jeweils vorherrschenden Merkmalen nach langen und kurzen, dicken und dünnen, großen und kleinen Gegenständen. Es teilt die Farben in Gruppen ein und nennt sie beim Namen: weiß, grün, rot, blau, gelb, violett, schwarz, orange, braun, rosa. Es differenziert die Farben nach ihrer Intensität und bezeichnet die beiden Extreme als hell und dunkel. Es unterscheidet Geschmack von Gerüchen, Glätte von Weichheit, Laute von Geräuschen. Wie das Kind gelernt hat, ‚jedes Ding an seinen Platz' in der äußeren Umgebung zu legen, so ist es ihm durch die Sinnesausbildung gelungen, eine geordnete Einteilung für seine geistigen Bilder zu finden. Dies ist die erste ordnende Handlung des sich bildenden Geistes." (8, 193)

Die Umwelt selbst muß deshalb für das kindliche Fassungsvermögen einfach strukturiert und überschaubar vorgeordnet sein, damit es ihr auch die erforderlichen Elemente für seine Weltorientierung entnehmen kann. Hier liegt die Begründung für die pädagogische Forderung nach einer gezielten Unterstützung des kindlichen Orientierungsbedürfnisses. Das geschieht durch die Bereitstellung geeigneter Materialien (vgl. IV. Entwicklungsmaterialien) sowie einer entsprechenden komplexen Anregungsumwelt im Sinne eines „materialisierten" und vorstrukturierten geistigen „Raumes" (vgl. V. 5.2 Vorbereitete Umgebung).

(2) Der innere Ordnungs- oder Orientierungssinn wird von Montessori zunächst physiologisch verstanden. Er bezieht sich auf die Empfindung der Lokalisierung körperlicher Funktionen, durch die die grundlegende Bewegungskoordination erlernt wird. Sie ist die Grundlage für die psychisch-geistige Konzentrationsfähigkeit des Menschen überhaupt. Die Entwicklung des inneren Ordnungs- oder Orientierungssinnes steht in einem sehr engen Zusammenhang mit der Bildung der menschlichen Intelligenz. Menschliches Verhalten und die Physiologie der Organe gestalten sich um den Mittelpunkt der individuellen Existenz und aller Funktionen des Körpers: Geist und Intelligenz.

„Der innere Orientierungssinn ist von der Experimentalpsychologie studiert worden, und man hat dabei das Bestehen eines ‚Muskelsinnes' festgestellt, der es uns gestattet, uns stets über die Lage unserer verschiedenen Gliedmaßen Rechenschaft abzulegen. Mit ihm geht eine besondere Art des Gedächtnisses Hand in Hand, das sogenannte Muskelgedächtnis... Er besteht im Innewerden und in der Lokalisierung der körperlichen Funktionen, die bei dem Entstehen der Körperbewegungen zusammenwirken." (6, 87)

Die Entwicklung und Bildung des Ordnungs- oder Orientierungssinnes über die Bewegungsübung und -koordination führt demnach konsequent weiter zur Erreichung der Selbstkontrolle als Ausdruck erreichter partieller Selbständigkeit. Sie ist gleichbedeutend mit einem inneren Gleichgewicht, das als Voraussetzung für die Gehorsamsfähigkeit gilt. Diese ermöglicht selbstverantwortliche Bindung, durch die der Mensch sittlich frei zu handeln vermag. Innere und äußere Ordnung stehen somit letztlich im Dienste der Erlangung und Wahrung menschlicher Freiheit. So verstanden, ist Ordnung der – „vielleicht unentbehrliche" – Weg zum Gutsein (4, 47), wie es in II. 1.2.5 inhaltlich beschrieben worden ist.

2.2.3 Stadien und Faktoren in der Entwicklung kindlicher Ordnung

Die Entwicklung des kindlichen Ordnungssinnes durchläuft die Stadien der Entstehung und Stabilisierung, in denen drei Faktoren nach Montessori von Bedeutung sind:

(1) die Ordnung der willkürlichen Bewegungen,

(2) die Überwindung der geistigen Unbeständigkeit durch Konzentration,

(3) die Überwindung der starken Nachahmungsneigung und der Abhängigkeit von Autorität.

Diesen Faktoren hat Montessori bei der Entwicklung ihres didaktischen Programmes gerade in der Zeit der Anpassungsperiode besondere Aufmerksamkeit geschenkt.

(1) Ordnung der willkürlichen Bewegungen

Die Ordnung der willkürlichen Bewegungen hat die grundlegende Koordination kindlicher Bewegungen zum Gegenstand. Diese ihrerseits ist die Voraussetzung für das innere Gleichgewicht und die Konzentrationsfähigkeit. In diesem Zusammenhang kann auf die zur Förderung der Sensibilität für Ordnung ersonnenen Übungen verwiesen werden. Sie werden in IV. 1.2.1 detaillierter behandelt. (vgl. auch IV. 5.8)

Bewegungsübungen sind „eine sehr wirksame Schulung, um die Persönlichkeit zu ordnen: motorisch und psychisch gesehen" (9, 335).

Diese die Koordination der Bewegungen fördernden Übungen haben ein bestimmtes Ziel. Die Kinder bewegen nicht nur ihre Muskeln, sondern sie bringen auch Ordnung in ihren Geist und bereichern ihn. Durch solche Aktivitäten entwickelt sich der auf einer Reihe von Motiven aufgebaute Wille. Dieser selbst erregt wiederum Aktivitäten. Der sie ausführende Mensch steht im Mittelpunkt dieser Bewegungskoordinationen. Mit diesen motorischen Übungen entfaltet er seinen Verstand und wird sich seiner Umgebung immer stärker bewußt. „Eine wirkliche Koordination der Bewegungen ist das Ergebnis einer Vervollkommnung des ganzen Menschen." (8, 337) Wenn ein Kind durch die häufigen Wiederholungen der Übungen langsame und kontrollierte Bewegungen ausführt, so ist das ein Zeichen dafür, daß seine Bewegungen zunehmend vom Ich beherrscht und der Vernunft unterworfen werden.

Unter diesem Aspekt läßt sich Montessoris Aussage verstehen, daß die

„Frage der Bewegung die fundamentale Frage ist, der Schlüssel zur gesamten Formung der Persönlichkeit“ (13, 77), von der es heißt, daß sie sich aufbaue durch praktisches Tun. Die Forderung nach einer aktiven Persönlichkeit kommt hier erneut und begründend zum Vorschein. Sie ist die Grundlage, auf der sich die ebenfalls geforderte denkende und Gedanken verbindende Persönlichkeit aufbauen kann.

Das Kind, das seine willkürlichen Bewegungen geordnet hat, wird folgendermaßen beschrieben:

> „Es ist Herr über die Suggestion, die von den Dingen ausgeht, und verfährt mit diesen Dingen nach freiem Ermessen. Worauf es ankommt, ist also nicht die Lebhaftigkeit der Bewegungen, sondern die Beherrschung seiner selbst. Es ist nicht wichtig, daß das Individuum sich auf irgendwelche Art und in irgendwelcher Richtung bewegt, sondern daß es dahin gelangt ist, die eigenen motorischen Organe zu beherrschen. Die Fähigkeit, sich gemäß der Leitung durch sein Ich zu bewegen und nicht nur gemäß der von den äußeren Dingen ausgehenden Anziehungskraft, führt das Kind dazu, sich auf ein einziges Ding zu konzentrieren, und diese Konzentration hat ihren Ursprung in seinem Innenleben. Wahrhaft normal ist eine vorsichtige, nachdenkliche Art, Bewegungen auszuführen, und in ihr drückt sich eine Ordnung aus, die man innere Disziplin nennen darf. Die Diszipliniertheit der äußeren Handlung ist der Ausdruck einer inneren Disziplin, die sich rings um ein Ordnungsgefühl gebildet hat.“ (6, 133.134)

Dieses Zitat macht deutlich, in welch enger Beziehung Ordnung der Bewegung und Disziplin als Ausdruck von Freiheit zueinander stehen. (vgl. II. 1.2.2) Die durch die Bewegungsübungen intendierte und durch das vorstehende Zitat umschriebene motorische und psychische Ordnung des Kindes bereitet gleichzeitig das zweite Stadium der Ordnungsentwicklung vor: die Fähigkeit zur Konzentration oder Polarisation der Aufmerksamkeit.

(2) Konzentration der Aufmerksamkeit

Dieses Phänomen, das Montessori einmal den „Schlüssel“ zur ganzen Pädagogik nennt, wird sehr ausführlich im VI. Kapitel behandelt. Aus diesem Grunde wird an dieser Stelle nur sehr kurz darauf eingegangen. Es soll lediglich in knapper Form auf die Bedeutung der Aufmerksamkeit als Faktor in der Entwicklung von Ordnung eingegangen werden. Die durchlaufende Perspektive steckt in der Frage nach der Bedeutung des Ordnungsfaktors für den Entwicklungsweg der Selbstbestimmung: Herr oder Meister seiner selbst zu werden.

Ausgangspunkt ist die anfängliche Unfähigkeit des Kindes, seine Aufmerksamkeit auf wirkliche Dinge zu fixieren. Die Bindung des Geistes an wirkliche Dinge ist eine Umschreibung jenes Sachverhaltes, den Montessori die Polarisation der Aufmerksamkeit nennt. Dieser Vorgang ist charakterisiert durch intensive und beständige Aufmerksamkeit durch die Versenkung in die Arbeit mit einem Gegenstand. Darin kommt das Kind in einen festen und realen Kontakt mit der äußeren Welt, die Einfluß auf den kindlichen Geist nehmen kann, mit dem das Kind sich auseinandersetzen und darin sein inneres Gleichgewicht wiederfinden muß. Es handelt sich hier um jene Prozesse, die bei der Untersuchung des Anpassungsbegriffes als Kernphänomene gefunden und als Aufbau intelligenten Verhaltens bezeichnet wurden.

„Das Kind, das noch nicht einer inneren Führung gehorchen kann, ist noch nicht das freie Kind, das sich auf den langen und schmalen Weg der Vervollkommnung begibt. Es ist noch Sklave oberflächlicher Empfindungen, die es der Gewalt der Umgebung ausliefern; sein Geist springt wie ein Ball von einem Gegenstand zum anderen." (9, 245)

Erst das Kind, das seine Aufmerksamkeit an einen gewählten Gegenstand binden und sich ganz auf die Wiederholung von Übungen konzentrieren kann, ist frei. Die Ordnung der kindlichen Persönlichkeit führt damit eindeutig über die Entwicklung der Bindungsfähigkeit des Kindes. Diese ist gleichbedeutend mit der Konzentrationsfähigkeit, in der das Kind über seine Kräfte verfügt. In diesem Zusammenhang wird sehr deutlich, daß die Ordnung nicht nur Orientierungsprinzip, sondern auch Organisationsprinzip im Aufbau der funktionellen Einheit kindlicher Personalität ist. Durch sie wird einerseits die in II. 1.1 genannte Synthese der funktionellen Einheit der Personalität möglich. Andererseits trägt sie zur inhaltlichen Verwirklichung von Selbstbestimmung bei. Hier seien nur die erfüllten Kriterien von II. 1.1.1 und 1.1.2 genannt. Die von Montessori in II. 1.2.5 zitierte Qualität des neuen Menschen, der sich auszeichnet durch die Möglichkeit, sich in Beziehung zur Wirklichkeit zu setzen, erweist sich als integraler Bestandteil der Fähigkeit zur Konzentration.

Der Grad erworbener Selbständigkeit – hier in seinen Organisationsphasen beschrieben – läßt entsprechende soziale Unabhängigkeit zu.

(3) Ordnung des Sozialkontaktes

Der dritte Faktor hängt eng mit den beiden ersten zusammen. Die Neigung zur Nachahmung, die in den ersten beiden Lebensjahren normal ist, zeigt später einen Willen an, „der seine Werkzeuge noch nicht vorbereitet, noch seinen Weg gefunden hat, sondern der den Spuren anderer folgt" (9, 241).

Der Weg zur Ordnung des kindlichen Sozialkontaktes – zunehmende individuelle Unabhängigkeit bei gleichzeitiger Fähigkeit zu sozialer Anpassung im Sinne einer echten sozialen Integration – führt ebenfalls über das Zentralphänomen der Polarisation der kindlichen Aufmerksamkeit (vgl. V, 4).

„Das Ergebnis der Konzentration ist das Erwachen des sozialen Gefühles." (9, 246)

Das durch die wiederholten Konzentrationen allmählich sicherer werdende Kind wird damit distanzierter anderen gegenüber und fähig, sich selbst im Vergleich mit anderen zu studieren. Von der dritten Phase des Verlaufes der Konzentration wird Entsprechendes gesagt:

„Dabei wird das Zusehen bei der Arbeit der anderen immer häufiger, es ist gleichsam ein spontanes Vergleichsstudium zwischen sich und den Gefährten ... Man kann sagen, daß das Kind in seinen Produktionen sich selbst studiert und daß es sich in Beziehung setzt zu den Gefährten und der Umwelt." (1, 109)

Das Kind beginnt durch die Konzentrationsfähigkeit, Herr seiner selbst zu werden. Es lernt, sich selbst nach seinem eigenen Willen zu leiten. Damit schwindet die Labilität gegenüber bloßen Nachahmungsneigungen von Verhaltensweisen der Partner im Sozialkontakt.

Die Ordnung des kindlichen Sozialkontaktes mit Beziehungspersonen behandelt Montessori nur kurz in dem sich wandelnden Verhältnis von Kind und Kindergärtnerin. Sie geht auf die Funktion ihrer Autorität und deren allmähliches Zurücktreten ein. Das zur Konzentration fähig gewordene Kind bedarf bei seiner Arbeit nur in begrenztem Umfange der Hilfe der Kindergärtnerin – nämlich anfänglich, wenn es eine seiner kleinen Arbeiten zu Ende geführt hat. (9, 247)

Für das Kind ist es wichtig, daß in dieser Situation mit einem Wort der Zustimmung geantwortet oder mit einem Lächeln ermutigt wird. Anders ausgedrückt: Das Kind bedarf einer Autorität, die es in diesen Lernphasen bekräftigt und bestärkt und damit Anreiz zu neuen Konzentrationen gibt, in deren Verlauf das Kind immer sicherer und damit unabhängiger wird.

„Wenn das Kind einmal sicher ist, wird es tatsächlich nicht mehr länger bei jedem Schritt die Zustimmung der Autorität suchen." (9, 248)

Im Verlaufe dieses kindlichen Fortschrittsprozesses wird die beschriebene Funktion der Autorität zunehmend entbehrlicher. Damit wandelt sich durch Konzentrationsphasen das soziale Verhältnis auch von Kind und Beziehungspersonen ständig in der Weise, daß die Beziehungsstruktur dieses Sozialkontaktes durch das sicherer und selbständiger werdende Kind zunehmend umgewandelt wird in eine Struktur partnerschaftlichen Kontaktes selbständiger Menschen. (vgl. V. 5.2)

Montessoris pädagogische Grundidee wird erneut erkennbar: Das geordnete Kind ist das disziplinierte und damit freie Kind. Freiheit, Diszipliniertheit und Geordnetheit sind Folge der kindlichen Konzentrationsfähigkeit, jenes Vorganges, in dem das Kind sich an die Realitäten dieser Welt zu binden lernt. Diese Bindungsfähigkeit ist Voraussetzung für Gehorsamsfähigkeit. Das Verständnis von Gehorsam ist der dritte Faktor im Entwicklungsverlauf der Fähigkeit zur Selbstbestimmung. Er soll anschließend und abschließend behandelt werden.

2.3 Faktor Gehorsam

Der Entwicklungsweg der Fähigkeit zur Selbstbestimmung stellte sich bisher wie folgt dar:

Anpassung bedeutet eine biologische Notwendigkeit für die Entwicklung des Menschen als Lebewesen mit einem „neuen Entwurf" und einer „neuen Bestimmung". Ausgestattet mit Geist und Intelligenz, ist die Gesamtentwicklung des Menschen ausgerichtet auf die Verwirklichung einer aktiven, denkenden und Gedanken verbindenden Personalität. Die Fähigkeit zu schneller Anpassung gilt als Ersatz für fehlende ererbte Verhaltensmuster. Anpassung ist Ausdruck menschlicher Intelligenz, die es dem Menschen ermöglicht, selbst Modelle freiheitlichen Verhaltens zu entwickeln und im Entwicklungsfortgang weltoffene und entscheidungsfreie Handlungsfähigkeit aufzubauen. Anpassung ist der Ausdruck für eine dynamisch verstandene Intelligenz.

Sie ermöglicht Einsicht und das Vernehmen von Anspruch. In einem aktiven und dynamischen Organisationsprozeß lassen sich durch Wissensstrukturierung Handlungsmodelle aufbauen. Gleichzeitige Gewissensstrukturierung entsteht, wenn die Gebundenheit an Einsichten verpflichtenden Charakter erhält durch die haltgebende Instanz der Persönlichkeitsstruktur von Gemüt und Gewissen. Ordnung im beschriebenen Sinne ist also ein Entwicklungsfaktor doppelter Natur. Neben der Orientierungsfunktion hat er auch eine Organisationsfunktion im Hinblick auf die Entwicklung einer lebendigen und funktionellen Einheit der kindlichen Personalität. Die Orientierungsfunktion der Ordnung dient dem Aufbau einer inneren Ordnung, durch die geistige Grundkategorien für die Intelligenzentwicklung erworben werden. Die Organisationsfunktion besteht in der kontinuierlichen Integration aller menschlichen Funktionsbereiche unter der Herrschaft von Ich und Vernunft, die sich in ihren Aktivitäten leiten lassen vom Gedanken einer unter II. 1.2 beschriebenen Freiheit: Meister oder Herr seiner selbst sein. Während die Ordnung zu Bindungen einlädt, übernimmt der Gehorsam Verpflichtungen, die aus Bindungen entstehen. Er wird auch bezeichnet als die zu erwerbende Fähigkeit, „folgen" zu können. (vgl. Holtstiege 1987, 14ff.)

Gehorsam als Fähigkeit, sich selber folgen zu können, ist der Gegenstand der folgenden Untersuchungen. Montessori geht in ihren Überlegungen davon aus, daß unrichtige Vorstellungen über den Gehorsam der traditionellen Erziehung zugrunde liegen, die sie zu klären versucht.

> „In der gewöhnlichen Erziehung des Charakters gilt die hauptsächliche Aufmerksamkeit dem Willen und dem Gehorsam. Im allgemeinen sind dies zwei entgegengesetzte Begriffe im Verständnis der Menschen. Eine der Hauptaufgaben der Erziehung ist immer noch die, den Willen des Kindes zu brechen und ihn durch den des Erwachsenen zu ersetzen, der Gehorsam verlangt ... Der Gehorsam ist die geheime Grundlage für den Unterricht." (9, 227.230)

Diese Auffassung von Gehorsam, in dem der Erwachsene seinen Willen an die Stelle des kindlichen Willens meint setzen zu müssen, wird als erzwungene Anpassung bezeichnet, die zu einem Unterlegenheitsgefühl führt und der Sklaverei gleichzusetzen ist. Der erzwungene Gehorsam, d.h. die Unterwerfung des Kindes unter den Willen des Erwachsenen, wird sinnlos und ungerecht genannt. Er bewirkt eine Schwächung der menschlichen Personalität. Der so erzogene Mensch wird unfähig, das Leben zu bewältigen. Damit aber wird die Bildung des Menschen zu Selbständigkeit und Freiheit, und damit letztlich zu seinem Gutsein, verfehlt.

„Das Kind konnte ... nie das Maß seiner schöpferischen Kräfte prüfen. Es ist ihm nie gelungen, eine innere Ordnung aufzubauen, deren erste Konsequenz eine sichere und unerschütterliche Disziplin ist." (10, 19)

Montessori kommt zu einem differenzierten Verständnis von Gehorsam. Es muß in Zusammenhang mit ihrem dynamischen Verständnis der Persönlichkeitsentwicklung gesehen werden, wie es in II. 1.1.1 dargelegt worden ist.

Sie hält es für einen grundlegenden Irrtum, zu meinen, daß der Wille des Individuums zerstört werden müsse, damit es gehorchen kann, d.h. das anzunehmen und auszuführen, was ein anderer beschließt. Wenn die gleiche Überlegung auf die geistige Erziehung übertragen würde, müßte man sagen, daß die Intelligenz zerstört werden müsse, um dem Kind Kultur beizubringen. (9, 231)

Auch der Gehorsam wird als ein Phänomen des Lebens betrachtet. Auch bei dieser Fähigkeit geht es um das Erlernen intelligenten menschlichen Verhaltens, das sich aus einem vitalen und dynamischen Kern mit Hilfe einer spezifischen Umwelt entwickelt. So ist es verständlich, wenn von dem Neugeborenen gesagt wird, daß „alles beim Kind zuerst Gehorsam ist, weil gehorsam sein Leben für das Kind bedeute" (15, 11).

Die vitale Funktion des Gehorsams wird in diesem Zitat deutlich ausgesprochen. Gehorsam steht im Dienste der vitalen menschlichen Anpassung, die sich nach und nach entwickelt. Demgemäß entwickelt sich auch der Gehorsam. Er wird dynamisch verstanden und erhält dadurch eine mehrfache Bedeutung:

„Gehorsam bedeutet Zustimmung der Persönlichkeit, bedeutet Möglichkeit, folgen zu können." (7, 17.18)

Es handelt sich um eine Fähigkeit des Menschen, die entwickelt werden muß, dabei jedoch der Kontrolle bedarf.

„Der Gehorsam als natürliche Folge der Entwicklung der menschlichen Seele ist wirklich offensichtlich, aber das, was leider weithin fehlt, ist die Kontrolle des Gehorsams." (9, 231)

Mit dieser Forderung, die Montessori nicht näher erläutert oder differenziert, bringt sie einen kritischen Aspekt in ihren Gehorsamsbegriff.

2.3.1 Faktoren in der Gehorsamsentwicklung

Der Gehorsam läßt sich nur durch eine komplexe Bildung der psychischen Persönlichkeit erzielen. Er schließt die Bildung des Willens und Verstandes mit ein. (8, 346)

Einsicht und Wille werden als jene entscheidenden Faktoren bezeichnet, durch die Gehorsam zustande kommen kann. Ihnen voraus liegen die beschriebenen sehr komplexen Prozesse der Bewegungskoordination unter der Herrschaft der Vernunft und die Fähigkeit der Hemmung und Kontrolle vitaler Impulse. In diesem Gesamtkomplex nehmen jedoch Einsicht und Wollen eine dominierende Stellung zur Erreichung eines echten Gehorsams ein.

„Außer der Übung des Willens gibt es noch einen anderen Gehorsamsfaktor, er liegt in der Kenntnis der zu vollbringenden Tat." (8, 348)

Montessori spricht von einem Gehorsam, der eine höhere Bedeutung hat und als Sublimation des individuellen Willens betrachtet werden kann. (9, 231) Sublimierung bedeutet in der Tradition der Freudschen Psychoanalyse die Umsetzung von Triebregungen in kulturelle Leistungen, also den Prozeß einer Vergeistigung. Diese Gehorsamsdefinition stellt eine Konsequenz aus dem biologischen Ansatz dar. Auf einer vorlaufenden Entwicklungsstufe kann der Gehorsam nach Montessori als ein Phänomen des Lebens betrachtet werden; hier wird er von der Horme (einem vitalen Antrieb) befohlen. Dieser vitale Antrieb, also die Horme, ist schon organisiert in der allgemeinen Struktur des absorbierenden Geistes. (9, 89)

Der Gehorsam als Lebensphänomen steht im Dienste der vitalen Anpassung des Kindes, bei der eine schöpferische Potenz am Werke ist. Durch den vitalen Gehorsam entwickelt sich die kindliche Intelligenz, die ihrerseits Voraussetzung für den höheren Gehorsam, die Sublimierung des individuellen Willens, ist. Diese Form des Gehorsams besteht vor allem darin, in Übereinstimmung mit dem Willen einer anderen Person handeln zu können. (9, 233) Der innere Bedingungszusammenhang von Anpassung, Ordnung und Gehorsam als wirkende Faktoren für den Aufbau der Fähigkeit zur Selbstbestimmung dürfte aus dem Gesagten deutlich werden. Die eingangs erwähnte komplexe Bildung der psychischen Persönlichkeit, die in der Verflechtung von Bewegungs- und Antriebselementen mit den entscheidenden Faktoren von Einsicht und Wille besteht, ereignet sich in Situationen der Polarisation der Aufmerksamkeit. Die Konzentration ist also der zentrale Vorgang, in dem die beiden Faktoren – Wille und Einsicht – auf der Basis der Bewegungskoordination verschmelzen und die Gehorsamsfähigkeit als komplexen Vorgang bewirken.

„Aus der methodischen Konzentration entspringt das Gleichgewicht, die Elastizität der Anpassung und folglich die Kraft für Betätigungen höherer Natur, wie den Gehorsam." (1, 110.111 – 104)

Von diesen „methodischen Konzentrationen" geht ein sich immer mehr ausdehnender Einfluß auf den Aufbau- oder Organisationsprozeß der kindlichen Personalität aus. Dies ist der Vorgang der von Montessori intendierten Persönlichkeit im Sinne eines aktiv denkenden und Gedanken verbindenden Wesens.

„Es entwickelt sich nun auch dauernd bei ihm ein Wesen voller Gedanken, voll inneren Gleichgewichts und tiefen Interesses an der Umwelt. Dadurch wird es zu einer Persönlichkeit, die eine höhere Stufe erklommen hat. Das ist die Periode, in der das Kind anfängt,

Herr seiner selbst zu werden, und in der jene so sehr charakteristische Erscheinung sich bei ihm einstellt, die ich ‚das Phänomen des Gehorsams' nenne. Es kann nun gehorchen, d.h., es ist Herr seiner Bewegungen und kann sie also nach dem Wunsch einer anderen Person leiten." (1, 109.110 – 103)

Auf dieser Stufe ist der Gehorsam dem Bewußtsein und damit der Selbsterfahrung zugänglich. Den Weg vom vitalen Impuls zur willentlichen Handlung, in der Gehorsam zunehmend zu einer Leistung von Bewußtsein, zur Erfahrung von sich selbst als einer verfügbaren und lebendigen Einheit wird, zeigt das folgende Zitat:

„Unsere Kinder wählen sich spontan ihre Arbeit, und indem sie die gewählte Übung wiederholen, entwickeln sie das Bewußtsein ihrer Handlungen. Das, was zu Beginn nur ein vitaler Impuls (horme) war, wird eine Handlung des Willens: Zuerst handelte das Kind instinktiv, jetzt handelt es bewußt und willentlich. Das ist ein Erwachen des Geistes. Das Kind selbst hat diesen Unterschied verstanden und verleiht ihm auf eine Weise Ausdruck, die immer eine wertvolle Erinnerung unserer Erfahrungen sein wird." (9, 28)

Das Erwachen des Geistes wird im Zitat beschrieben als ein fortschreitender Prozeß der Einsicht und des entsprechenden Handelns aufgrund der gemachten Erfahrungen. Im Handeln werden Erkenntnisse bewußt und gezielt angewendet. Das ist eine intelligente Handlung, eine Leistung des Bewußtseins.

Die komplexe Struktur der Gehorsamsentwicklung wird dadurch deutlich, daß der Gehorsam seine Voraussetzungen hat in einem erworbenen inneren Gleichgewicht. Montessori nennt den Gehorsam eine Art geistiger Geschicklichkeit, deren Voraussetzung das innere Gleichgewicht ist. So kann jemand, der kein seelisches Gleichgewicht besitzt und sich nicht zu sammeln vermag, der nicht die Herrschaft über sich selbst hat, in diesem geistigen Zustand sich auch nicht unter den Willen anderer beugen, ohne in Gefahr zu geraten, „umzufallen".

„Wie kann er dem Willen anderer gehorchen, wenn er unfähig ist, sich seinem eigenen Wollen unterzuordnen? Der Gehorsam ist nichts anderes als eine Art geistiger Geschicklichkeit, deren notwendige Voraussetzung das innere Gleichgewicht ist. Dieser Gehorsam quillt aus der Stärke, und er enthält die besten Voraussetzungen für das, was man ‚Anpassung an die Umgebung' genannt hat." (2, 70)

Die motorische und psychische Geordnetheit des Menschen sowie ein bestimmter Grad der Entwicklung intelligenten Verhaltens erscheint in dem Gesagten als Voraussetzung der Gehorsamsfähigkeit, auch geistige Geschicklichkeit genannt.

Wille und Gehorsam sind untereinander verbunden. Der Wille ist die Grundlage. Der Gehorsam wird als eine zweite Phase im Entwicklungsprozeß bezeichnet. Die Gehorsamsgenese ist Gegenstand weiterer Interpretationen.

2.3.2 Perioden der Gehorsamsentwicklung

Genetisch betrachtet, entwickelt der Gehorsam sich wie folgt:

> „Zuerst wird er von der Horme befohlen, dann erreicht er das Niveau des Bewußtseins. Dort entwickelt er sich weiter und steigt Stufe um Stufe, bis er vom bewußten Willen kontrolliert werden kann." (9, 231.232)

Dieser Entwicklungsprozeß läßt drei Abschnitte oder Perioden erkennen. Die Gehorsamsentwicklung verläuft parallel zum Prozeß der kindlichen Ordnungsentwicklung, die ebenfalls drei Abschnitte umfaßt:

Die unbewußte Periode. In ihr bildet sich im Verstand des Kindes durch einen inneren Impuls eine Ordnung innerhalb des Chaos, deren äußerlicher Ausdruck eine perfekte Handlung ist. Sie liegt jedoch außerhalb des Bewußtseinsfeldes und kann nicht willkürlich wiederholt werden.

Die bewußte Periode der Ordnung erfolgt unter Mitwirkung des Willens.

In der dritten Periode „kann der Wille das Tun leiten und bewirken und auch Befehlen von außen entsprechen" (8, 349).

Die Entwicklung der kindlichen Geordnetheit steht deutlich im Zusammenhang mit der Entwicklung des kindlichen Willens. Parallel verläuft die Entstehung des Gehorsams in dem höheren Sinne der Sublimierung des individuellen Willens, durch die der Mensch in Übereinstimmung mit dem Willen einer anderen Person zu handeln vermag.

(1) Auf der ersten Stufe der ersten Periode (von 0–3 Jahren) wird der Gehorsam von der Horme, dem vitalen Antrieb, befohlen. Deshalb kann Montessori sagen:

> „In der ersten Periode der inneren Unordnung gehorcht das Kind nicht, als wäre es psychisch taub, als stünde es den Befehlen beziehungslos gegenüber." (8, 349)

Das Kind kann vor dem dritten Lebensjahr nicht gehorsam sein, wenn der erhaltene Befehl dem Lebensimpuls nicht entspricht. (9, 232)

Auf der zweiten Stufe der ersten Periode (vom 3. Lebensjahr an) kann das Kind gehorchen, aber es gelingt ihm nicht immer.

> „Es ist die Zeit, in der Gehorsam und Ungehorsam Hand in Hand gehen ... Auch nach dem dritten Lebensjahr muß das Kind gewisse Eigenschaften entwickelt haben, um gehorchen zu können. Es kann nicht plötzlich nach dem Willen eines anderen Individuums handeln, noch kann es von einem Tag zum anderen den Grund und die Logik erkennen, warum es das tun soll, was man von ihm will. Gewisse Fortschritte sind das Ergebnis einer inneren Bildung, die verschiedene Stadien durchläuft. Solange diese Bildungsperiode anhält, kann es geschehen, daß das Kind ab und zu eine befohlene Handlung durchführen kann; aber diese wird einem eben erreichten inneren Reifegrad entsprechen; nur wenn die innere Reife fest und beständig ist, kann der Wille über sie verfügen." (9, 234.233)

(2) Die zweite Periode des Gehorsams ist erreicht, wenn das Kind immer folgen kann, d. h., wenn keine Hindernisse mehr entstehen, die sich aus seinem

Entwicklungsstand ergeben. Gut gefestigte Fähigkeiten können jetzt nicht nur vom eigenen Willen angeleitet werden, sondern auch vom Willen anderer Menschen. Auf dem Gebiet des Gehorsams ist dies ein großer Fortschritt, denn das Kind kann „den Willen einer anderen Person aufnehmen und dementsprechend handeln" (9, 234).

Montessori sagt bedauernd, daß die Erziehung sich jedoch im allgemeinen mit dem Erreichen dieser Gehorsamsstufe begnüge. Das Kind aber, dem durch Erwartungen und Freigabe die Möglichkeit angeboten wird, vermag zu einer dritten Gehorsamsstufe fortzuschreiten.

(3) In dieser dritten Periode des Gehorsams übersteigt dieser die Beziehung zur erlangten Fähigkeit. Der Gehorsam steht jetzt in der Verfügbarkeit des Kindes. Von zentraler Bedeutung im Rahmen dieses Kapitels ist die Aussage, daß der Gehorsam in der Verfügbarkeit des Kindes steht. Damit ist der Sachverhalt der Fähigkeit zur Beherrschung seiner selbst ausgesagt. Kindlicher Gehorsam von dieser Qualität wendet sich einer Persönlichkeit zu, deren Überlegenheit es fühlt. (9, 234) Führer, d. h. Erzieher zu einem solchen Gehorsam, wie er in den drei Entwicklungsperioden umschrieben wurde, kann nicht der sein, „wer Sinn für große Autorität hat, sondern wer Sinn für große Verantwortlichkeit hat" (9, 336).

Die Forderung kindlichen Gehorsams muß also vom Erwachsenen dem Kind gegenüber verantwortet werden. (vgl. die Aussagen am Ende von II. 1.2.4) Es taucht die Frage nach dem Ziel des Gehorsams auf, mit der sich der Kreis schließt: Meister oder Herr seiner selbst zu werden, anders ausgedrückt: die seltene Leistung einer inneren Disziplin der Persönlichkeit zu erbringen, durch die Krücken überflüssig werden.

3. Erweiternde Erziehung – Neuorientierung und Strukturveränderung

In verschiedenen Schriften verwendet Montessori zwar den Begriff der Methode. Ausdrücklich darauf festgelegt, stellt sie klar, daß sie keine Erziehungsmethode entwickelt habe. (10, 119) An anderer Stelle räumt sie ein, daß ihr Weg der Erziehung eine Zeitlang die „neue Methode" genannt wurde:

> „Bald aber erkannte man, daß das Kind der Mittelpunkt dieses Werkes ist." (7, 38)

In einem ihrer letzten Werke gibt Montessori nicht nur den Namen, sondern auch die gängige Auffassung von Methode auf. An Stelle des aufgegebenen Namens samt seinem Begriffsinhalt wird eine neue Formulierung verwandt: Es geht um die Hilfe für die menschliche Person, damit diese ihre Unabhängigkeit erobern kann, und um entsprechende Mittel, „sie von der Unterdrückung durch alte Vorurteile über die Erziehung zu befreien" (4, 16).

„Die menschliche Personalität muß in den Blick genommen werden und nicht eine Erziehungsmethode." (4, 16)

Im Kontext dieses Zitates wird eine anthropologische Aussage gemacht. Da die Personalität in den aufeinanderfolgenden Entwicklungsstufen eine Einheit ist, d.h. mit sich identisch bleibt, läßt sich für alle Lebensalter auch von einem Erziehungsprinzip ausgehen:

„In unseren letzten Lehrgängen nannten wir darum auch das Kind: Mensch." (4, 17)

Im Mittelpunkt der Hilfe im Sinne von aktiver Entwicklungsförderung für den Menschen steht der „Prozeß der Bildung der Personalität" (4, 18). Erziehung ist identisch mit den „Bemühungen, dem Menschen in ... aufeinanderfolgenden Entwicklungsabschnitten Beistand zu leisten" (4, 18).

3.1 Erweiternde Erziehung

Montessori bezeichnet Erziehung als Erweiterung. Ihr Erziehungsverständnis läßt sich somit als „erweiternde Erziehung" umreißen. (4, 52) Nach ihren eigenen Aussagen geht es darum, „für die Erweiterung der Personalität Raum und Mittel" zu geben (4, 52). Wenn positiv ausgesagt wird, daß die menschliche Persönlichkeit sich selbst schafft, daß es die schöpferische Aufgabe des Kindes ist, selbst eine sittliche Persönlichkeit zu bilden (6, 58; 7, 17), so hat erweiternde Erziehung die Aufgabe, dies zu ermöglichen:

„Eine Erziehung der ‚Weite' ist die Grundlage, auf der bestimmte moralische Gebrechen verschwinden können. Der erste Schritt der Erziehung muß sein, ‚die Welt zu erweitern', in der das Kind heute verkümmert." (4, 52)

Erweiternde Erziehung hat das Ziel, der menschlichen Personalität Hilfsstellung zum „Freiwerden" zu geben. (7, 23) Dieser Bildungsprozeß wird auch als Eroberung von Unabhängigkeit (4, 16), Eroberung des Charakters (9, 186), Eroberung seiner selbst und seiner Freiheit (8, 105) bezeichnet. Erweiterung bezieht sich auch auf die Lockerung der ursprünglich starken sozialen Bindungen aufgrund der kindlichen Hilflosigkeit. Selbstaufbau einer sittlichen Persönlichkeit besteht in der Eroberung von Spielarten der Freiheit bzw. ihrer Voraussetzungen. Sie bewirken die zunehmende Fähigkeit der Heranwachsenden, „sich selbst zu leiten" (1, 185 – 174), und fördern die Ausdehnung und Erweiterung des Selbst. (9, 26) Selbsterweiterung schlägt sich nieder in Erfahrungen, in denen sich das Selbst „enthüllt" (13, 78).

Voraussetzung für solcherart erweiternde Erziehung mit ihren entsprechenden Wirkungen ist das „Freilassen" (4, 54), das an anderer Stelle auch als Gewährung der Möglichkeit von Selbstentwicklung durch die Freigabe kindlicher Aktivitäten beschrieben wird. (12, 95)

Freigebende Erziehung, die Erweiterung der Personalität bewirken will, ist also rückgebunden an die Ausdehnung des Freiheitsspielraumes im Selbstentfaltungsprozeß, und zwar im Hinblick auf das Individuum und auf die Gesellschaft. Das bedeutet Rücknahme und Begrenzung erzieherischen Eingreifens. Die von Montessori überlegten Mittel sollen in 3.3 behandelt werden.

3.2 Neuorientierung des Erziehungsdenkens

Montessori versteht diese Neuorientierung oder Erneuerung des Denkens nicht als Entwicklung einer neuen Erziehungstheorie. Sie will vielmehr die Reflexion des aktiven Handelns und eine dem Prinzip der Erweiterung gemäße Gestaltung der Erziehungswirklichkeit einschließlich ihrer sozialen oder gesellschaftlichen Seite. Konkret wird gefordert, daß als erstes eine angemessene Umwelt für den jungen Teil der Menschheit geschaffen werden muß. Zum Aufbau einer geeigneten Umgebung muß dann eine neue Haltung der Erwachsenen dem Kind gegenüber kommen. (vgl. Kap. V. Verteilung des Erziehungswerkes)

> „Nicht die Diskussion oder die Meditation über die Leiden des Kindes können uns helfen, sondern eine Neuorientierung, die zu einer Erneuerung unseres Denkens führt. Dann wird der zu durchlaufende Weg klar und einfach ... Alles, was der Erwachsene in seinem sozialen Leben vollbringt, muß auch im sozialen Leben des Kindes getan werden." (10,117)

Auf die Forderungen der Neuorientierung des Erziehungsdenkens im Hinblick auf den erziehenden Erwachsenen wird in V. 5.3 ausführlich inhaltlich eingegangen; die erforderliche Organisationsstruktur wird in V, 4 umrissen.

3.3 Strukturveränderung der Erziehung

Es geht um die Bereitstellung von „Mitteln", die es dem freigegebenen Menschen selbst ermöglichen, Erweiterung seiner Personalität zu erlangen.

> „Das Kind benötigt zu seiner Entwicklung vielfältigere Mittel als die, die ihm bislang zur Verfügung gestellt wurden. Und wie anders als durch die Strukturveränderung der Erziehung kann dieses Ziel erreicht werden? Die Gesellschaft muß voll und ganz die sozialen Rechte des Kindes anerkennen und ihm und dem Jugendlichen eine geeignete Welt vorbereiten, die seine geistige Entwicklung garantiert." (10,30)

Montessori geht davon aus, daß – bedingt durch Vorurteile – Fehler überleben, durch die Menschen voneinander getrennt werden und die durch Erziehung korrigiert werden müssen. (10,105.106)

Erweiternde Erziehung, als eine auf Freiheit gegründete, aktive Entwicklungshilfe, leitet den Bildungsgang des Kindes indirekt durch die Bereitstellung einer den sensiblen Phasen des kindlichen Entwicklungsalters angepaßten vorbereiteten Umgebung. (vgl. Kap. III. Sensible Phasen; Kap. IV. Entwicklungsmaterialien) Vorbereitung der Umgebung und Vorbereitung des Lehrers sind das praktische Fundament dieser Erziehung. (vgl. Kap. V. Verteilung des Erziehungswerkes)

Die Bereitstellung einer altersgemäßen Anregungsumwelt mit den im Kap. V. genannten prinzipiellen und institutionellen Kriterien (vgl. Schema zu 5.) soll die optimalen Voraussetzungen schaffen für das Zustandekommen der Polarisation oder Konzentration der Aufmerksamkeit. Sie ist die „verborgene Quelle" (2, 58), aus der die Erweiterung der Personalität des Kindes hervorgeht.

„Seine Entwicklung, seine Selbstgestaltung, ist nichts anderes als eine immer genauere Bestimmung, eine fortschreitende Konzentration: So tritt nach und nach aus dem ursprünglichen Chaos unsere charakteristische innere Gestalt hervor." (1, 212–201)

Die innere Gestalt ist das Ergebnis von Eroberungen durch Konzentration, die ihrerseits die innere Gestalt enthüllen und sie der Entdeckung erfahrungsmäßig zugänglich machen.

„Der Mensch, der aus sich heraus handelt, der seine Kraft für sein eigenes Tun einsetzt, wird Herr seiner selbst, erweitert seine Fähigkeiten und vervollkommnet sich." (8, 67)

Die in den Folgekapiteln behandelten Inhalte lassen sich als die Strukturprinzipien bezeichnen, die den Charakter des Montessori-Modells kennzeichnen. Sie haben alle die Intention, den aktiven Selbstaufbau menschlicher Personalität zu ermöglichen. (vgl. Holtstiege 1987, 18–43)

Erweiterung meint die Selbstgestaltung im Sinne einer inneren Disziplin der Persönlichkeit, die Festigkeit und Beweglichkeit zugleich besitzt. Nur so bleibt durch eine dynamische Charakterbildung und eine sich an ihr orientierende und messende Erziehungsstruktur die Zukunft offen. Diese Offenheit der Erziehung hat Bedeutung sowohl für das Individuum als auch für die Gesellschaft.

4. Gegenwartsbezug: Mündigkeit – Identität

Wie am Ende des 3. Punktes herausgestellt, gelten die in den Kapiteln III.–VI. inhaltlich behandelten Prinzipien als die tragenden Strukturen des hermeneutisch herausgearbeiteten Modells der Erziehung nach Montessori. Die im Kapitel I. 1.1 herausgestellten Bezugspunkte zu Gegenwartsfragen werden in den verschiedenen Kapiteln entsprechend der jeweiligen Thematik aufgegriffen. An dieser Stelle sollen knapp jene Verbindungslinien aufgezeigt werden, die den Inhalt – Selbstbestimmung: Ziel und Weg – berühren.

4.1 Ziel Mündigkeit – Selbstbestimmung

Wie zu Beginn dieses Kapitels zitiert, hält Montessori „die innere Disziplin einer Persönlichkeit" für eine selten erreichte menschliche Leistung. Ähnlich kritisch äußert sich H. Roth zu diesem Thema: „Das härteste Problem stellt ... das heute vernachlässigte Thema: die Entwicklung und Erziehung zu moralischer Mündigkeit." (Roth, H., 1971, 18)

Die Genese des moralischen Bewußtseins und die mündige moralische Handlungsfähigkeit gilt auch bei ihm als das Schlüsselproblem von Entwicklung und Erziehung überhaupt. Diese moralische Handlungsfähigkeit ist ein Ergebnis von Lernprozessen, an denen Ich-Leistungen ihren Anteil haben. Hinsichtlich der Genese solcher Handlungsfähigkeit ist die zentrale Frage, „wie sich aus instinkthaftem Verhalten mündige, selbstverantwortliche Handlungsfähigkeit entwikkelt" (Roth, H., 1971, 17).

Was hier Handlung genannt wird, heißt in Montessoris Sprache „praktisches Tun" als „Schlüssel zur gesamten Formung der Personalität" (13, 77). Nach Roth ist moralisch-mündige Handlungsfähigkeit als Selbstbestimmung rückgebunden an Sach- und Sozialeinsicht. Umfassendes Ziel ist die „moralische Mündigkeit zur Selbstbestimmung der Person" (Roth, H., 1971, 389). Das Erziehungsziel Mündigkeit intendiert die Synthese von drei unterschiedenen und erworbenen Kompetenzen: Sacheinsicht und Sachkompetenz (intellektuelle Mündigkeit), Sozialeinsicht und Sozialkompetenz (soziale Mündigkeit) sowie Werteinsicht und Ich-Kompetenz (Selbstbestimmung und moralische Mündigkeit), wobei letztere die umfassendere ist. (Roth, H., 1971, 17; vgl. Kap. II. 1.2 und 2.)

Das über Fortschrittsstufen zu erreichende Ziel der moralischen Mündigkeit zur Selbstbestimmung der Person wird – wie bei Montessori, so auch bei Roth – dynamisch verstanden. Durch fortschreitende Lernprozesse soll die als seltene Leistung bezeichnete „innere Disziplin einer Persönlichkeit" erreicht werden. Roth sagt von ihr: „‚Charakter' ist das alte Wort für mündige moralische Selbstbestimmung und Selbstbestimmtheit". Charakter hat, wer sich selbst moralisch zu bestimmen vermag." (Roth, H., 1971, 389) Was hier moralisch genannt wird, ist identisch mit dem, was unter II. 1.2.5 umschrieben wurde als Physiognomie der Sittlichkeit. (vgl. Holtstiege 1991, 60–63)

4.2 Funktionelle Einheit der Persönlichkeit und Identitätsbildung

Die funktionelle Einheit der Persönlichkeit ist Voraussetzung für menschliche Selbstbestimmung. Sie wird heute zunehmend unter der Fragestellung der Identitätsbildung behandelt. Einer der Repräsentanten, die dieser Problematik nachgehen, ist E. H. Erikson. Sein Theorieansatz soll auch deshalb herangezogen werden, weil er als Psychoanalytiker in seiner Ausbildungszeit Verbindung mit der Montessori-Praxis hatte: „Er studierte auch bei einer Montessori-Gruppe in Wien und war einer von den beiden Männern, die vor dem (Montessori-)Lehrerinnenverein die Prüfung ablegten. Seine späteren psychoanalytischen Studien standen unter dem Einfluß der Montessori-Ausbildung." (Coles, R., 1974, 37.38)

Wie weit die letzte Aussage zutrifft, soll hier nicht untersucht werden. Es geht lediglich darum, solche Überlegungen Eriksons herauszustellen, die in Verbindung zum Thema dieses Kapitels stehen.

Erikson beschäftigt die Bildung der Einheit der Persönlichkeit unter Berücksichtigung individueller, sozialer und psycho-historischer Faktoren. Er fragt nach den „grundlegenden Eigenschaften der ‚starken' Persönlichkeit" (Erikson, E. H., 1974, 123) und nach den Ich-Stärken, die in den verschiedenen Lebensstadien aus psycho-sozialen und psycho-historischen Wechselwirkungsprozessen entstehen. Unter letzterem versteht er die Verzahnung der Generationen im menschlichen Lebenszyklus.

Es geht um die Untersuchung entwicklungsbedingter Wurzeln der sich aufbauenden Persönlichkeit durch phasenspezifische Ich-Qualitäten (Ich-Stärken oder Grundtugenden). Diese nennt er die „strukturelle Basis der funktionellen Einheit des Menschen" (Erikson, E. H., 1971, 121). Erikson spricht auch von der genetischen Kontinuität der Selbstrepräsentanz (Selbstdarstellung), die der Arbeit des Ich zugeschrieben werden muß. Diese Selbstrepräsentanz ist erfahrbar in einem „Gefühl der Identität", das auch als Grundcharakter bezeichnet wird. (Erikson, E. H., 1973, 188.189)

Einfacher ausgedrückt, heißt das: In der Abfolge der individuellen Entwicklung entstehen durch psycho-soziale Interaktionsprozesse phasenspezifische Ich-Qualitäten: Hoffnung, Wollenkönnen, Zielstrebigkeit, Tüchtigkeit und Können, Treue, Liebe und Fürsorge, Weisheit. (Erikson, E. H., 1971, 99) Sie vermitteln dem Heranwachsenden ein Selbstwertgefühl, das auch als Identität im Sinne eines „psycho-sozialen Wohlbefindens" bezeichnet wird. (Erikson, E. H., 1973, 147). Diese Identität umfaßt das Gefühl von Gleichheit (im Hinblick auf die eigene Person) und Kontinuität (im Hinblick auf die Zeit). Letztere sind Identitätskriterien, sowohl im Hinblick auf das Individuum als auch auf die Gruppe (Gesellschaft). Der Begriff Identität drückt eine wechselseitige Beziehung aus, insofern er „ein dauerndes inneres Sich-Selbst-Gleichsein wie ein dauerndes Teilhaben an gruppenspezifischen Charakterzügen umfaßt" (Erikson, E. H., 1973, 124). Hier wird die in II. 1.3 behandelte Thematik „Selbstbestimmung und Gesellschaft" relevant. Die freiheitliche Gestaltung dieses Verhältnisses behandelt Erikson in jenem Kontext, in dem er den genannten zwei Dimensionen (Ich- und Sozialidentität) eine dritte beifügt: positive Identität oder „transzendente" Identität (Erikson, E. H., 1971, 9) als Prozeß, der durch furchtlose Freiheit der Beobachtung und des Denkens gekennzeichnet ist und der die zwei genannten in eine dritte Identität intergriert. Diese Freiheit besteht in der Emanzipation von einer dominierenden Gruppenidentität, um eine starke Identität zu gewinnen. (Jugend und Krise, 1970, 18) Diese positive oder transzendente Identität ist durch die gleichen Orientierungsinhalte gekennzeichnet, wie sie in II. 1.3.3 umrissen wurden. Bei seiner Skizzierung der „Anatomie einer neuen Identität" spricht Erikson vom „homo novus" (Erikson,

E. H., 1975, 35.36). In diesem Zusammenhang werden die auch bei Montessori für die Bildung eines neuen Menschen oder für die „innere Disziplin einer Persönlichkeit" geforderten Voraussetzungen relevant: Festigkeit und Elastizität. (vgl. II. 2.1)

Das Kernproblem der Identität besteht auch bei Erikson in der Forderung nach ähnlichen Fähigkeiten: 1. „in der Fähigkeit des Ichs angesichts des wechselnden Schicksals, Gleichheit und Kontinuität aufrechtzuerhalten", 2. in der „Elastizität, in den Wandlungsprozessen wesentliche Grundformen aufrechtzuerhalten" und 3. in einer festen Verankerung in Grundwerten, „über die Kulturen gemeinsam verfügen" (Erikson, E. H., 1971, 82).

Der neue Mensch ist das Ziel der Bildung, wie es nach Montessori in II. 1.2.5 umrissen wurde. Die dort genannten Qualitäten bewirken die selten durch Menschen erbrachte päd. Leistung der „inneren Disziplin einer Persönlichkeit".

Homo novus ist die Zielrichtung, in die auch Eriksons Bemühungen gehen. Durch kontinuierlichen Erwerb von Ich-Qualitäten soll die funktionelle Einheit der Persönlichkeit erreicht werden. In ihr erfährt der Mensch seine mehrdimensionale Identität. Festigkeit, Elastizität und Gebundenheit an gemeinsame Grundwerte machen den Identitätskern aus.

Bei Roth heißt das gleiche Ziel moralische Mündigkeit zur Selbstbestimmung der Person. Dieses Ziel umfaßt die Synthese der durch Lernen und Integration erworbenen intellektuellen und sozialen Mündigkeit. In den genannten Bildungszielen taucht der Umriß der von Montessori eingangs erwähnten aktiven, denkenden und Gedanken verbindenden Persönlichkeit in verschiedenen Begriffsvariationen auf: der neue Mensch (vgl. auch Oswald, P., 1978, 35).

5. Zusammenfassung

5.1 Ziel: Selbstbestimmung →Meister oder Herr seiner selbst →innere Disziplin der Persönlichkeit →Sachverhalt der Freiheit

5.1.1 Voraussetzung: zu erwerbendes Gleichgewicht →Art geistiger Geschicklichkeit →Gehorsam gegenüber innerem Führer

5.1.2 Voraussetzung: Konstruktion seiner selbst →Organisation aller menschlichen Funktionsbereiche zu einer Synthese: = funktionelle Einheit der Personalität = Modell einer aktiven, denkenden, Gedanken verbindenden Persönlichkeit

5.1.2.1 dynamischer Aspekt – horme →vitaler Impuls →kreative (strebehaltige) Dispositionen auch geistiger Art, mit deren Hilfe auf energetischem Wege und durch gelungene Wechselwirkung mit der Umwelt die synthetische Einheit der Gesamtpersönlichkeit erreicht wird = Selbst als verfügbare Einheit

5.1.2.2 Organisatorischer Aspekt – Strukturierung der Personalität durch schöpferische Intelligenz →zentrierende und organisierende Instanz aller menschlichen Funktionsbereiche (Bewegung, Fühlen, Wollen, Denken, Handeln) zur Synthese der Persönlichkeit durch Konzentrationsprozesse

5.1.2.3 Haltgebender Kern der Persönlichkeit = zweieinig Gemüt und Gewissen: Gemüt →Ort menschlicher Bindungen, Gewissen →Ort verantwortlicher oder verpflichtender Bindungen = kernhafte Identität, die Einheit der Person in Polarisationsvorgängen zugänglich macht →Sammlung, Versenkung in sich

5.1.2.4 Entwicklung = zunehmende Selbstenthüllung bei Freigabe des kindlichen Selbstaufbaues →zunehmende Organisation kindlicher Personalität bei zunehmender Fähigkeit der Selbstleitung

5.2 Orientierungsfunktion inhaltlicher Prinzipien (Grundsätze) für Selbstleitung oder Selbstbestimmung = Meister seiner selbst

5.2.1 Freiheit als relative →notwendige Bindung an Orientierungspunkte sachlicher, sozialer oder transzendenter Art: Bedeutung von Wissens- und Gewissensorganisation für Verantwortlichkeit im Handeln

5.2.1.1 Bindungsfähigkeit und -bereitschaft →Voraussetzung für freiwillige Selbstverpflichtung als Basis von Selbstbestimmung

5.2.1.2 Disziplin = aktive und freiwillige zielgerichtete Lenkung von Eigeninitiative und Aktivität →Folge der Konzentration →innere Geordnetheit und innerer Gehorsam gegenüber innerem Führer (Gewissen als Ort eingegangener Verpflichtungen aus Bindungen) = Freiheit

5.2.1.3 Liebe als Fundament der Freiheit führt Bindungen herbei →verbindet, bindet und läßt Verantwortung aus Bindung entstehen = Liebe, die nicht besitzen, sondern schauen, erkennen, anerkennen will →Gutsein in Alternative zum Bösen, der Verkehrung ins Gegenteil

5.2.1.4 Gutsein →Physiognomie der Sittlichkeit →Freiheit: charakteristische Züge: selbstlose Liebe, aktive Disziplin, aktiver Friede (= Gerechtigkeit), freigebende Achtung, Erkenntnis und Anerkennung der Realität = in der äußeren Welt gut orientierte Personalität →Quelle: methodische Konzentration

5.3 Selbstbestimmung in der Gesellschaft – Grundproblem: Freiheit von Individuum und Gesellschaft

5.3.1 Anfängliche soziale Determiniertheit lockern durch Freigabe der Selbständigkeitstendenzen →Möglichkeit der Selbstentwicklung gewähren →gleichzeitige Förderung von Sozialeinsicht, -verantwortung und sozialer Kreativität

5.3.2 Gestaltung der sozial-individualen Beziehungsstruktur nach den Kriterien von 5.2.1.4

5.4 Entwicklungsweg der Fähigkeit zur Selbstbestimmung →komplexer Bildungsprozeß →Beachtung von Organisationsfaktoren und -phasen

5.4.1 Faktor Anpassung →Bedeutung der frühen Kindheit = Anpassungsperiode →Vermögen schneller Anpassung ersetzt Vererbungsmangel im Verhaltensbereich →biologische Anpassung als schöpferische Intelligenz = Voraussetzung für Erwerb und Aufbau freiheitlicher Verhaltensmodelle: frei in der Welt handeln und auf sie einwirken können →Freiheit →Gleichgewicht →Elastizität der Anpassung = Form intelligenter Tätigkeit des Menschen

5.4.2 Faktor Ordnung →Bedeutung kindlichen Ordnungsbedürfnisses →innere und äußere Orientierung →in sich →in der Welt →Ordnung des Chaos im kindlichen Geist = Bedeutung für Entwicklung von Intelligenz →Personalität: Ordnung als Bewegungskoordination unter Herrschaft von Ich und Vernunft = Voraussetzung für Beherrschung seiner Selbst (durch Vorgänge der Polarisation der Aufmerksamkeit)

5.4.3 Faktor Gehorsam: Ordnung führt zu Bindungen →Gehorsam zu verpflichtenden Bindungen = Fähigkeit zu folgen →Entwicklungsabhängigkeit von Faktoren und Perioden

5.4.3.1 Faktorenkomplex: basale Verflechtung von Antriebs- und Bewegungselementen ermöglichen den dominierenden Faktoren – Einsicht und Wille – in Konzentrationsvorgängen eine Verschmelzung, die Gehorsamsfähigkeit bewirkt → Gleichgewicht und Elastizität der Anpassung = Fundament für echten Gehorsam

5.4.3.2 Stadien der Gehorsamsentwicklung →ursprüngliches Dominieren der horme (vitaler Impuls), dem gefolgt wird →dann kann das Kind gehorchen, ohne daß es immer gelingt →zweite Phase: Gehorsam ist möglich, wenn keine entwicklungsbedingten Hindernisse entgegenstehen: = Fortschritt →Willen anderer Personen aufnehmen zu können →dritte Phase wird selten intendiert und erreicht: Gehorsam steht in Verfügung des Kindes = Selbstbestimmung = Freiheit = innere Disziplin der Persönlichkeit

5.5 Neuorientierung: erweiternde Erziehung

5.5.1 Erweiterung →Personalität Raum und Mittel geben für Selbstaufbau, Selbsteroberung, Selbstentdeckung, Selbstgestaltung

5.5.2 Gedankliche Neuorientierung (vgl. 5.1–5.4) →Reflexion der Praxis →(vgl. Kap. III.–VI.)

5.5.3 Strukturveränderung der Erziehung →vgl. prinzipielle und institutionelle Aspekte in V. Verteilung des Erziehungswerkes

5.5.4 Schlüssel oder verborgene Quelle für Neuorientierung im Sinne der Erweiterung des personalen Selbst: methodische Konzentrationen durch Polarisation der Aufmerksamkeit

5.6 Gegenwartsproblem: Manko der moralischen Mündigkeit im Sinne der Selbstbestimmung →Forderung eines starken und flexiblen Ich, das Ich- und Sozialidentität in eine neue Synthese bringen kann: = transzendente Identität des homo novus

Schema: Selbstbestimmung (Herr seiner selbst)

Zielkonzept: die aktive, denkende und Gedanken verbindende Persönlichkeit, deren Handlungen und Urteile sittlich sind.
Sittlichkeit verstanden als individuell unterschiedliche, jedoch frei vollzogene Verwirklichung selbstloser Liebe, aktiver Disziplin, aktiven Friedens, freigebender Achtung, Liebe zur Wirklichkeit.

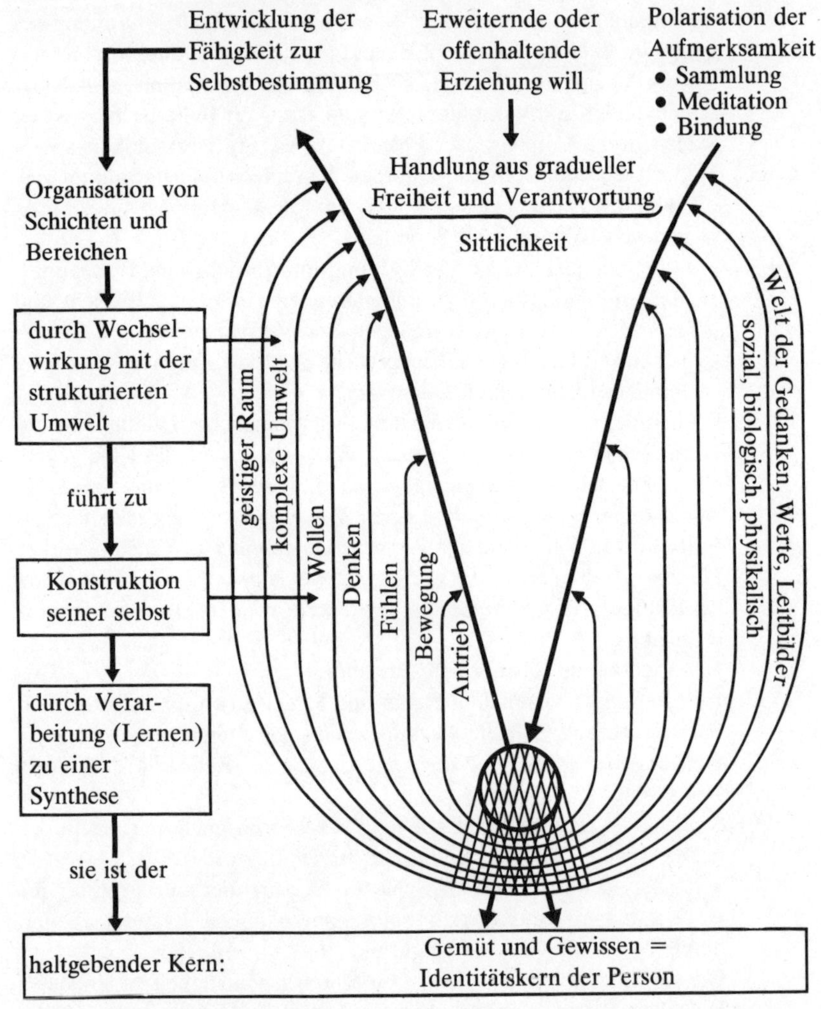

Das Gleichgewicht aus Elastizität und Festigkeit gibt die Basis für die strukturelle und funktionelle Einheit der Persönlichkeit. Sie ist Voraussetzung für die Bestimmung seiner selbst.

6. Literaturverzeichnis

Aurin, K.: Das sozial-pädagogische Anliegen im Werk Maria Montessoris. In: Westermanns Pädagogische Beiträge 11 (1960) 455–462

Buytendijk, F. J. J.: Bildung der Jugend durch lebendiges Tun (1932) In: Schulz-Benesch, G. (Hg.) Montessori. Darmstadt 1970, 254–273

Coles, R.: Erik H. Erikson. Leben und Werk. München 1974

Drever, J./Fröhlich, W. D.: Wörterbuch zur Psychologie. München [6]1972. dtv 3031, 199

Erikson, E. H.: Jugend und Krise. Stuttgart 1970

Erikson, E. H.: Einsicht und Verantwortung. 1971. Fischer-Taschenbuch-Verlag. Bd. 6089

Erikson, E. H.: Identität und Lebenszyklus. Frankfurt 1973. stw 16

Erikson, E. H.: Dimensionen einer neuen Identität. Frankfurt 1975. stw 100

Hehlmann, W.: Geschichte der Psychologie. Stuttgart 1967

Holtstiege, H.: Erziehung – Emanzipation – Sozialisation. Bad Heilbrunn 1974

Holtstiege, H.: Montessori-Pädagogik. In: Lenzen, D. (Hg.): Enzyklopädie Erziehungswissenschaft, Bd 7: Hemmer, K. P./Wudtke, H. (Hg.): Erziehung im Primarschulalter. Stuttgart 1985, S. 425–435

Holtstiege, H.: Maria Montessori und die „reformpädagogische Bewegung". – Studien zur Montessorie-Pädagogik 1. Freiburg 1986

Holtstiege, H.: Maria Montessoris Neue Pädagogik: Prinzip Freiheit – Freie Arbeit – Studien zur Montessori-Pädagogik 2. Freiburg 1987

Holtstiege, H.: Erzieher in der Montessori-Pädagogik. Freiburg 1991

Lersch, Ph.: Aufbau der Person. München [11]1970 ([1]1938)

McDougall, W.: Aufbaukräfte der Seele. Stuttgart [2]1947 (2., ins Deutsche übersetzte Auflage der 3. amerikanischen Auflage von 1935)

Oswald, P.: Die Psyche des Kindes und ihre Entwicklungsfaktoren im pädagogischen Werk Maria Montessoris. Bonn 1954 (Diss.)

Oswald, P.: Menschenbildung als Anliegen Montessoris. In: Pädagogik heute 1 (1968) 58–67

Oswald, P.: Die Anthropologie Maria Montessoris. Münster 1970

Oswald, P.: Zur Gegenwartsbedeutung der Montessori-Pädagogik. In: Kathol. Bildung 1 (1978), S. 32–46

Oswald, P.: „Fundamente" der Montessori-Pädagogik. In: Bewegen (Beiheft 12 der Zeitschrift für Heilpädagogik), Dez. 1985, S. 143–150

Oswald, P.: Montessori-Pädagogik und religiöse Erziehung. In: Katech. Blätter, 112. Jg. (1987), H. 2, S. 116–122

Piaget, J.: Psychologie der Intelligenz. Stuttgart 1947

Portmann, A.: Biologische Fragmente zu einer Lehre vom Menschen. Basel, Stuttgart [3]1969

Roth, H.: Pädagogische Anthropologie. 2 Bde. 1968/71

Schwerdt, D.: Frühkindliche Sozialisation und die Rolle unbewußter Lernprozesse bei Montessori. In: Vierteljahrsschrift f. wiss. Pädagogik 2 (1973) 116–122

Spitz, R. A.: Die Entstehung der ersten Objektbeziehungen. Stuttgart [2]1960

Wellek, A.: Die Polarität im Aufbau des Charakters. Berlin 1950

III. Sensible Phasen – Theorie, Einteilung, Bedeutung

Die Möglichkeiten der Erziehung sind nach Montessori gebunden an die Befolgung eines grundlegenden Prinzips: Beachtung der sensiblen Phasen. (3, 36) So ist zunächst nach der Herkunft der Theorie sensibler Phasen zu fragen, sodann nach spezifischen Sensibilitäten und deren pädagogischer Bedeutung.

1. Theorie und Herkunft

In ihren Werken *Kinder sind anders* und *Das kreative Kind* verweist Montessori auf eine Entdeckung im Bereich der Biologie, bei der in bezug auf die Entwicklung von Lebewesen ganz bestimmte Empfänglichkeitsperioden (sensible Phasen) beobachtet wurden. Sie beruft sich dabei auf die Untersuchungen des holländischen Biologen de Vries. (vgl. 6, 61; 9, 88.89)

1.1 Definition und Beispiel nach de Vries

Montessori faßt die Entdeckungen von de Vries in folgender Definition zusammen:

> „Es handelt sich um besondere Empfänglichkeiten, die in der Entwicklung, das heißt im Kindesalter der Lebewesen, auftreten. Sie sind von vorübergehender Dauer und dienen nur dazu, dem Wesen die Erwerbung einer bestimmten Fähigkeit zu ermöglichen. Sobald dies geschehen ist, klingt die betreffende Empfänglichkeit wieder ab." (6, 61)

Der Biologe de Vries hatte sensible Perioden zuerst an solchen Insekten festgestellt, deren Entwicklung sich in beobachtbar auffällige Perioden teilt. Sie gehen durch Metamorphosen (Gestaltwandlungen) hindurch. Dadurch sind sie der experimentellen Laboratoriumsbeobachtung – also der exakten Beobachtung – gut zugänglich.

Zur Darstellung von Empfänglichkeitsperioden oder sensiblen Phasen im Sinne der biologischen Entdeckung wählt Montessori das von de Vries zitierte Beispiel: die Schmetterlingsraupe.

> „Man weiß, daß die Raupen mit großer Geschwindigkeit heranwachsen, gierig fressen und daher Pflanzenschädlinge sind. De Vries verwies nun auf eine Raupenart, die sich während ihrer ersten Lebenstage nicht von den großen Baumblättern, sondern von den

zartesten Blättchen an den Enden der Zweige zu nähren vermag. Nun legt aber der Schmetterling seine Eier gerade an der entgegengesetzten Stelle, nämlich dort, wo der Ast aus dem Baumstamm hervorwächst, denn dieser Ort ist sicher und geschützt… die Raupe ist mit starker Lichtempfindlichkeit begabt; das Licht zieht sie an, fasziniert sie. So strebt die junge Raupe mit ihren charakteristischen Sprungbewegungen alsbald der stärksten Helligkeit zu, bis sie am Ende der Zweige angekommen ist, und dort findet sie die zarten Blätter, mit denen sie ihren Hunger stillen kann. Das Seltsamste aber ist, daß die Raupe sogleich nach Abschluß dieser Periode, sobald sie sich auf andere Art ernähren kann, ihre Lichtempfindlichkeit verliert. Bald läßt das Licht sie völlig gleichgültig. Der Instinkt stirbt ab. Er hat seinen Dienst getan, und die Raupe wendet sich jetzt anderen Wegen und anderen Nährstoffen zu.

Es ist nicht so, daß die Raupe für das Licht unempfänglich, also im physiologischen Sinne blind geworden wäre; aber sie beachtet es nicht mehr." (6, 61.62)

Wichtig ist in diesem Zitat die Aussage, daß im Dienste der Ernährung eine ganz bestimmte Empfänglichkeit – Lichtempfindlichkeit – besteht. Von Bedeutung ist weiter die Feststellung, daß diese Empfänglichkeit für Licht sich zwar in ihrer Intensität verliert, sobald sie keine biologische Erhaltungsfunktion mehr hat. Die Raupe wird jedoch nicht unempfindlich für Lichteinwirkungen.

1.2 Übernahme der Theorie durch Montessori

Den Begriff sensible Periode im Sinne von besonderen Empfänglichkeiten hat Montessori übernommen. Sie macht de Vries' Erkenntnis zum Ausgangspunkt ihrer eigenen Beobachtungen der Entwicklung des Menschenkindes und zieht daraus Folgerungen für die Erziehung.

„Der holländische Gelehrte de Vries entdeckte die Empfänglichkeitsperioden bei den Tieren, und uns gelang es in unseren Schulen, diese ‚sensiblen Perioden' auch in der Entwicklung der Kinder festzustellen und den Zwecken der Erziehung nutzbar zu machen." (6, 61)

Aus ihren Beobachtungen zieht Montessori den Schluß, daß im Kinde eine schöpferische Energie vorhanden sein muß, die es in die Lage versetzt, mit Hilfe von Umwelteindrücken eine eigene seelische Welt aufzubauen. (6, 60)

Hervorzuheben ist die Betonung der Fähigkeit des Kindes, aufgrund von Umwelteindrücken eine seelische Welt aufbauen zu können. In ihrem Spätwerk *Das kreative Kind*, das 1949 erstmals in Indien erschienen ist, wird diese Auffassung noch deutlicher zum Ausdruck gebracht. Hier wird eine ausdrückliche Distanzierung von Gesells Reifungstheorie vorgenommen. Den Begriff der Reife hält Montessori für umfassender als Gesell.

„‚Die Reife' ist sehr viel mehr ‚als die exakte Summe der Auswirkungen der Gene, die in einem in sich begrenzten Zeitabschnitt wirken', denn abgesehen von den Auswirkungen der Gene ist hier auch die Umwelt, in der sie wirksam werden, in Betracht zu ziehen, die eine dominierende Rolle im Bestimmen der ‚Reife' spielt. Bei den psychischen

Funktionen kann die Reife nur durch Erfahrungen in der Umwelt eintreten, die während der einzelnen Entwicklungsabschnitte unterschiedlich sind. Die Horme ändert ihre Struktur im Laufe des Wachstums und äußert sich im Individuum durch ein starkes Interesse für besondere Handlungen, die lange und ohne ersichtlichen Zweck wiederholt werden, bis sich aus diesen wiederholten Handlungen schlagartig eine neue Funktion ergibt... Das bewußte Interesse des Kindes wendet sich etwas anderem zu, das einen anderen Mechanismus vorbereitet. Wird das Kind von den Möglichkeiten, diese Erfahrungen zu sammeln, ferngehalten zu dem Zeitpunkt, da es die Natur dazu bestimmt, vergeht diese spezielle, anregende Sensitivität, und die Entwicklung wie auch die Reife werden dadurch gestört." (9, 88)

Montessori bezieht sich auf eine neuere und umfassendere Definition der Reife: Sie besteht einerseits in strukturellen Wandlungen. Diese sind überwiegend erblich und haben ihren Ursprung in den Chromosomen des befruchteten Eies. Reife entsteht zum Teil aber auch aus den Wechselwirkungsprozessen des Organismus mit seiner Umwelt. (9, 88) In bezug auf dieses umfassendere Verständnis von Reife interpretiert Montessori ihre eigenen Vorstellungen. Sie nimmt an, „daß wir mit einem vitalen Antrieb (horme) geboren werden, der schon organisiert ist in der allgemeinen Struktur des absorbierenden Geistes und dessen Spezialisierung und Differenzierung in den Nebule angekündigt ist." (9, 89)

Unter dem absorbierenden Geist wird die unbewußte Tätigkeit der Intelligenz verstanden. In (II. 1.1.1; 2.1) ist auf diese Form der Aktivität menschlicher Intelligenz bereits näher eingegangen worden.

Nebule ist ein Bildwort. Es ist der astronomischen Fachsprache entnommen und vergleicht „die schöpferischen Energien, die das Kind dazu anleiten, die ‚Umwelt zu absorbieren'", mit den Stern-Nebeln (= Nebule), „aus denen sich durch sukzessive Vorgänge die Himmelskörper gebildet haben" (9, 7).

Der vitale Antrieb (horme) ist organisiert, und zwar durch die Struktur des absorbierenden Geistes. Das heißt, in dieser ursprünglichen Organisation menschlicher Intelligenz sind ganz bestimmte und elementare menschliche Bedürfnisse und Interessen potentiell angelegt. Sie sind für Entwicklung offen und stehen in einem bestimmten Verhältnis zueinander – anders ausgedrückt: Sie sind strukturiert.

> „Diese Struktur ändert sich im Laufe der Kindheit, je nachdem, in welche Richtung die sensitiven Perioden gehen, wie wir sie nach de Vries bezeichnet haben. Diese Strukturen, die das Wachstum und die psychische Entwicklung leiten, das heißt der absorbierende Geist, die Nebule und die sensitiven Perioden mit ihren Mechanismen, sind erbliche Merkmale der menschlichen Art. Aber sie können sich nur durch ein freies Handeln in der Umwelt verwirklichen." (9, 89)

Die „Erbmale der menschlichen Art" erweisen sich als ein plastisches Gebilde von schöpferischen Sensibilitäten oder aufbauenden Potenzen; sie können sich jedoch nur auf „Kosten der Umwelt entfalten" (9, 52).

Beim Menschen treten also an die Stelle erblicher Verhaltensmodelle schöpferische Sensitivitäten, die sich durch Funktionen der Anpassung an die Umwelt entwickeln. Solche schöpferischen Sensitivitäten bilden die Basis des ganzen psychischen Lebens, eine Basis, die sich in den ersten Lebensjahren stabilisiert. (9, 75)

Schöpferische Potenzen sind somit die Voraussetzung für eine mögliche Entwicklung. Letztere jedoch kommt erst dadurch in Gang, daß den Sensibilitäten Erfahrungen in der Umwelt angeboten und ermöglicht werden. Das Kind macht seine Erwerbungen in seinen Empfänglichkeitsperioden.

> „Ist hingegen die Empfänglichkeitsperiode vorbei, so können weitere Errungenschaften nur mit reflektierender Tätigkeit, mit Aufwand von Willenskraft, mit Mühe und Anstrengung gemacht werden; und unter der Stumpfheit wird die Arbeit zu etwas Ermüdendem. Hierin besteht der grundlegende, wesensmäßige Unterschied zwischen der Psychologie des Kindes und der des Erwachsenen." (6, 64)

Das Auftreten bestimmter Empfänglichkeiten äußert sich in kindlichen Bedürfnissen. Montessori nimmt als Bildvergleich die Scheinwerfersituation: Durch sie wird ein bestimmter innerpsychischer Bezirk erleuchtet. Die ganze kindliche Wahrnehmungswelt beschränkt sich sozusagen mit einem Male ganz auf den entstehenden hell erleuchteten Fleck. (6, 64.67) Solche innere Empfänglichkeit bestimmt dann das Interesse des Kindes für einen ganz bestimmten Ausschnitt der Umwelt. (Gehsteigkanten oder gefällte Baumstämme üben eine Faszination auf Kinder aus, deren Interesse auf die Beherrschung des motorischen Muskelsystem und den Erwerb des Gleichgewichts gerichtet ist.)

> „Zwar dient die Umwelt hierbei als Material, aber sie hat für sich allein keine aufbauende Kraft. Sie liefert nur die erforderlichen Mittel, vergleichbar den lebenswichtigen Stoffen, die der Körper durch Verdauung und Atmung von außen her aufnimmt." (6, 66)

Der beschriebene Vorgang wird von Montessori auch als Assimilation bezeichnet. Damit wird die Aufnahme der Umwelt als eine Art geistiger Einverleibung und Verarbeitung beschrieben.

Das Wirken der sensiblen Perioden initiiert also einen Lernprozeß, an dem Sensibilitäten oder aufbauende schöpferische Potenzen und Erfahrungen in der Umwelt gleichrangig beteiligt sind. Montessoris Entwicklungsbegriff umfaßt das Wechselspiel von biologischer Reifung durch Umwelteinflüsse einerseits und deren kontinuierlicher, fortschreitender Verarbeitung andererseits.

Die Unterstützung der beschriebenen Entwicklung im Sinne einer intendierten (zielgerichteten) Erziehung ist rückgebunden an die Fähigkeit zur Beobachtung von kindlichen Empfänglichkeiten (Sensibilitäten). Die Beobachtung der kindlichen Psyche und ihrer Äußerungen sollte nach der Methode Fabres erfolgen. Dieser ging in die natürliche Umwelt der Insekten. Er versteckte sich dort, um nicht die natürliche Lebenssituation der beobachteten Lebewesen zu stören.

Mit der Beobachtung der kindlichen Entwicklung kann man zu dem Zeitpunkt beginnen, an dem „die Sinne des Kindes, gleich Greiforganen, bewußte Außenwelt-Eindrücke erfassen und ansammeln und das Kind sein Leben aus Materialien seiner Umwelt aufbaut“ (6, 75).

„Ein Beispiel möge zeigen, wie einfach diese Aufgabe ist, und wir wollen von einer besonders augenfälligen Einzelheit ausgehen. Es gilt als ausgemacht, daß das Kleinkind stets liegen muß, weil es nicht imstande ist, sich auf den Beinen zu halten. Es soll seine ersten Sinneseindrücke aus der Umwelt beziehen, vom Himmel wie von der Erde. Zugleich aber verwehrt man ihm den Anblick des Himmels. Was es zu sehen bekommt, ist bestenfalls die weiße und glatte Zimmerdecke oder der Baldachin über seinem Bettchen. Wie soll es da seinem hungrigen Geist Eindrücke zuführen?...

Es würde genügen, das Kind ein wenig aufzurichten und ihm eine leicht geneigte, stützende Unterlage zu geben, und schon könnte sein Blick die ganze Umwelt erfassen. Besser noch wäre es, sein Bettchen befände sich in einem Garten, wo sein Auge die sanft sich wiegenden Bäume, Blumen und Vögel vor sich hätte.

Dabei ist es notwendig, daß sich längere Zeit hindurch stets dieselben Dinge im Blickfeld des Kindes befinden, denn erst dadurch lernt es, sie wiederzuerkennen, sie immer am gleichen Ort wiederzufinden und zwischen dem Ortswechsel verschobener Gegenstände und den Bewegungen lebendiger Wesen zu unterscheiden.“ (6, 75.76)

Zwei Sensibilitäten spricht Montessori in diesem Beobachtungsbeispiel an: etwas vager die Sensibilität für Bewegung und sehr ausdrücklich die Sensibilität für Ordnung. Das Bedürfnis nach Ordnung ist ja, wie schon bekannt, etwas anderes, als das, was wir Erwachsene darunter verstehen. Montessori weist auf den elementaren Charakter der Ordnung hin, indem sie die Bedeutung der Ordnung für das Kind mit der Bedeutung des Bodens vergleicht, auf dem Erwachsene stehen. Das zitierte Beispiel zeigt, daß das Kind im frühen Alter seiner Umwelt jene geistigen Orientierungselemente entnimmt, die es für seine späteren Eroberungen braucht. (6, 83)

1.3 Exkurs – Widersprüchlichkeiten?

Die Lektüre der Montessori-Literatur läßt häufig widersprüchliche Aussagen erkennen. Dieser Vorwurf wird auch als kritischer Einwand ihrem Werk gegenüber erhoben. (Schulz, G., 1961, 92.95; Böhm, W., 1969, 32)

Sicher ist dieser Einwand nicht unberechtigt. Die Kritik im Sinne eines Pauschalurteiles läßt sich jedoch nicht halten. Pauschalurteile sind auch in der Unfähigkeit zu differenzierter Lektüre und Interpretation begründet. Hier liegt ein hermeneutisches Problem: Die Kunst und das Verfahren der Auslegung und Erklärung von Texten sind Fähigkeiten, die auch bei der Lektüre und dem Studium historischer Werke durch Leser vorausgesetzt werden müssen.

Im Rückgriff auf Montessori-Zitate, in denen Aussagen über sensible Phasen gemacht werden, soll das Verfahren der Textauslegung und -erklärung (Hermeneutik) demonstriert werden. Auf diese Weise läßt sich auch deutlich machen, daß sich die Pauschalkritik über Montessoris widersprüchliche Aussageweise nicht halten läßt.

Im Hinblick auf sensible Phasen wird gesagt, daß die betreffende Empfänglichkeit wieder abklingt, sobald durch sie der Erwerb einer bestimmten Funktion möglich wurde. Ähnlich interpretiert Montessori das Raupen-Beispiel nach de Vries: „Es ist nicht so, daß die Raupe für das Licht unempfänglich, also im physiologischen Sinne blind geworden wäre; aber sie beachtet es nicht mehr." Dann aber kommt eine Aussage, die auf den ersten Blick als ein Widerspruch zu dem zuvor Gesagten erscheint: Hat das Kind nicht die Möglichkeit gehabt, gemäß den Empfänglichkeitsperioden zu handeln, „so hat es die Gelegenheit versäumt, sich auf natürliche Weise eine bestimmte Fähigkeit anzueignen; und diese Gelegenheit ist für immer vorbei" (6, 63). Zuvor war die Rede vom Abklingen einer Fähigkeit, die dennoch nicht ganz verschwindet. Im letzten Zitat nennt Montessori die Gelegenheit zum Erwerb einer Fähigkeit als für immer verpaßt. Ein Widerspruch? Auf den ersten Blick ja, auf den zweiten Blick nein.

Im ersten Teil des Satzes steht eine Formulierung, die einen weiterführenden Interpretationsschlüssel enthält: „... sich auf *natürliche Weise* eine bestimmte Fähigkeit anzueignen ..." Diese Aussage muß im Kontext gelesen werden mit einem anderen schon erwähnten Zitat: „Ist hingegen die Empfänglichkeitsperiode vorbei, so können weitere Errungenschaften nur mit reflektierender Tätigkeit, mit Aufwand von Willenskraft, Mühe und Anstrengung gemacht werden."

Die Formulierung *natürliche Weise* ist der Schlüssel zum Verständnis. Zweierlei wird deutlich:

(1) Manche der auftauchenden Widersprüchlichkeiten in den Aussagen Montessoris lösen sich, wenn sie im Kontext ihrer Gesamtaussagen gelesen werden. Hier liegt das erwähnte hermeneutische Problem, das Ansprüche an die Lektüre ihres Werkes stellt. Die eigentliche und grundlegende Schwierigkeit liegt jedoch in der nicht gegebenen Einheit ihres Werkes. (Schulz, G., 1961, 101.102; Böhm, W., 1969, 32)

(2) Montessori orientiert sich bei ihren Aussagen an ihren Beobachtungen der kindlichen Psyche. So begründet sie die *natürliche Weise* des Erwerbs bestimmter Fähigkeiten mit dem grundlegenden wesensmäßigen Unterschied zwischen der Psyche des Kindes und der des Erwachsenen. (6, 64)

In der Kindheit bzw. in den einzelnen Kindheitsphasen werden bestimmte Fähigkeiten, wie z. B. die Sprache, in einer qualitativ anderen Weise erworben als in späteren Lebensphasen. Auch dann ist weiterer Spracherwerb möglich, jedoch nur mit Hilfe bewußter Reflexion, Willensanstrengung und Mühe.

Das häufig anzutreffende Mißverständnis von Montessori-Texten scheint auch in mangelnden anthropologischen Kenntnissen von Lesern begründet zu sein. Voraussetzung für das Verstehen von oben zitierten Aussagen ist die

Kenntnis der anthropologischen Unterschiede zwischen Kind und Erwachsenen, die Montessori herausgearbeitet hat. (vgl. II. 2. Einl.)

In diesem Zusammenhang dürfte deutlich geworden sein, daß die Lektüre der Montessori-Literatur differenziertes Lesen und konstruktive Interpretation erfordert.

2. Sensible Phasen – Inhalte – pädagogische Bedeutung

Im Leben der Heranwachsenden beobachtete Montessori drei große Phasen. In ihnen treten ganz bestimmte Bedürfnisse hervor, die dominieren, vorherrschend werden und die kindlichen Interessenbereiche bestimmen.

Diese Phasen haben in der Persönlichkeitsentwicklung fortschreitenden Aufbaucharakter mit nicht umkehrbarer Richtung. Sie sind, so betrachtet, irreversibel, wenn auch einzelne Sensibilitäten in begrenztem Umfang förderbar bleiben. Hinsichtlich der drei großen Intervalle kann die jeweils nächste Phase erst dann voll zur Geltung kommen und einen Fortschritt erbringen, wenn die Sensitivitäten der vorangegangenen Phasen angemessen gefördert wurden. So legt jede Phase die Fundamente für die folgende.

„Um sich normal in der zweiten Periode entwickeln zu können, muß man sich in der ersten gut entwickelt haben" (9, 173).

Verkümmerte Sensibilitäten sind in begrenztem Umfang in späteren Phasen ansprechbar, jedoch nur mit Mühe und Anstrengung zu fördern. (6, 64; 9, 88)

Insbesondere die erste Periode von 0–6 Jahren bietet Korrekturmöglichkeiten kindlicher Fehlentwicklungen. Entwicklungsfehler, die sich beispielsweise in der nachgeburtlichen Zeit von 0–3 Jahren eingestellt haben, können in der darauffolgenden Periode von 3–6 Jahren korrigiert werden. „Diese ist von Natur aus besonders vervollkommnungsaktiv." (9, 175)

Ist also die günstigste Zeit zu Korrekturen versäumt, so wird das Nachholen von Versäumtem durch Erziehung schwieriger und problematischer und kann zu gravierenden Fehlentwicklungen im gesamten Entwicklungsprozeß führen.

2.1 Einteilung und Inhalte sensibler Phasen

2.1.1 Phase 0–6 Jahre

Diese in sich labile Phase wird als schöpferische und konstruktive Periode charakterisiert. Sie hat elementare Bedeutung für den Aufbau der basalen menschlichen Persönlichkeit und für die Entwicklung der Intelligenz.

„Wenn im Menschen diese schöpferischen Sensitivitäten anstatt erblicher Verhaltensmodelle existieren und wenn sich durch sie die Funktionen der Anpassung an die Umwelt bilden müssen, ist es evident, daß diese Sensitivitäten die Basis des ganzen psychischen Lebens bilden; eine Basis, die sich in den ersten Lebensjahren stabilisiert." (9,75.173)

Wie schon erwähnt, hat Montessori für das Kindes- und Jugendalter drei sensible Phasen beobachtet und beschrieben. (9, 17.173) Während sie in ihrem Werk *Von der Kindheit zur Jugend* die erste Phase von 0–6 Jahren noch in drei Unterphasen aufteilt (5,24), spricht sie in ihrem Spätwerk *Das kreative Kind* durchgängig für alle Phasen von Gliederungen in je zwei Unterphasen. (9. 17.173)

(1) Phase 0–3 Jahre

Diese Phase ist gekennzeichnet durch die Tätigkeit des absorbierenden Geistes und gilt als die unbewußt schöpferische oder formative Periode. (9,21–23)

Das Kind entwickelt seine schöpferischen Energien auf „Kosten" der Umwelt. Die Aufnahme der Umwelt vollzieht sich durch die schon erläuterte ganzheitliche Assimilation, also durch geistige Einverleibung von Umwelteindrücken. Letztere bilden das Material für den Aufbau der kindlichen Psyche. In dieser ersten Unterphase dominiert der Vorgang der biologischen Anpassung mit Hilfe der Tätigkeit des absorbierenden Geistes. In diesem Zusammenhang wird zwischen der Art der „Wissensaneignung" durch das Kind und der des Erwachsenen unterschieden. Erwachsene nehmen ihr Wissen mit Hilfe der Intelligenz auf, das Kind absorbiert es mit seinem psychischen Leben. Gerade darin äußert sich das qualitative Anderssein der frühkindlichen Intelligenz und ihrer Aktivitäten.

„Einfach indem es lebt, erlernt es die Sprache seiner Rasse. In ihm ist eine Art ‚geistige Chemie' am Werk. Wir sind Aufnehmende, wir füllen uns mit Eindrücken und behalten sie in unserem Gedächtnis, werden aber nie eins mit ihnen, so wie das Wasser vom Glas getrennt bleibt. Das Kind hingegen erfährt eine Veränderung: Die Eindrücke dringen nicht nur in seinen Geist ein, sondern formen ihn. Die Eindrücke inkarnieren sich in ihm. Das Kind schafft gleichsam sein ‚geistiges Fleisch' im Umgang mit den Dingen seiner Umgebung. Wir haben seine Geistesform absorbierenden Geist genannt." (9,23)

Typische Sensibilitäten für die Zeit von 0–3 Jahren sieht Montessori in drei spezifischen Empfänglichkeiten:

Bewegung

Die Sensibilität für Bewegung läßt sich charakterisieren durch die Entwicklung der Hand, des Gleichgewichts und des Laufens. Dieser Prozeß entwickelt sich auf doppelter Basis: der psychischen und physischen. Er hinterläßt – zunächst eingeleitet im physiologischen Bereich – Spuren in der kindlichen Psyche. Diese sind das Ergebnis von Erfahrungen. Als noch unbewußte Lernprozesse durch Erfolgserlebnisse können sie motivierend für neue Aktivitäten werden. (6,74; 8,97.98; 9,137)

Drei Intentionen werden in bezug auf die Sensibilität für Bewegung genannt: 1. Das Kind muß aufrecht stehen lernen. 2. Das Kind muß laufen und kräftig werden. 3. Das Kind muß an den Handlungen der Menschen, die es umgeben, teilnehmen lernen. (9, 140)

Ordnung

Die kindliche Empfänglichkeit für Ordnung muß, wie schon mehrfach betont, unterschieden werden vom Erwachsenenverständnis der Ordnung, das sich auf Äußerlichkeiten bezieht.

Montessori deutet die Sensibilität für Ordnung unter zwei Aspekten. Einmal stellt das Bedürfnis z.B. nach einer überschaubar und fest geordneten Umgebung „einen Anreiz, eine Aufforderung zum Handeln dar" (6, 82), sobald in dieser dem Kind bekannten Umgebung etwas nicht stimmt, also nicht in Ordnung ist. Zum anderen hat das Bedürfnis nach Ordnung Orientierungsfunktion innerhalb des Chaos angehäufter Bildeindrücke durch die Tätigkeit des absorbierenden Geistes. Ordnungsbedürfnis im Sinne einer Orientierung zielt auf das Erkennen der Beziehungen zwischen den Dingen ab. Erst der Zusammenhang läßt Sinn und Bedeutung erkennen. Montessori stellt die Orientierungsfähigkeit als Erkennen von Sinnzusammenhängen in einem schon früher zitierten Bildvergleich plastisch dar: Das Kind würde ohne Ordnungssinn – verstanden als Fähigkeit, Beziehungen herzustellen – einem Menschen gleichen, der eine Menge Möbel besitzt, aber keine Wohnung, um sie darin aufzustellen. Erst dadurch aber ergibt sich ein sinnvolles Ganzes, das wir das „Zuhause" nennen.

Durch die Sensibilität für Ordnung entnimmt das Kind der Umwelt jene Orientierungselemente, deren es bedarf, um seine Eindrücke zu ordnen und sich eine Ansicht der Welt aufzubauen. Auf diese Weise vermag es sich in dieser Welt zurechtzufinden und sicher zu bewegen. (6, 85.86)

Auf die elementaren Sensibilitäten wie Bewegung und Ordnung wird an dieser Stelle nur umrißhaft eingegangen. Sie wurden wegen ihrer fundamentalen und basalen Bedeutung für die Entwicklung der menschlichen Persönlichkeit als einer „funktionalen Einheit" bereits (II. 2.2) ausführlicher behandelt. Eine Wiederholung an dieser Stelle soll vermieden werden.

Sprache

Während die Sensibilität für Bewegung mit der Entwicklung des Gesichtssinnes korrespondiert, steht die Sensibilität für Sprache in besonders engem Zusammenhang mit dem Gehörsinn. (9, 138)

In der ersten Periode absorbiert das Kind die Sprache durch die unbewußte Aktivität der Intelligenz.

> „Daher muß sich die Bewegung zur Wiedergabe der Laute auf einem von der Psyche aufgenommenen Substrat von Eindrücken aufbauen, denn die Bewegung hängt von den vernommenen Lauten ab, die sich in die Psyche eingeprägt haben." (9, 108.109)

Im Kontext dieser Aussagen steht noch eine weitere wichtige Bemerkung: In dieser Phase ist nicht nur das Aufnehmen der gesprochenen Sprache durch den Gehörsinn von Bedeutung, sondern auch die visuelle Beobachtung des Sprechenden durch das Kind:

„Nachdem das Kind zwei Monate lang den Mund des Sprechenden beobachtet hat, erzeugt es mit etwa sechs Monaten Silbenlaute." (9, 113)

Dieses Zitat zeigt sehr deutlich, daß die beschriebenen drei Sensibilitäten nicht etwa in Form von Intervallen zeitlich nacheinander auftauchen. Sie bestehen vielmehr gleichzeitig und wirken komplex ineinander zum Erwerb psychophysischer Funktionen. Solche Funktionen tauchen dann als „explosionsartige Phänomene" plötzlich auf. (9, 105)

Nach den heutigen Erkenntnissen hinsichtlich des Spracherwerbs gilt die früheste Lebenszeit bis zum 4. Jahr als jene Zeit, in der das Kind mit Leichtigkeit jede Sprache erlernen kann. Gerade in diesem Zusammenhang wird Montessoris schon früher zitierte Aussage erneut verständlich, daß der Erwerb von Fähigkeiten zu etwas „Ermüdendem" wird, wenn die Phase spezifischer Empfänglichkeiten vorüber ist.

In der Phase von 0–3 Jahren gilt nach Montessori die kindliche Entwicklung als nicht direkt beeinflußbar. Die unbewußte Tätigkeit der Intelligenz als Absorbieren der Umwelt rückt letztere in den Mittelpunkt des Interesses. Es ist daher notwendig, eine den kindlichen Bedürfnissen entsprechende Anregungsumwelt zur Verfügung zu stellen, zu der auch die Bezugspersonen zählen. Damit wird die Frühphase zu einer Zeit indirekter Erziehung.

(2) Phase 3–6 Jahre

Der Unterschied der beiden frühen Phasen im Kindesalter wird für Montessori erkennbar an dem Übergang „vom unbewußten Schöpfer zum bewußten Arbeiter" (9, 148).

Die Gesamtperiode wird charakterisiert als Zeit der Realisierung und Perfektionierung. (9, 161) Wenn das Kind bewußt seine Umgebung erobert, tritt es in eine Zeit wirklichen Aufbaues ein. Die in der ersten Phase global absorbierte Welt wird in dieser zweiten Phase analysiert. (9, 78; Oswald, P., 1954, 70)

In der zweiten Periode von 3–6 Jahren dominieren zwei Neigungen (Sensibilitäten):

das Bewußtsein durch Aktivität in der Umgebung zu entwickeln,

die bereits gemachten Errungenschaften (z. B. im Bereich von Bewegung, Ordnung, Sprache) im Zusammenhang mit der Sinnesentwicklung zu vervollkommnen und anzureichern.

„Diese Neigungen weisen darauf hin, daß die Periode zwischen drei und sechs Jahren eine Periode der ‚aufbauenden Vervollkommnung' ist." (9, 150)

Der Verstand beginnt nun, die Hand zu leiten. – Sozusagen am Rande wird noch eine weitere, eine dritte Neigung dieses Alters erwähnt:

Sensibilität für soziales Zusammenleben unter den Kindern

Montessori spricht von einer sozialen Embryonalphase, in der eine kindliche Gesellschaftsbildung in der Weise der Kohäsion erfolgt. Kohäsionsgesellschaft ist eine Art Gemeinschaftsbildung durch soziale Integration, die sich durch ein unbewußtes Zusammengehörigkeitsgefühl kennzeichnen läßt. (9, 210.211)

„Das gesellschaftliche Zusammenleben unter den ... beschriebenen freien Erfahrungen führt die Kinder schließlich dazu, sich als Gruppe zu fühlen und als solche zu handeln. Sie bilden eine wirkliche Gesellschaft, verbunden durch geheimnisvolle Bande, die wie ein einziger Körper handelt. Es waren Bande gemeinsamer und doch individueller Gefühle; obwohl es sich um unabhängige Individuen handelte, wurden sie von dem gleichen Impuls bewegt. Eine solche Gesellschaft scheint eher durch den absorbierenden Geist verbunden zu sein als durch das Bewußtsein." (9, 209)

Der beschriebene Gemeinschaftsgeist, der die Kohäsionsgesellschaft der Kinder beherrscht, wird mit der Auffassung des amerikanischen Pädagogen Washburne belegt. Dieser nimmt an, daß die soziale Integration der Schlüssel für die soziale Neuordnung sei und die Basis für die gesamte Erziehung bilden müsse.

„Die soziale Integration ist erreicht, wenn sich das Individuum mit der Gruppe, zu der es gehört, identifiziert. Wenn das geschieht, denkt das Individuum mehr an den Erfolg der Gruppe als an seinen persönlichen." (9, 211)

Die von Montessori beschriebene soziale Sensibilität – verstanden als die Neigung zu sozialer Integration in der Kohäsionsgesellschaft – dürfte den häufig zu hörenden Vorwurf entkräften, Montessori habe den sozialen Aspekt zu wenig berücksichtigt. Auf diese Neigung und ihre spezifische Eigenart in den drei großen Entwicklungsphasen Heranwachsender sind bereits frühere Interpreten ihrer Werke mit unterschiedlicher Intention eingegangen. (Oswald, P., 1954, 102f.; Oswald, P., 1958, 37f.; Schulz, G. 1961, 74f.; Helmig, 1971, 146f.)

Das Schicksal der beschriebenen Sensibilitäten hängt weitgehend davon ab, welche Erfahrungen in der Umwelt ihnen ermöglicht und aktiv angeboten werden. Genau zu diesem Zweck schuf Montessori ihr Entwicklungsmaterial und die jeweils angepaßte vorbereitete Umgebung.

2.1.2 Phase 7–12 Jahre

Diese Phase erweist sich insgesamt als stabil und zeichnet sich aus durch das Dominieren der moralischen Sensibilität. Diese besteht in der Aufgeschlossenheit des Kindes für Fragen nach Gut und Böse im Handeln und nach Gerechtigkeit. Dadurch wird die Entwicklung des moralischen Bewußtseins aktiviert.

„In der zweiten Periode von sechs bis zwölf Jahren beginnt das Kind sich des Guten und Bösen bewußt zu werden, nicht nur bei den eigenen Handlungen, sondern auch bei denen anderer. Das Problem von Gut und Böse ist charakteristisch für dieses Alter; es bildet sich das moralische Bewußtsein, das später zum sozialen Bewußtsein führt." (9, 173)

Während Montessori in ihrem Buch „*Das kreative Kind*" davon spricht, daß auch diese Phase in zwei Unterphasen zu gliedern sei (9, 173), nimmt sie eine solche Unterteilung in concreto selbst jedoch nicht vor. Sie behandelt diese Periode als ganze. (5, 28–90)

Die zweite Periode läßt drei Bedürfnisse im Sinne von Sensibilitäten oder Empfänglichkeiten erkennen (5, 32):

(1) das Bedürfnis des Kindes, aus seinem engen Bereich herauszukommen, seinen Aktionsbereich zu erweitern. – Interessanterweise greift Montessori im Kontext solcher Aussagen das Phänomen der sozialen Beziehungen auf.

„Wie wir schon gesehen haben, entsprach dem Kleinkind als Umgebung ein eng geschlossener Bereich; in ihm bildeten sich soziale Beziehungen. In der zweiten Periode braucht das Kind für seine sozialen Erfahrungen notwendig einen ausgedehnteren Bereich. Man kann seine Entwicklung nicht fördern, wenn man es in seiner ersten Umgebung läßt." (5, 26)

Der Übergang von der Primär- zur Sekundärsozialisation wird für die weitere Entwicklung des Kindes als notwendig erachtet und gefordert.

(2) den Übergang des kindlichen Geistes zur Abstraktion. Die Zeit von 7–12 Jahren ist eine „Art sensibler Periode der Vorstellungskraft", in der es darum geht, „den ‚Keim für die Wissenschaften' zu legen", in der Weise, daß die „Untersuchung des Details das Studium des Ganzen in Gang" setzt. (5, 51.78)

Die Vorstellungskraft als Grundlage des Geistes braucht Stütze, muß aufgebaut und organisiert werden. Zurückgreifend auf Comenius formuliert Montessori eine pädagogisch-didaktische Konsequenz:

„Das Ganze geben, indem man das Detail als Mittel gibt (apporter le tout en présentant le détail comme moyen)." (5, 49)

Durch das Studium des Details als Mittel zur Erkenntnis des Ganzen wird die sensible Periode der Vorstellungskraft gezielt gestützt und organisierend aufgebaut: den „Keim der Wissenschaften legen", das wird gleichbedeutend mit der Einsicht in elementare Strukturen (Ordnungszusammenhänge) durch das Studium des Details. Der „Keim der Wissenschaften" wird gelegt in einer Phase, in der erhöhte Empfänglichkeit dafür besteht. Dieser Keim wird im weiteren Entwicklungsprozeß differenzierter ausgegliedert. Auf diesem Wege entsteht die zunehmende Strukturierung des Wissens. Das so strukturierte Wissen wird in die Organisation der sich entwickelnden Personalität integriert und leistet damit seinen Beitrag zur „Synthese der eigenen Persönlichkeit" (13, 79).

Das Geben des Details wird zu einem pädagogisch-didaktischen Prinzip im sogenannten Grundschulalter. Durch dieses Prinzip scheint die starke Materialgebundenheit der Entwicklungsperiode von 0–6 Jahren zunehmend abgelöst zu werden. Das Studium der Realität auf dem Wege über die Meditation des Details enthält ein umfassenderes Erziehungsziel, das über das unmittelbar intendierte didaktische Ziel hinausreicht: in einem Individuum die Personalität mit Hilfe eines Teiles der Natur zu vertiefen. (5, 45)

Diesen Vorgang schildert Montessori im Zusammenhang mit der Forderung nach Selbsttätigkeit. So gewinnt das Kind durch eigene Erfahrungen und Möglichkeiten eigener Aktivitäten z.B. genaue Antworten. (5,36)

> „Die Rolle der Erziehung besteht darin, das Kind tief zu interessieren an einer äußeren Aktivität, an die es sich mit all seinen Fähigkeiten hingibt. Es handelt sich darum, ihm Freiheit und Unabhängigkeit zu geben, indem man es für eine Wirklichkeit interessiert, die es dann durch seine Aktivität entdeckt. Das ist für das Kind das Mittel, sich vom Erwachsenen zu befreien." (5,37)

Der Weg zur Vertiefung der Personalität führt über das Interesse an der Wirklichkeit, die vom Kinde selbst entdeckt werden kann. Die selbst entdeckten Antworten machen das Kind frei von den Auskünften Erwachsener. Das genaue Kennenlernen der Realität wird andererseits aber auch Fragen im Kind auslösen, mit denen es sich von sich aus an Erzieher wenden kann. Auf diese Weise entstehen echte, durch die Realität ausgelöste Gespräche, die methodische Künstlichkeiten erübrigen.

(3) die Entstehung des moralischen Bewußtseins, das eng mit der Entwicklung des sozialen Bewußtseins verknüpft ist. Im Mittelpunkt steht eine innere Sensibilität: das Gewissen. (5,29.30)

Montessori beginnt mit der Feststellung, daß sich von sieben Jahren an der Anfang einer Orientierung an moralischen Fragen abzeichnet. Sie äußert sich in der Beurteilung eigener und fremder Handlungen. Für solche Beurteilungen braucht das Kind Kriterien, Gesichtspunkte, unter denen die Qualität von Handlungen betrachtet wird. Es interessiert sich für die Inhalte dessen, was oft global mit gut oder bös umschrieben wird. (vgl. II. 1.2.5) Die Sittlichkeit des Handelns wird gemessen und beurteilt durch das Gewissen.

> „In diesem Alter bildet sich ebenso der Begriff der Gerechtigkeit gleichzeitig mit dem Verständnis für die Beziehungen zwischen den Handlungen und Bedürfnissen der anderen." (5,30)

Dieses Zitat zeigt, wie die Entwicklung des moralischen Bewußtseins charakterisiert ist durch das soziale Phänomen der Gerechtigkeit. Letzteres ermöglicht eine neue Art kindlicher Gesellschaftsbildung:

> „Wenn das Kind mit dem sechsten Lebensjahr in eine neue Phase der Entwicklung tritt, die den Übergang vom sozialen Embryo zum sozialen Neugeborenen bezeichnet, beginnt plötzlich deutlich eine andere spontane Lebensform: eine bewußt organisierte Vereinigung. Nun suchen die Kinder die Prinzipien und Gesetze kennenzulernen, die die Erwachsenen festgelegt haben. Sie suchen nach einem Anführer, der die Gemeinschaft führt. Der Gehorsam gegenüber dem Anführer und den Regeln bildet offensichtlich das Bindegewebe dieser Gesellschaft." (9,211.212)

Eine derartig organisierte Kindergesellschaft wird am Beispiel der Pfadfinder demonstriert. Es handelt sich um eine Vereinigung von Kindern. Kinder bitten selbst um Zulassung zu dieser Gemeinschaft. Diese Gemeinschaft hat sich vor allem ein moralisches Ziel gesetzt: Schwache beschützen und sich selbst auf einem moralischen Niveau zu halten. Die Mitglieder der Gemeinschaft verpflichten sich selbst einem Führer und den Prinzipien der Gruppe. Das Gemeinschaftserlebnis, die freiwillige Annahme von Grundsätzen der Gemeinschaft sind das Entscheidende. (5, 34)

Nach der Auffassung Montessoris wird das Gewissen wachgerufen durch die konkrete Einführung in die moralischen Beziehungen. Im Vergleich zu den Sensibilitäten der ersten Periode heißt es:

„Wenn es bis jetzt von großer Wichtigkeit war, beim Gehen niemand anzustoßen, so ist es nun wichtiger, niemand zu beleidigen." (5, 33)

Die moralische Sensibilität ist in ihrer Entwicklung also rückgebunden an die soziale. Das wird deutlich in der Aussage, daß zur moralischen Grundlage eine Bindung des einzelnen gehört:

„Die Bindung des Einzelnen an die Gemeinschaft... Es gibt also in dieser zweiten Periode auch höhere Möglichkeiten als die, die wir beim Kinde kannten; nur sind diese Möglichkeiten nicht dem Befehl eines anderen untergeordnet, sondern dem Befehl des eigenen Gewissens." (3, 34)

Damit wird eine inhaltliche Aussage über den Sachverhalt der Selbstbestimmung gemacht. Dem Befehl des eigenen Gewissens folgen können, ist identisch mit der Aussage, sich selbst, ‚einem inneren Führer' zu gehorchen. Wie schon früher ausführlich dargelegt, besteht darin jene verantwortliche Freiheit, die in der Formulierung ‚Meister seiner selbst sein' umschrieben wird.

Im Zusammenhang der Thematik ist zum Schluß noch auf die entscheidende Bedeutung hinzuweisen, die die Konkretisierung des moralischen Bewußtseins im Verein mit dem sozialen hat. Die Moral hat eine praktische Seite. Sie regelt soziale Beziehungen. Und sie hat eine geistige Seite. Sie leitet das erwachende Gewissen des Individuums. Entscheidend ist deshalb das Praktizieren sozialer Beziehungen. Nicht durch Rede, sondern durch soziales Handeln wird das Gewissen wachgerufen. Es ist also in seiner Entwicklung an soziale Praxis rückgebunden. (5, 39)

Als wesentlicher Erziehungsgrundsatz gilt das Herstellen von Beziehungen sowohl unter den Dingen als auch unter den Menschen, und zwar auf dem Wege über die Meditation des Details. Erst das bedeutet Erkenntnisse vermitteln, hier sowohl im Sinne von Sacheinsicht als auch von Sozialeinsicht. (5, 90)

Es verbinden sich in den behandelten drei Sensibilitäten miteinander: zunehmende abstrakte Durchdringung der Wirklichkeit im Detail und das Herstellen von Beziehungen sachlicher und sozialer Art mit dem konkreten verpflichtenden Handeln gemäß den gewonnenen Einsichten. Einfacher gesagt: Selbstverantwortliches, und das heißt sittliches Handeln wird zu einem pädagogischen Zentrum des Lernens in dieser Zeit.

2.1.3 Phase 12–18 Jahre

Gerade die letzten Interpretationen dürften deutlich gemacht haben, daß die jeweilige Entwicklungsperiode mit ihren spezifischen Sensibilitäten das Fundament für die folgende ist. Die Entwicklung des moralischen Bewußtseins im Verein mit dem sozialen ist die Voraussetzung für die optimale Aktivierung und Förderung der sozialen Sensibilität dieser neuen Periode.

Auch von dieser dritten Periode sagt Montessori, daß sie in zwei Phasen unterteilbar sei, die eine von 12–15 Jahren und die andere von 15–18 Jahren. (9, 17.173) In ihren Ausführungen behandelt sie jedoch auch diese Phase als ganze. Lediglich ein Hinweis, aus dem Schlüsse gezogen werden könnten, liegt in der Äußerung, daß diese dritte Phase der ersten ähnele. (9, 17)

Im Gegensatz zur zweiten Periode, die sich als stabil erwies, ist die dritte Periode durch Labilität gekennzeichnet. Insgesamt ist diese Zeit charakterisierbar durch soziale Sensibilität, verbunden mit der Entwicklung bewußter Unabhängigkeit und Selbständigkeit innerhalb des sozialen Beziehungsnetzes. Der Heranwachsende tritt auch in soziale Distanz und bemüht sich um ein neues Verhältnis zu sich selbst.

> „Die Reifezeit ist durch einen Zustand der Erwartung gekennzeichnet, durch die Bevorzugung von schöpferischen Arbeiten und durch das Bedürfnis, das Selbstvertrauen zu stärken.“ (5, 97)

Ausdrücklich werden zwei neue Bedürfnisse (Sensibilitäten) für das Jugendalter genannt:

(1) Der physiologisch bedingten Labilität dieser Phase entspringt das Bedürfnis (die Empfänglichkeit) Jugendlicher, in dieser kritischen Periode Schutz und Geborgenheit zu finden,

(2) gleichzeitig aber in den Stand versetzt zu werden, die Rolle des Menschen zu begreifen, die er in der Gesellschaft spielen wird. (5, 93)

Beide einander anscheinend zuwiderlaufende Tendenzen müssen in der Gestaltung des Erziehungsraumes berücksichtigt werden.

In dem zuvor genannten Zitat spricht Montessori aber noch von einem weiteren, also einem dritten Bedürfnis des Jugendlichen,

(3) das Selbstvertrauen zu stärken. P. Oswald spricht von der „Sensibilität für Selbstwert und Menschenwürde“ (Oswald, P., 1958, 88). Dieses Bedürfnis ist an Doppelvoraussetzungen gebunden. Es entspringt einerseits dem Hang junger Menschen zu schöpferischer Selbstgestaltung. Diese erst ermöglicht die Entwicklung zu einem sozialen Wesen, das in der Lage ist, seinen eigenen Platz in der Gesellschaft zu finden und verantwortlich einzunehmen.

Das Bedürfnis nach Stärkung des Selbstvertrauens ist andererseits angewiesen auf soziale Anerkennung. Durch sie können sich „die Gefühle für Gerechtigkeit und persönliche Würde entwickeln“ (5, 97.98). Die Gewährung von sozialer Anerkennung ist die Kehrseite der Achtung, die dem Jugendlichen entgegenzubringen ist, um sein Selbstvertrauen, sein Selbstwertgefühl zu stärken. Dieses steht auf Grund der psychologisch bedingten Labilität ohnehin häufig auf „schwachen Füßen“.

In diesem Zusammenhang ist die als erste genannte Sensibilität für Schutz und Geborgenheit von Bedeutung. Sie besteht im wesentlichen darin, „die Entfaltung der Personalität zu beschützen und zu begünstigen, jene menschliche Energie, von der die Zukunft abhängt“ (5, 95).

Im letzten Zitat wird eine Aussage über den Zusammenhang von der Entfaltung der Personalität des Individuums im Hinblick auf die gesellschaftliche Zukunft gemacht. Die Gewährung sozialer Anerkennung im Sinne der Achtung verleiht jenes Gefühl der Unabhängigkeit, das „aus der Geschicklichkeit, sich selbst zu genügen“ (5, 99), hervorgeht.

> „Der Erfolg hängt vom Selbstvertrauen ab, von der Kenntnis seiner eigenen Fähigkeiten und deren vielerlei Anwendungsmöglichkeiten.“ (5, 99)

Das Individuum wird durch die beschriebenen komplementären (sich bedingenden und ergänzenden) Prozesse zu einem „sozialen Neugeborenen“ (5, 98), was Montessori allerdings auch im Hinblick auf die zweite Periode von 7–12 Jahren sagt.

Aus der Gegenwartsproblematik heraus (den 30er Jahren, in denen das Buch *Von der Kindheit zur Jugend* entstand) fordert Montessori eine dynamischere Charaktererziehung und ein klareres Bewußtsein der sozialen Realität. Der letzten Forderung stehen besondere Schwierigkeiten entgegen, die sich aus der gegenwärtigen Struktur der Gesellschaft ergeben. (5, 95.99) Aber auch die Forderung nach einer dynamischeren Charaktererziehung, wie sie in (II. 1.3.1) bereits beschrieben wurde, ist eine Konsequenz, die sich aus den veränderten sozio-ökonomischen Verhältnissen notwendigerweise ergibt. Für den Jugendlichen ist deshalb eine erzieherische Hilfe von offenhaltendem Charakter erforderlich. Er muß sich die Fähigkeit zu „Neuanpassungen“ in dem schon früher beschriebenen Sinne erhalten. Dazu bedarf der Mensch „außer seines Mutes eines starken Charakters und eines schnellen Verstandes“ (5, 94). Außerdem muß er gleichzeitig seine moralischen Übungen verstärken und weiter über praktische Fähigkeiten verfügen, um den Schwierigkeiten des Lebens begegnen zu können.

Hier ist die Nahtstelle, an der sich das Bedürfnis nach einer dynamischeren Charaktererziehung und nach einem klareren Bewußtsein der sozialen Realität berühren.

Bei gleichzeitiger Berücksichtigung der Schwierigkeiten, die der jugendlichen Entwicklung aus der gegenwärtigen Gesellschaftsstruktur erwachsen, entwirft Montessori den real-utopischen Plan einer „Erfahrungsschule des sozialen Lebens“. Auf diesen Erziehungsplan, als einem institutionellen Prinzip zur Förderung der Sensibilitäten des Jugendalters, wird in Kap. V. 2.2.3 näher eingegangen werden.

Als didaktisches Prinzip zeichnet sich auch im Kontext der interpretierten Aussagen wiederum die Meditation über das Detail ab: Von der „Erfahrungsschule des sozialen Lebens“ wird die Begünstigung und Förderung von Nachdenken und Meditation über die erfahrene soziale Realität erwartet: die konkrete soziale Erfahrung soll soziale Einsicht ermöglichen und durch Studium vertiefen und weiterführen.

2.2 Pädagogisch-didaktische Bedeutung der sensiblen Phasen

Es wurde bereits darauf hingewiesen, daß Montessori ihre Entwicklungsmaterialien bzw. die sie als Prinzipien ablösenden Grundsätze für die institutionelle und organisatorische Gestaltung der Erziehungswirklichkeit in Abstimmung auf die Sensibilitäten der jeweiligen Phasen entwickelt hat. Das entspricht ihrer bereits erwähnten Aussage, daß die Möglichkeiten von Erziehung und Unterweisung an die Befolgung des Prinzips – „die sensiblen Phasen beachten“ (3, 36) – gebunden sind.

An einem Beispiel wird aufgezeigt, daß jede phasenspezifisch didaktische Erziehungsbemühung indirekt auf ein umfassenderes Ziel ausgerichtet ist:

> „Die Lehrerin darf niemals vergessen, daß das angestrebte Ziel nicht das augenblickliche Ziel ist – der Ausflug –, sondern daß das eigentliche Ziel darin besteht, das geistige Wesen, das sie erzieht, fähig zu machen, seinen Weg ganz allein zu finden.“ (5, 38)

Diese Aussage ist von buchstäblicher Transparenz. Das Beispiel macht den Bildungsgehalt didaktischer Inhalte durchsichtig und stützt die Forderung, daß sich das praktische und soziale Leben des Kindes tief mit seiner Bildung verbinden müsse. (5, 38)

An dieser Stelle läßt sich der kritische Einwand von E. Neuhaus entkräften, daß Montessori nicht nach dem Bildungswert und der Bildungsbedeutung der Inhalte frage. (Neuhaus, E., 1967, 102)

Das Ziel, auf das alle didaktischen Bemühungen gerichtet sind, besteht in der Intention, dem Kinde zu helfen, sich durch Selbständigkeit zur freien Persönlichkeit zu entwickeln. In Anlehnung an das zitierte Beispiel läßt sich dieses Ziel auch wie folgt formulieren: das Kind als geistiges Wesen fähig machen, seinen Weg ganz allein zu finden.

Das genannte Ziel soll unter Berücksichtigung oder in Anlehnung an die jeweiligen Empfänglichkeitsperioden durch viele kleine didaktische Teilziele erreicht werden.

> „Wir wollen den Selbstaufbau des Menschen in der dazu geeigneten Periode unterstützen.“ (9, 193)

Die aktive Entwicklungshilfe im Verlaufe der sensiblen Phasen zielt also ab auf die Ermöglichung der Freiheit, die vom Erzieher nicht machbar ist, für deren Entwicklung nur unterstützende Hilfe durch Erziehung gewährt werden kann.

„Die Freiheit ist hingegen eine Folge der Entwicklung; sie ist die Entwicklung einer verborgenen Führung, die durch die Erziehung unterstützt wird. Die Entwicklung ist aktiv, sie ist Aufbau der Personalität, der durch die Mühe und die eigene Erfahrung erreicht wird. Sie ist die große Arbeit, die jedes Kind vollbringen muß, um sich selbst zu entwikkeln.“ (9, 184)

Diese Arbeit vollzieht sich konkret durch die Förderung von phasenspezifischen Sensibilitäten, das heißt durch die Begegnung des Kindes mit den ihm angebotenen didaktischen Inhalten. Der Vorgang der später zu behandelnden Polarisation der Aufmerksamkeit ist ein genuiner und komplexer Bildungsprozeß. Sein Zustandekommen und seine optimalen Wirkungen sind an das exakte Zusammentreffen von Sensibilitäten und einer ihnen entsprechenden Anregungsumwelt gebunden. Auf dem Wege über phasenspezifisch und exemplarisch behandelte Themen wie Wasser, Kohlenstoff in der Natur, Versuche aus dem Bereich der Chemie soll über das unmittelbare didaktische Ziel die Vertiefung der Personalität mit Hilfe eines Teiles der Natur erreicht werden. (5, 45)

Zwei Einsichten sind von Bedeutung:

(1) die von Montessori herausgearbeitete didaktische Organisationsabfolge der Strukturierung des Wissens und der Einsichten bis hinein in die fundierende Motorik. Diese ist im Hinblick auf optimale Förderung und Lernzuwachs an die Beachtung besonderer Empfänglichkeiten im Entwicklungsablauf rückgebunden. Die Inhalte konkreter Förderung werden im nächsten Kapitel behandelt.

(2) die an phasenspezifische Empfänglichkeiten rückgekoppelte Organisation der Persönlichkeit zur Erlangung der Einheit oder Synthese der eigenen Personalität (13, 79.80).

Die Synthese beider vorgenannten Strukturierungsprozesse bewirkt, daß sich in einem gegenseitigen Bezug Gedanken und Handlung vereinigen und somit zur Grundlage sittlichen Handelns werden. Auf diese Weise wird durch die sukzessive Förderung der Sensibilitäten die Personalität in Richtung auf Persönlichkeitszuwachs gefördert.

Es scheint Montessoris Verdienst zu sein, auf Grund sehr gezielter und gründlicher Beobachtungen die elementaren Sensibilitäten entdeckt zu haben, die fundamentale Bedeutung für die Selbst-Konstruktion des Menschen als Bildungsgeschehen haben.

3. Gegenwartsbedeutung der Theorie der sensiblen Phasen

Die fundamentalsten Aussagen über die Theorie der sensiblen Phasen macht Montessori in ihren Spätwerken *Das kreative Kind* und *Kinder sind anders.* So betrachtet, dürften ihre Auffassungen noch eine gewisse Nähe zum Gegenwartsverständnis der Theorie der sensiblen Phasen haben.

H. Roth bringt in seiner „Pädagogischen Anthropologie" die Theorie der sensiblen Phasen ein. Er fragt unter dem Aspekt einer Entwicklungspädagogik nach der Bedeutung von „Phasen, in denen die Beeinflußbarkeit durch die Umwelt eine besondere Effektivität" für Lernen und Persönlichkeitszuwachs gewinnt. (Roth, H., 1971, 27)

Im Hintergrund steht das in den 60er Jahren diskutierte Verhältnis von sogenannter Anlage und Umwelt. (vgl. Roth, H. [Hg.] 1969) Eine Übernahme dieser Diskussionsergebnisse erfolgt durch den Deutschen Bildungsrat im *Strukturplan.* (Deutscher Bildungsrat 1970, 41.42) In der Formulierung des Prinzips der „Passung" steckt der Gedanke, daß die Vielfalt der individuellen Veranlagung auf die indirekte oder direkte Anregung angewiesen ist. Dabei ist nicht das „genetische Potential, sondern allein die Anregungsumwelt einer Gestaltung und Anreicherung zugänglich" (Deutscher Bildungsrat 1970, 42). Die Passung meint die angemessene Entsprechung von Entwicklungsstand – erkennbar an Sensibilitäten – und gezielter Herausforderung.

Roth spricht vom „Reifeangebot der Natur" oder von „Entwicklungsspezifischen Reifeangebote(n) beim Menschen" (Roth, H., 1968, 171), die für Herausforderungen durch Erziehung offen sind. Der Sache nach wird hier die gleiche Auffassung vertreten, wie sie sich auch bei Montessori findet. Dennoch wird eine gewisse, nicht unerhebliche Begriffsdifferenzierung erkennbar.

3.1 Begriffsunterschiede

Während H. Aebli die kritischen Perioden mit sensiblen Perioden inhaltlich gleichsetzt (Aebli, H., 1969, 178.179), lassen sich bei Roth Unterschiede im Begriffsverständnis von den Inhalten her feststellen.

Durch Sekundäranalysen, d. h. durch Befragung der Ergebnisse aus der Tierverhaltensforschung und „Kaspar-Hauser-Versuche(n)", stellt er zwei unterschiedliche Arten von sensiblen Phasen fest:

(1) Sensible Phasen, die durch das Phänomen der *Prägung* bestimmbar sind. Tierversuche ergaben, daß z. B. bei Hühnern und Gänsen für den Erfahrungserwerb – Picken oder sozialen Bezug – eine eng begrenzte „sensible Phase" besteht, in der eine lebenslängliche Fixiertheit auf den Inhalt der erworbenen Erfahrung entsteht. (Roth, H. 1968, 164) Diese Fixiertheit durch eine eng begrenzte sensible Phase und an die in ihr erworbenen Erfahrungen wird als

Prägung im Sinne von K. Lorenz bezeichnet, der z. B. Graugänse auf sich, auf andere Menschen, auf Sofakissen geprägt hat. (Roth, H. 1968, 164.170.171. 175)

Das Phänomen der Prägung ist jedoch keine echte Erfahrungsverarbeitung, sondern eher als ein traumatisches Geschehen aufzufassen, das eine Erfahrung ein für allemal festlegt und absolut setzt. (Roth, H. 1968, 175) Dennoch bleibt die Erkenntnis, daß es auch in der Entwicklung im Tierreich sensible Phasen gibt, die in begrenztem Umfang sogenannte Lernprozesse zulassen; diese führen jedoch zu Phänomenen der Prägung, d. h. zur Fixierung an die inhaltlichen Erwerbungen in einer ganz bestimmten Phase.

(2) Roth unterscheidet sogenannte sensible Phasen, die im Grunde Prägungsvorgänge (inhaltliche Fixierungen an bestimmte Entwicklungsabschnitte) sind, von jener Art sensibler Phasen, wie sie nur beim Menschen auftritt. Diese Art sensibler Phase ist charakterisierbar durch echte Erfahrungsverarbeitung sowie durch die Möglichkeit einer gezielten Beeinflussung von Entwicklungsgesetzlichkeiten durch Erziehung. (Roth, H., 1968, 193.194) Die letzte Auffassung deckt sich mit der von Montessori vertretenen, wie die folgenden Ausführungen zeigen werden.

Im Hinblick auf entwicklungsspezifische Reifeangebote beim Menschen gibt es – so Roth – „phasenspezifische Empfänglichkeitsperioden, fruchtbare Zeitpunkte für den Erfolg von Lernprozessen, die unterrichtlich und erzieherisch genützt werden sollten, aber wir kennen nur wenige davon genau“ (Roth, H., 1968, 195).

Für Definition und Verständnis erscheint die Aussage bedeutsam, daß es „Reifeprozesse mit besonderen sensiblen Phasen für Erfahrungserwerb“ gibt. (Roth, H. 1968, 171) Sie werden als Angebote der Natur für die Perfektionierung von Fähigkeiten bezeichnet, die erzieherisch zugänglich sind i. S. von Verarbeitung gemachter Erfahrungen.

Während im Tierreich auch innerhalb sensibler Phasen nicht voraussetzungslos gelernt wird (Roth, H. 1968, 115), ist das menschliche Lernen grundsätzlich offener, für den optimalen Erfolg jedoch auch an sensible Phasen für den Erfahrungserwerb rückgebunden.

(3) Die Auffassung optimalen Lernens durch sensible Phasen, das jedoch noch in Grenzen korrigierbar ist, drückt sich in der Verwendung des Begriffs kritische Phasen aus. (Roth, H. 1971, 27)

Mit dem speziellen Begriff „kritische Phasen“ arbeiten psycho-analytisch orientierte Theorien. Die Psychoanalyse versteht darunter typische Gefahrensituationen im Hinblick auf die Triebentwicklung des Menschen. (Erikson, E. H., 1973, 142)

So ist eine kritische Phase nach Erikson „eine normale Phase vermehrter Konflikte“ (Erikson, E. H., 1973, 144). Bei dieser Definition legt er Piagets Auffassung von entwicklungshaften Konflikten zugrunde. Er will solchen entwicklungshaften Konflikten durch die Bezeichnung Krise jedoch eine normativere und entwicklungsmäßige Bedeutung verleihen. (Erikson, E. H., 1971, 122)

Krise meint z. B. in der Medizin einen Wendepunkt zum Besseren oder Schlechteren, charakterisiert eine entscheidende Wende nach der einen oder anderen Seite. Die Wende im Sinne der Krise ist unausweichlich. „Derartige Krisen treten in der Gesamtentwicklung des Menschen manchmal sozusagen lärmender ein, wenn neue Triebbedürfnisse auf plötzliche Verbote stoßen, manchmal leiser, wenn neue Fähigkeiten sich danach sehnen, neuen Möglichkeiten gerecht zu werden, und wenn neue Bestrebungen deutlich werden lassen, wie beschränkt man noch ist." (Erikson, E. H., 1971, 122)

Sensibilitäten äußern sich im Rahmen dieser Auffassung in entwicklungshaften Konflikten, die somit zugänglich sind für das Finden und Erlernen verschiedener Wende- und Lösungsmöglichkeiten. Offenheit des Lernens und Korrigierbarkeit in Grenzen werden mit ausgesagt.

Von den inhaltlichen Aussagen her scheint es angebracht, Phasen der Prägung von offeneren sensiblen Phasen sowie kritische Phasen begrifflich auseinanderzuhalten. – (Vgl. Suffenplan, W. 1975; Lassahn, R., 1980.)

3.2 Umfang bekannter Sensibilitäten

Wie schon zitiert, spricht H. Roth zwar von „phasenspezifischen Empfänglichkeitsperioden". Er stellt jedoch gleichzeitig fest, daß wir nur wenige genau kennen.

Aebli meint, daß „auch der Mensch einige ‚kritische Phasen' der erhöhten Sensibilität für bestimmte Lernangebote" durchläuft (Aebli, H., 1969, 189). Nach seiner Meinung betreffen diese aber relativ elementare Aspekte des Verhaltens bzw. sehr elementare Leistungen, wie z. B. Wahrnehmung und Sprache.

In dieser Aussage scheint ein Interpretationsschlüssel zu liegen. Die zwar auch relativ geringe Zahl der von Montessori beobachteten und beschriebenen Sensibilitäten dürften durch ihre elementare und fundamentale Bedeutung für die schon beschriebene Wissens- und Persönlichkeitsorganisierung (oder -strukturierung) sehr weittragende Konsequenzen für die Erziehung haben.

3.3 Entwicklungspädagogische Bedeutung

Bei aller Reserve gegenüber dem feststellbaren Umfang spezifischer Sensibilitäten im menschlichen Entwicklungsverlauf stellen H. Roth und H. Aebli einmütig pädagogische Konsequenzen fest.

„Solche Prozesse kommen nur auf ihre volle Leistungshöhe, wenn mit dem Reifeangebot der Natur Lernprozesse einsetzen, d. h. Übung und Praxis möglich ist." (Roth, H., 1968, 171)

H. Aebli äußert sich in ähnlicher Weise, wenn er von den charakteristischen

Zügen der sensiblen Perioden spricht: „Verglichen mit den vorangehenden und den nachfolgenden, sind die Organismen in dieser Zeit einfach in erhöhtem Maße bereit, auf Stimulation und Übung hin zu lernen. Die pädagogische Schlußfolgerung liegt nahe: In diesen Perioden muß der Organismus die Anregungen und die Übungsgelegenheiten erhalten, deren er bedarf." (Aebli, H., 1969, 179)

H.-R. Lückert spricht von einer „erhöhten Lernbereitschaft" (Lückert, H.-R., 1969, 19). Diese liegt auch für ihn in der Tatsache begründet, daß das Kind verschiedene Stadien der Sensitivität durchschreitet. In Verbindung zu zentralen Erkenntnissen Montessoris ergibt sich eine pädagogisch-didaktische Folgerung: „Die Lernsituationen sind so zu organisieren, daß das Kind zu erfolgreichem Handeln kommt." (Lückert, H.-R., 1969, 21)

Entwicklungspädagogische Konsequenzen im Hinblick auf Phasen erhöhter Lernbereitschaften (im Sinne besonderer Empfänglichkeiten) werden auch in dem zwischen 1965 und 1969 entstandenen *Strukturplan* genannt: Die Bereitstellung von entwicklungsfördernden Anregungen muß nach Art und Weise so geschehen, daß sie die „individuell verschiedene Ansprechbarkeit und Sensibilität des Kindes" trifft (Deutscher Bildungsrat, 1970, 42).

Die zitierten Aussagen decken sich genau mit Montessoris Intentionen: den sich äußernden Sensibilitäten im Sinne schöpferischer Energien Erfahrungen in der Umwelt zu ermöglichen und ihnen eine entsprechende Anregungsumwelt für die speziellen Bedürfnisse bereitzustellen.

Dazu zählen sowohl das komplexe Ganze – das auf die vorbereitete Umgebung und den neuen Erzieher verteilte Erziehungswerk – als auch die speziellen Entwicklungsmaterialien. Der eigentliche Lern- oder Persönlichkeitszuwachs stellt sich durch das zentrale Geschehen der Polarisation der Aufmerksamkeit als deren Bildungswirkung ein.

4. Zusammenfassung

4.1 Grundlegendes Prinzip: Beachtung der sensiblen Phasen

4.1.1 Begründung: Entdeckung von sensiblen Phasen im Bereich der Biologie (de Vries)

4.1.2 Definition: Empfänglichkeitsperioden, die in der Kindheit der Lebewesen auftreten, von vorübergehender Dauer sind und den Erwerb bestimmter Fähigkeiten ermöglichen

4.1.3 Übernahme der biologischen Entdeckung: Beobachtung des Menschenkindes läßt ebenfalls Sensibilitäten erkennen

4.1.4 Pädagogische Folgerung: Empfänglichkeiten (Sensibilitäten) durch erzieherische Hilfen herausfordern und optimal fördern

Sensible Phasen ⟶ Zeit und Gesamtcharakteristik:	*Inhalte (Sensibilitäten)* ⟶	*Pädagogische Bedeutsamkeit* Folgerungen für Erziehung
1. Phase 0–6 Jahre formativ, schöpferisch-konstruktiv, labil, Bildung der Basis d. Persönlichkeit u. Intelligenz		*nur indirekt erzieherisch beeinflußbar* – *wichtig:* schaffen und bereitstellen einer angepaßten Umgebung einschließlich des Erziehers – wird absorbiert durch die Tätigkeit kindlichen Geistes
1.1 Unterphase 0–3 Jahre Tätigkeit der unbewußten Intelligenz = absorbierender Geist. Entwicklung schöpferischer Energien durch Erfahrung in der Umwelt	(1) *Bewegung* (Hand, Gleichgewicht, Laufen) (2) *Ordnung* – Orientierungsfunktion: ● *äußere:* Anreiz zum Handeln ● *innere:* Erkennen v. Beziehungen (3) *Sprache* – Zusammenhang mit Gehör und Bewegung	
1.2 Unterphase 3–6 Jahre Analyse der absorbierten Umwelteindrücke, Entwicklung vom unbewußten Schöpfer zum bewußten Arbeiter, Realisierung + Perfektionierung	(1) Entwicklung des Bewußtseins durch Aktivitäten in der Umgebung (2) Vervollkommnung u. Anreicherung gemachter Errungenschaften (3) soziale Integration d. Kohäsion	*Förderung und Unterstützung gezielt möglich durch* ● Entwicklungsmaterialien u. ● Gemeinschaft des Kinderhauses *Prinzip:* „Erfahrungen in der Umwelt“ ermöglichen f. d. selbsttätige Entfaltung schöpferischer Energien (Sensibilitäten)
2. Phase 7–12 Jahre stabil, Dominanz moralischer Sensibilität in Zusammenhang mit sozialer; Beurteilung eigener u. fremder Handlungen nach Gut u. Böse, Probleme der Gerechtigkeit, Konkretheit moralisch-sozialen Handelns	(1) Bedürfnis nach Erweiterung des Aktionsbereiches – auch sozial neue Beziehungen (2) Übergang d. kindl. Geistes z. Abstraktion, Sensibilität f. Vorstellungen – („Keim der Wissenschaft“) (3) Entstehung moral. Bewußtseins in Verbindung mit dem sozialen; innere Sensibilität: Gewissen – Gerechtigkeit; Organisation kindl. Gesellschaft: freiwillig, Gefolgschaft, Gehorsam (Regeln), dem Befehl des eigenen Gewissens sich unterstellen – sich selbst, einem „inneren Führer“ gehorchen	● *Prinzip für Förderung der Sacheinsicht* Meditation am Detail: das Ganze geben, indem man das Detail als Mittel gibt = Weg zur Wissens- u. Gewissensstrukturierung ● *Prinzip der Förderung von Moral- und Sozialeinsicht durch Handeln:* Konkretisierung des moralischen Bewußtseins im Zusammenhang mit dem sozialen. Beispiel: Pfadfinder

3. Phase 12–18 Jahre labil, Dominanz sozialer Sensibilitäten, verbunden mit Bedürfnis, Selbständigkeit im sozialen Beziehungsnetz zu entwickeln, gekennzeichnet durch Zustand der Erwartung u. Bevorzugung schöpferischer Arbeiten	(1) physiologisch bedingter Labilität entspringt Bedürfnis n. Schutz u. Geborgenheit (2) sozial dominiert Intention, Rolle des Menschen in der Gesellschaft zu begreifen u. ergreifen (3) Stärkung des Selbstvertrauens zur Förderung der Sensibilität für Selbstwert u. personale Würde	● *Prinzip:* Studieren und Erkennen durch Handeln, Nachdenken, Meditation Konkretisierung: Bereitstellen der Möglichkeit einer Meditation an einem institutionalisierten Detail: Utopie: Entwurf eines Erziehungsplanes für eine „*Erfahrungsschule des sozialen Lebens*"; Erfahrung als Grundlage für Reflexion und Einsicht und folgend: für verantwortliches soziales Handeln ● Gewährung sozialer Anerkennung im Sinne der Achtung durch Erzieher

Zwei Grunderfordernisse der Gegenwart:

1. Bedürfnis nach einer dynamischeren Charaktererziehung
2. Entwicklung eines klareren Bewußtseins von der sozialen Realität

} = Forderung erzieherischer Hilfen von „offenhalten dem Charakter"

4.2 Fazit: Entwicklung als Wechselwirkungsmodell (contra Reifungstheorie)

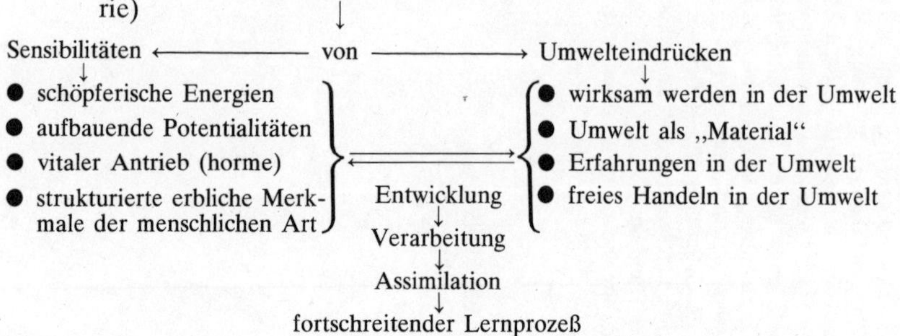

4.3 Sensible Phasen – Inhalte – pädagogische Bedeutung: siehe Schema

4.4 Gegenwartsbedeutung sensibler Phasen für Entwicklungsförderung

4.4.1 Es gibt Reifeangebote der Natur – offen für gezielte Förderung

4.4.2 Notwendigkeit der Beachtung inhaltlicher Begriffsunterschiede:

4.4.2.1 Prägung = Fixierung an Erfahrungsinhalte begrenzter sensibler Phasen

4.4.2.2 Sensible Phasen = Empfänglichkeitsperioden in der Kindheit des Menschen – offen für Förderung und Erfahrungsverarbeitung (= echtes Lernen gegenüber Fixierung)

4.4.2.3 Kritische Phasen = Krisen im Sinne entwicklungshafter Konflikte mit unausweichlichen alternativen Wendungsmöglichkeiten – offen für Entscheidung, Finden und Erlernen von Lösungen

4.5 Begrenzter Umfang bekannter Sensibilitäten = nur elementare Sensibilitäten, die jedoch fundamentale Bedeutung für die Organisation (Strukturierung) des Wissens und der Persönlichkeit haben

5. Literaturverzeichnis

Aebli, H.: Die geistige Entwicklung als Funktion von Anlage, Reifung, Umwelt- und Erziehungsbedingungen. In: Roth, H. (Hg.): Begabung und Lernen. Stuttgart ^{4}1969.

Böhm, W.: Maria Montessori. Bad Heilbrunn 1969, 1971

Deutscher Bildungsrat: Strukturplan für das Bildungswesen. Stuttgart ^{1}1970

Erikson, E. H.: Einsicht und Verantwortung. Fischer 1971 Bd. 6089

Erikson, E. H.: Identität und Lebenszyklus. Frankfurt 1973 stw 16

Helming, H.: Montessori-Pädagogik. Freiburg ^{13}1989 (^{1}1958)

Lassahn, R.: Montessori-Pädagogik, ... In: Päd. Rundschau 6 (1978), 480–491

Lückert, H.-R.: Das Abenteuer des Lernens. In: Spielen und Lernen. 4 (1969) 19–21

Neuhaus, E.: Zur Gegenwartsbedeutung der Montessori-Pädagogik. In: Die deutsche Schule. 2 (1967) 49–88

Oswald, P.: Die Psyche des Kindes und ihre Entwicklungsfaktoren. Bonn 1954

Oswald, P.: Das Kind im Werke Maria Montessoris. Mülheim/Ruhr 1958

Roth, H.: Pädagogische Anthropologie. 2 Bde. Hannover 1968/1971

Schulz, G.: Der Streit um Montessori. Freiburg 1961

Suffenplan, W.: Untersuchung zur Makroperiodik von Lernaktivitäten ... Diss. Köln 1975.

Tielkes, M.: Die Sensibilitäten des Jugendalters. In: Holtstiege, H.: Maria Montessoris Neue Pädagogik: Prinzip Freiheit – Freie Arbeit. Freiburg 1987, S. 115–128

IV. Entwicklungsmaterialien Förderungsprogramm nach sensitiven Perioden

Die Möglichkeiten und Wirkungen der Erziehung und Unterweisung hängen ab von der Befolgung zweier Prinzipien: „die Schwierigkeiten analysieren, die sensiblen Perioden beachten" (3,36).

Bei der Beachtung der sensitiven Perioden entsteht eine Gliederung des Organisationsprozesses der kindlichen Persönlichkeit in ihre zeitlich aufeinanderfolgenden Perioden (vgl. Montessori, M., 1982, 85f.).

Für Montessori ergibt sich eine die Erziehung fördernde Notwendigkeit: das Kind intensiv in der Gegenwart leben zu lassen, da diese die einzige Zeit im Leben ist, die konkret für die Erziehung nutzbar gemacht werden kann. Sie fragt, ob die eigentlich pädagogischen Probleme darin bestehen, zu erkennen, „was das Kind in den verschiedenen Zeitpunkten seiner Entwicklung lernen muß, um ein Programm nach sensitiven Perioden zusammenzustellen." (7,29)

Das aufgestellte Prinzip der Beachtung der sensiblen Perioden für die optimale Entwicklungsförderung durch Erziehung wird mit folgendem Argument begründet:

> „Die sensitiven Perioden sind der psychologische Führer der neuen Erziehung, weil sie das Alter angeben, das für die Arbeit geeignet ist, die recht eigentlich *die* Übung bedeutet, durch deren Ausübung die Lebensenergie nicht ermüdet, sondern entwickelt wird." (7,30)

Das Problem der Erziehung besteht also darin, dem Kind jeweils das zu geben, was seine *Gegenwart* verlangt. Dadurch entsteht eine weitere pädagogische Notwendigkeit: die „pädagogische Analyse." (7,32)

Die vom Kind zu erlernenden Kulturtechniken (wie z.B. Lesen und Schreiben) sind sehr komplexe Gebilde. Pädagogische Analyse bedeutet nach Montessori das Zerlegen z.B. komplexer Handlungen in ihre Elemente.

> „Die Analyse ist ein Auflösen in Elemente, das sich nicht so sehr auf die Materie der Kultur selbst bezieht als auf die ‚Person', die sich Kultur aneignen muß und die zur Aneignung dieser Kultur Anstrengungen verschiedener Art zu machen ist. Es wäre also eine Analyse, die von einem physiologischen oder psychologischen Gesichtspunkt ausgeht. Das Individuum, welches eine bestimmte Sache lernt, ist gezwungen, Hindernisse verschiede-

nen Grades zu überwinden ... die einzelne Handlung ist das Ergebnis verschiedener Tätigkeiten des Organismus. Die Trennung dieser Schwierigkeiten bis zur äußersten Grenze des Möglichen nennen wir in unserer Pädagogik Analyse." (7, 30.31)

Den Entwicklungsmaterialien sind also zwei Auswahl- und Konstruktionskriterien vorangestellt:

(1) Die Entwicklung eines Förderungsprogrammes nach sensitiven Perioden mit Aufbautendenz,

(2) die pädagogische Analyse auftretender Schwierigkeiten verbunden mit synthetisierender Funktion.

1. Materialgruppen zur Förderung phasenspezifischer Sensibilitäten

Um die in der kindlichen Entwicklung auftretenden Empfänglichkeitsperioden für die Entwicklung und Perfektionierung bestimmter Funktionen optimal zu fördern, hat Montessori jeweils entsprechende Übungen überlegt oder didaktische Materialien eingesetzt.

Insgesamt lassen sich drei Übungs- bzw. Materialgruppen unterscheiden:

1. Übungen des praktischen oder täglichen Lebens, 2. Bewegungsübungen, 3. Sinnesübungen durch Entwicklungsmaterialien. (8, 87f. 112f.; Helming, H., 1971, 32.39)

Die Reihung der drei umschriebenen Gruppen bedeutet keine chronologische Aufeinanderfolge im kindlichen Entwicklungsverlauf. Eine Ausnahme macht die dritte Gruppe. Die Entwicklung der Bewegung und der Sinne verläuft auch in den ersten Lebensjahren bereits ineinander. Übungen des täglichen Lebens setzen z. T. bereits einen bestimmten Entwicklungsstand in der Bewegungskoordination und der Feinmotorik voraus.

1.1 Übungen des praktischen Lebens

Unter Übungen des praktischen Lebens versteht Montessori die Nachahmung von alltäglichen Hausarbeiten wie z. B. Tischdecken, Essenservieren, Abdecken, Spülen oder das Säubern der Wohnung. (7, 41)

Sie verlegt solche Übungen in das Kinderhaus, in dem sich in der Regel Kinder vom 3. Lebensjahr an aufhalten. Übungen des praktischen Lebens haben zum Teil gegenwirkenden Charakter gegen die Ausschaltung der Kinder bei alltäglichen Arbeiten im häuslichen Bereich, insbesondere im Umgang mit zerbrechlichen Gegenständen.

„Wir haben Achtung vor dem Glas, aber nicht vor dem Kind, wir halten einen Gegenstand von wenigen Groschen für wertvoller als die Fähigkeit des Kindes, sich geordnet zu bewegen. Das Kind sucht sich zu üben, denn sich üben heißt sich entwickeln." (2, (1923) 90.91)

In diesem Zitat wird die Wirklichkeit des kindlichen Alltags angesprochen. Von positiver Entwicklungsförderung im Sinne einer Entwicklungspädagogik ganz abgesehen, sieht die kindliche Lebenssituation häufig so aus, daß sie von der versteckten Angst des Erwachsenen durchsetzt ist, das Kind könne Schaden in seiner Umgebung anrichten oder gar den Erwachsenen belästigen. (2, 16)

Im genannten Zitat wird dagegen die gezielte Förderung der Sensibilität für „geordnete Bewegungen" als frühkindlicher Lehr- und Lernprozeß deutlich. Speziell im Hinblick auf die genannte Sensibilität weist Montessori auf ein fundamentales Phänomen hin, das im Rahmen der Entwicklung von Vernunft und Verantwortung eine bedeutsame Rolle spielt:

„Doch sind es Dinge verschiedener Art, welche Kinder verschiedenen Alters *‚ansprechen'*. In Wahrheit sind der Glanz, die Farben, die Schönheit lustiger und verzierter Dinge ebenso viele ‚Stimmen', welche die Aufmerksamkeit des Kindes auf sich ziehen und es zum Handeln anregen. Diese Gegenstände haben eine Beredsamkeit, die keine Lehrerin jemals erreichen könnte: nimm mich, sagen sie; mach mich nicht kaputt; stelle mich auf meinen Platz! Und die ausgeführte Handlung im Einklang mit der Aufforderung der Dinge gibt dem Kind diese freudige Zufriedenheit, dieses Aufblühen von Energie, die es für die schwierigeren Arbeiten seiner geistigen Entwicklung prädisponieren." (8, 95)

Die Entwicklung von Vernunft und verantwortlichem Handeln setzt demnach in sehr elementaren und dazu noch sehr alltäglichen Bereichen und Funktionen ein. Dies zu entdecken ist eine wichtige Aufgabe im Rahmen der familiären Erziehung.

1.1.1 Gruppierung von Übungen des praktischen Lebens

H. Helming weist auf die Unterscheidung Montessoris in drei Gruppen von Übungen des praktischen Lebens hin:

1. Übungen zur Pflege der eigenen Person (z. B. sich selbst säubern)
2. Übungen, die dem Umgang mit anderen Personen zugeordnet sind (andere begrüßen, empfangen, bewirten),
3. Übungen, die auf die Pflege der Umgebung abzielen (Pflege von Blumen, Säubern der Wohnung, Tischdecken, Spülen). (Helming, H. 1971, 34)

Im Hinblick auf die Gestaltung der spezifischen Übungs-Materialien ist im Hinblick auf Größe und Gewicht eine proportionale Anpassung solcher alltäglichen Arbeitsgegenstände an die kindlichen Maße erforderlich. Dahinter stehen die im nächsten Kapitel noch zu behandelnden pädagogischen Überlegungen: es soll den Kindern von drei oder vier Jahren möglich sein, „die Dinge zu bewegen, ihren Platz zu ändern… Nicht nur dem Körper des Kindes ist es leicht gerecht zu werden, sondern auch der kindlichen Mentalität, weil sie kleiner und weniger kompliziert als die unsere ist" (7,40).

1.1.2 Einführung in praktische Übungen – Analyse der Schwierigkeiten

Der Einführung in Tätigkeiten des praktischen Lebens wird pädagogische Bedeutung zugemessen. Für den Nachvollzug solcher Tätigkeiten durch die Kinder ist zunächst die Beobachtung der vor ihren Augen sparsam ausgeführten Bewegungen wichtig. Bewegungen sind in der frühesten Lebenszeit ein Bedürfnis von elementarem Charakter. In dieser Zeit besteht eine Empfänglichkeit für die Einführung der Kinder in analysierte Bewegungen.

Das Prinzip der „pädagogischen Analyse" für diese frühe Sensibilität wird am Beispiel des An- und Ausziehens erläutert. Die dazu erforderlichen Bewegungen sind komplizierte Handlungsgebilde.

> „Jede komplexe Handlung hat aufeinanderfolgende, jedoch voneinander sehr verschiedene Momente. Die Analyse der Bewegungen besteht darin, zu versuchen, diese aufeinanderfolgenden Schritte zu erkennen und dann exakt und getrennt auszuführen." (8,98)

Das erkannte Prinzip der pädagogischen Analyse hat Montessori konsequent in didaktisches Material umgesetzt, das speziell der Unterstützung kindlicher Bemühungen im alltäglichen selbständigen Umgang mit der eigenen Person dient: die Knüpfrahmen.

> „Knüpfrahmen sind Gegenstände, die den Kindern als Übung zur Analyse der Bewegungen dienen: es handelt sich dabei um einen Holzrahmen mit zwei Rechtecken aus Stoff, die miteinander verbunden werden können. Jeder Rahmen hat eine andere Verbindungsart: Knöpfe, Haken, Schnürsenkel, Bänder, Schnallen, mechanische Verschlüsse usw. Dieses Entwicklungsmaterial geht von den praktischen Handgriffen beim Anziehen aus... Dazu sind verschiedene Handgriffe erforderlich, kompliziert genug, um dem Kind die Aufeinanderfolge der verschiedenen Handgriffe verständlich zu machen, von denen jeder zu Ende geführt werden muß, bevor man zum nächsten übergehen kann." (8,100.101)

Die Sensibilität der Bewegungen wird also mit Hilfe der pädagogischen Analyse gezielt gefördert. Außer dem didaktischen Material in der Gestalt der Knüpfrahmen ist die langsame – sparsame – Ausführung von Bewegungen bei alltäglichen Arbeiten wichtig, wenn Kinder dabei zuschauen. Aus dem Nachvollzug der bei Handlungen beobachteten Bewegungsabläufe gewinnt das Kind einen Zuwachs an gezielten Bewegungen und Bewegungskoordinationen. Auf diese Weise wird die Sensibilität für Ordnung mit angesprochen und gefördert.

Differenzierte Zeitangaben für die gezielte Förderung von Empfänglichkeiten für Bewegung und Ordnung sind nicht möglich. Montessori macht eine solche sehr global, wenn sie sagt, daß sich zwar eine Reihenfolge für jede Übung angeben lasse, doch in den „Kinderhäusern" fängt man gleichzeitig die verschiedenartigsten Übungen an, und „gelegentlich gibt es beim Anbieten des Materials in seiner Gesamtheit verschiedene Stufen". (8, 360)

An anderer Stelle wird den Müttern der Rat gegeben, ihre drei- und vierjährigen Kinder in aller Ruhe und Gelassenheit sich selber waschen und anziehen und sie in Muße allein essen zu lassen. (2, 73)

1.1.3 Erziehungswirkungen

Von den Erziehungswirkungen dieser Übungen sagt Helming, daß ihr Hauptsinn für das kleine Kind darin bestehe, „seine Persönlichkeit aufzubauen, indem es seine Aufmerksamkeit mit seinen Bewegungen und seinen Sinnen verbindet und sie sich koordiniert". (Helming, H., 1971, 35)

In diesen Erziehungswirkungen lassen sich aufeinander aufbauende Fortschrittstufen beobachten:

Der erste Schritt besteht im Wiederholen der Übungen bis zu einer gewissen Perfektion (z.B. durch die Betätigung an den Knüpfrahmen).

Der zweite Schritt läßt das Kind den Sinn seines Tuns allmählich zum Bewußtsein kommen. Erfahrungen mit dem Zuknöpfen werden z.B. auf das Schließen von Kleidungsstücken übertragen. Das Kind macht dadurch die Erfahrung, daß es ein Kleidungsstück bis in Details hinein allein anziehen kann.

Auf der dritten Stufe der Entwicklung wird vom Kind die Bedeutung seiner Tätigkeit im Ganzen des Gruppenlebens und der Umgebung erfaßt. Das Kind, das sich selbst ankleiden kann, ist in der Lage, anderen dabei zu helfen. Das erleichtert den Anschluß an eine Gruppe und wahrt die Selbständigkeit innerhalb der Gruppe. In diesem Zusammenhang wird Helmings Aussage verständlich, daß die genannten Übungen beim Kind sowohl die Strukturierung seiner Persönlichkeit als auch seine soziale Erziehung fördern. (Helming, H., 1971, 40)

Eine vierte Stufe ist hinzuzufügen: die Grundlegung oder das Prädisponieren von vernunftbestimmtem und verantwortlichem Handeln durch isolierte Situationen. F. J. Buytendijk hält es für eine der wichtigsten Entdeckungen Montessoris, „Situationen von höchst verpflichtender Art erfunden zu haben" (Buytendijk, F. J., 1958, 135).

Schon dem kleinen Kind wird es ermöglicht, gemäß seinen begrenzten Fähigkeiten konkrete Bindungen einzugehen. Das eingangs erwähnte Zitat zu den Übungen des praktischen Lebens handelt von dem Angesprochenwerden des Kindes durch Dinge in seiner alltäglichen Umgebung. Es sind konkrete Eigenschaften, wie Glanz, Farbe, Zierlichkeit, Zerbrechlichkeit von Gegenständen, die das Kind locken und es zu einem entsprechenden Umgang auffordern.

Gehorcht oder entspricht das Kind diesem Anruf durch Eigenschaften nicht, so erlebt es sogleich die Folgen, die sein Verhalten mit sich bringt: der Glanz wird stumpf, die Farbe geht ab, Glas oder Porzellan zerbricht. (Holtstiege, H., 1974, 122)

1.2 Bewegungsübungen

Die Bewegungsübungen sind unmittelbar der Sensibilität für Bewegungen zugeordnet, reichen jedoch darüber hinaus, indem sie den Sinn für innere Wahrnehmung ansprechen und bilden. Dieser Sinn für innere Wahrnehmung ist eine Voraussetzung für die Entwicklung von Selbsterfahrung und Selbstbewußtsein.

1.2.1 Übungsgruppen

Den gezielten Bewegungsübungen gehören an:

(1) Übungen des praktischen oder täglichen Lebens (8, 93).

Hierzu ist auf das bereits zitierte Beispiel der Knüpfrahmen zu verweisen, und zwar im Hinblick auf ihre Bedeutung für analysierte und komplizierte Bewegungsübungen im Bereich des täglichen Lebens.

Die Übungen des praktischen Lebens stehen gleichrangig neben gymnastischen Übungen. Montessori stellt ausdrücklich einen Zusammenhang von Gymnastik und Arbeit her, eine Tatsache, die einiges Licht auf ihr später noch zu behandelndes Verständnis der kindlichen Arbeit wirft.

Sie nennt konkrete Übungen des praktischen Lebens (Teppiche rollen, Schuhe putzen, Böden säubern, Fenster und Türen öffnen und schließen) „eine regelrechte Gymnastik, deren alle Bewegungen verfeinernde Schule die Umgebung selbst ist" (8, 93). Dabei tut abwechselnd der ganze Körper etwas, ein andermal wird nur die eine oder andere Bewegung geübt und perfektioniert.

„Die Übungen des praktischen Lebens sind jedoch nicht als einfache Muskelgymnastik anzusehen, sie sind eine „Arbeit". Es ist die entspannende Arbeit der Muskeln, die etwas tun, ohne zu ermüden, weil das Interesse und die Unterschiedlichkeit sie bei jeder Bewegung neu beleben. Es ist die natürliche Übung des Menschen, der, wenn er sich bewegt, auch ein zu erreichendes Ziel haben sollte: Die Muskeln sollten immer dem Verstand dienen und somit einen Teil der funktionellen Einheit der menschlichen Persönlichkeit bilden." (8, 93)

Die Integration der didaktischen Nahziele (Bewegungsübungen zur Erlangung der Bewegungskoordination) in das umfassendere Fernziel der zunehmenden Organisation der menschlichen Persönlichkeit zu einer funktionellen Einheit wird in dem vorstehenden Zitat eindeutig ausgesprochen.

(2) Übungen der Stille und der Sammlung

Diese Übungen dienen einmal der Förderung von Analyse und Koordination der Bewegungen. Unmittelbar geht es um die Kontrolle der Bewegungen durch die Herbeiführung einer absoluten Stille. Ausgangspunkt der intendierten Stille-Übungen ist die Feststellung, daß ein Mensch nicht selbstverständlich unbeweglich ist und schweigt.

„... es ist eine stufenweise erreichte Vervollkommnung, keinen Laut von sich zu geben, nicht das geringste Geräusch zu verursachen, das man beim Bewegen eines Fußes, beim Streifen einer Hand oder beim hörbaren Atmen machen kann." (8, 103)

Stilleübungen werden weiter in den Bereich der Sinneswahrnehmung eingereiht. Sie gelten so gesehen als Übungen, die einem inhaltlichen Ziel zugeordnet sind: der inneren Wahrnehmung von Stille und Sammlung. (8, 104)

Die Fähigkeit zu inneren Wahrnehmungen und Sammlungen legt den Grund für das inhaltliche Geschehen der Polarisation der Aufmerksamkeit. Es bedarf solcher Voraussetzungen, „um Zugang zum Kern einer Sache" zu gewinnen (Oswald, P., 1967, 22), die sich dem Offenen erschließt.

(3) Gymnastische und rhythmische Übungen

Die persönlichkeitsfundierende und -erweiternde Bedeutung solcher Übungen in Anlehnung an das Alltagsleben der Kinder wird von Montessori selbst mit aller Deutlichkeit ausgesprochen:

„Die Leibeserziehung in das Leben der Kinder durch Anknüpfung an das praktische Alltagsleben einzufügen war einer der praktischen Hauptpunkte unserer Methode, welche die Ausbildung der Bewegungen vollständig in die eine und untrennbare Gesamterziehung der kindlichen Persönlichkeit eingeführt hat." (8, 91)

Gymnastik und Rhythmik stehen also im Dienst der Ausbildung der Bewegungen, die letztlich darauf gerichtet sind, Werkzeuge des Willens zu sein. Erziehung als Hilfe zum vernünftigen Einsatz der Energien und zu ihrer normalen Entwicklung zielt ab auf die Unterstützung kindlicher Selbsteroberung, die gleichzeitig eine Eroberung kindlicher Freiheit bedeutet. Kinder mit solchen Fähigkeiten sind in der Lage, sich selbst zu kontrollieren; „und soweit ihre eigene Kontrolle reicht, haben sie sich von der Kontrolle der anderen befreit" (8, 105).

(4) Gehen auf einer Linie

Auch diese Übung ist in Ausrichtung auf ein „Entwicklungsbedürfnis" kleiner Kinder erdacht (8, 105):

„Die Vervollkommnung der verschiedenartigsten Bewegungen hat auch ihren Schlüssel: die unerläßliche zentrale Bedingung, mit der die ganze Vervollkommnung zusammenhängt, nämlich das Gleichgewicht des Menschen. Wir haben deshalb ein Mittel erdacht, um den Kleinen zu helfen, ein sicheres Gleichgewicht zu finden und gleichzeitig die grundlegendste aller Bewegungen zu vervollkommnen: das *Gehen*." (8, 102)

Das von Montessori erdachte Mittel ist von bestechender Einfachheit: Eine Linie in der Form einer langen Ellipse wird mit Kreide oder einer lange sichtbar bleibende Farbe auf den Fußboden gezeichnet. Sie wird in der Übung so begangen, daß sich der Fuß ganz auf der Linie befindet. Zunächst muß die Stellung des Fußes gezeigt werden, in der Fußspitze und Absatz sich genau auf der Linie befinden.

Diese Übung erfordert sowohl die Anstrengung zur Beibehaltung des Gleichgewichtes als auch eine intensive Aufmerksamkeit des Kindes, die Füße in die erforderliche Stellung zu bringen: „die Füße sollen so nach vorne bewegt werden, daß die Ferse des vorderen die Spitze des hinteren berührt.“ (8, 102)

Sie läßt außerdem eine Steigerung von Schwierigkeitsgraden zu, die sehr komplexe Koordinations-, Konzentrations- und Gleichgewichtsübungen ermöglicht. Zu dem konzentrierten und gleichgewichtigen Gehen kann das Tragen von gefüllten Wassergläsern, Glocken, Würfelstapeln oder das Tragen von Körbchen auf dem Kopf hinzugenommen werden. (8, 103)

1.2.2 Motive und Wirkungen der Bewegungsübungen

Im Hinblick auf die Sensibilität für Bewegungen und ihre Förderung äußert Montessori, daß bei der Erziehung der Bewegungen das Lernen praktischer Dinge nur der äußere Anreiz zu sein scheint. Dagegen „ist das offensichtliche Motiv ein tiefes Bedürfnis nach Organisation.“ (8, 97)

Die Sensibilität für Bewegung ist für das Kind in der entsprechenden Phase von grundlegendem Interesse. Es durchläuft eine Epoche, in der es Herr über sein eigenes Tun werden muß. Montessori spricht von einem „konstruktiven Zeitraum der Muskelkoordination“ (8, 98), in der das Kind danach strebt, die Exaktheit der Bewegungen zu erlernen. Diese aber sollen – wie schon zitiert – dem Verstand dienen und damit einen Teil der funktionellen Einheit der menschlichen Persönlichkeit bilden.

Alle unmittelbaren didaktischen Ziele von Bewegungsübungen stehen im Dienste des umfassenderen Zieles: Organisation der Personalität. Diese läßt sich auch als eine Strukturierung der kindlichen Persönlichkeit bezeichnen, die als Erziehungswirkung aus dem befriedigenden und gelungenen Wechselspiel von kindlichen Sensibilitäten und deren gezielter Förderung hervorgeht.

Unmittelbar praktische Ziele sind z. B. Präzision und Genauigkeit (8, 97), Analyse und Synthese von Bewegungen – Koordination – (8, 105), Vervollkommnung des Gleichgewichts und des Gehens (8, 102), Verfeinerung und Anwendung der Bewegungen (8, 106).

Entscheidend ist hinsichtlich der detaillierten Erziehungswirkungen ihre Anwendung. Das Kind muß die erworbenen Fähigkeiten in den verschiedenen Lebensperioden einsetzen und gebrauchen. Der Einsatz des vollendet Erlernten soll aber vom Kind selbst bestimmt werden. Als einfaches Beispiel wäre das Decken des Frühstückstisches im Kinderhaus zu nennen. Solche Erfahrungen können dann auf die Situation im Elternhaus übertragen werden.

„Diese Anwendungsweise ist die Leistung seines Bewußtseins, die Ausübung seiner Verantwortlichkeit.“ (8, 107)

Die innerste Befriedigung des Kindes besteht – so Montessori – darin, „etwas bewußt gut zu machen“ (8, 108). Damit wird ein Leitgedanke zum Ausdruck gebracht, der im Hinblick auf die Selbstbildung, also die Bildung der sittlichen Person durch das Kind, prinzipiellen Charakter gewinnt.

„Die Erziehung muß die verborgenen Antriebe aufwerten, die den Menschen bei der Konstruktion seiner selbst leiten“ (10, 71).

1.3 Sinnesübungen

Durch Sinnesübungen mit Hilfe von spezifischem Entwicklungsmaterial werden verschiedene Sensibilitäten im einzelnen isoliert, gezielt angesprochen und gefördert. Dennoch enthält das Material mit seiner Isolierung von Eigenschaften die Möglichkeit, verschiedene Sensibilitäten gleichzeitig zu fördern: Sinneserfahrungen, Motorik, Koordination der Bewegungen und das kindliche Organisationsvermögen zur strukturierenden Verarbeitung der Eindrücke und Erfahrungen insgesamt einschließlich der Sprachförderung durch Begleitübungen.

Vielleicht läßt sich sagen, daß die bereits früher erwähnte Empfänglichkeit (Sensibilität) für innere oder geistige Ordnung durch Sinnesmaterialien angesprochen und gefördert wird. Wie schon bekannt, drückt sich in der Empfänglichkeit für innere oder geistige Ordnung das elementare Bedürfnis des Kindes nach Orientierung im Chaos der in der ersten Phase von 0 – 3 Jahren unablässig absorbierten Umwelteindrücke aus.

Montessori selbst nennt die Entwicklungsmaterialien die „auf den Zweck gerichteten Dinge, welche das Chaos ordnen, das sich in ihm gebildet hat, mit der Ordnung dem forschenden Geist Klarheit bringen und es bei seinen Forschungen leiten“ (8, 119).

Die Materialien zur Entwicklungsförderung der Sinne sind überwiegend zum Einsatz in der zweiten Frühphase des Kindes von 3 – 6 Jahren gedacht. In dieser Zeit äußert das Kind das Bedürfnis nach Analyse und innerer Organisation der in der ersten Unterphase unbewußt assimilierten Umwelt. Das geschieht durch die Verarbeitung der Früherfahrungen, die gleichzeitig angereichert werden. Auf diese Weise vollzieht sich mit Hilfe der Entwicklungsmaterialien eine Vervollkommnung der Basis sowohl der kindlichen Intelligenz als auch der kindlichen Personalität.

1.3.1 Herkunft der Sinnesmaterialien

Über die Herkunft der Materialien zur Förderung der Sinnesentwicklung äußert sich Montessori in der 1948 erschienenen Neuauflage ihres veränderten ersten und grundlegenden pädagogischen Werkes von 1909 selbst.

Sie verweist zunächst darauf, daß das Sinnesmaterial bereits seine eigene Geschichte hat. Das Material basiert auf sorgfältigen psychologischen Versuchen mit jenen Materialien, die Itard und Séguin benutzten, um schwachsinnige und zurückgebliebene Kinder zu erziehen. Zu diesen getesteten und ausgewählten Materialien der Pariser Nervenärzte übernahm sie weitere Materialien aus der Experimentalpsychologie. Außerdem verweist Montessori auf Materialien, die sie selbst in der ersten Zeit ihrer Versuchsarbeit bestimmt hatte.

„Wie die Kinder diese verschiedenen Mittel benutzten, welche Reaktionen sie in ihnen hervorriefen, wie häufig sie diese Gegenstände gebrauchten und vor allem, welche Entwicklung dadurch ermöglicht wurde, all dies gab uns mit der Zeit vertrauenswürdige Kriterien für die Ausschaltung, Abänderung und Annahme dieser Mittel als Material in unseren Schulen." (8, 112)

Im Kontext dieses Zitates wird eine sehr prinzipielle Aussage über das Entwicklungsmaterial gemacht. Diese Aussage könnte helfen, die stellenweise noch heute zu beobachtende starre Fixierung an das von Montessori selbst festgelegte Sinnesmaterial aufzulockern. Die Hervorhebung des prinzipiellen Charakters der Entwicklungsmaterialien läßt dann auch eine Untersuchung und Einbeziehung neu entworfener Materialien in das grundsätzliche Erziehungsanliegen Montessoris zu.

So gesehen, ließe sich aus Montessoris Aussagen eine grundsätzliche Antwort finden auf die kritische Äußerung von E. Neuhaus, daß die zentrale Stellung des Materials in der Montessori-Pädagogik es erforderlich mache, nach der Gültigkeit des Materials für unsere Zeit zu fragen. (Neuhaus, E., 1967, 103)

Durch fortwährende Tests im Einsatz der Materialien wurden vertrauenswürdige Kriterien gefunden. Zunächst sei gesagt, daß dies auch der Weg für die Zukunft bleiben müßte. Ferner ist darauf hinzuweisen, daß eine Reihe solcher Kriterien durch Montessori aufgefunden worden sind: die Merkmale oder Materialeigenschaften wie Begrenzung, Ästhetik, Aktivität und Fehlerkontrolle. Auf sie wird (in 2.2 dieses Kapitels) noch näher eingegangen werden.

Die Kriterien für die Geeignetheit der didaktischen Materialien sind vom umfassenderen Ziel der Sinneserziehung her entwickelt. Montessori sagt dies selbst mit nicht zu übersehender Deutlichkeit:

„Um Mißverständnisse zu vermeiden und Kritik zu widerlegen ... ist es vielleicht auch angebracht, den Zweck unserer Sinneserziehung zu fixieren. Der naheliegende Wert einer Erziehung und Verfeinerung der Sinne gibt durch die Erweiterung des Feldes der Wahrnehmungen eine immer zuverlässigere und reichhaltigere Grundlage für die Entwicklung der Intelligenz. Durch den Kontakt mit der Umgebung und ihre Erforschung baut der Verstand diesen Schatz wirkender Gedanken auf, ohne die seinem abstrakten Funktionieren Grundlagen und Präzision, Genauigkeit und Inspiration entzogen wären. Dieser Kontakt wird durch die Sinne und die Bewegung hergestellt ... gerade während dieser Entwicklungsperiode nehmen die Grundgedanken und -gewohnheiten des Verstandes Gestalt an." (8, 112.113)

Die Bedeutung der Sinnes- und Bewegungserziehung als elementare Grundlage für die Entwicklung der Intelligenz – das ist das Ziel, auf das die didaktischen Intentionen der Entwicklungsmaterialien gerichtet sind. Damit wird ein Grundprinzip genannt, an dem die Geeignetheit von Entwicklungsmaterialien meßbar ist und das die konkreten Materialien überdauern dürfte.

1.3.2 Isolation von Eigenschaften im Sinnesmaterial

Das von Montessori in der beschriebenen Intention ausgewählte, geprüfte und weiterentwickelte Material für die Sinneserziehung besteht nach ihrer Aussage von 1918 aus einem System von Gegenständen. Diese sind nach ganz bestimmten Eigenschaften der Körper geordnet, wie Farbe, Form, Maße, Klang, Oberflächenbeschaffenheit, Gewicht, Temperatur.

> „Unter diesem Gesichtspunkt ist das Sinnesmaterial sicherlich als ‚materialisierte Abstraktion' zu betrachten. Es zeigt ‚Farbe', ‚Dimension', ‚Duft', ‚Geräusch' greifbar, unterschieden und in Abstufungen geordnet; dies ermöglicht eine Klassifizierung und Analyse der Eigenschaften." (8, 197)

In diesem Zusammenhang erhält ein grundlegendes didaktisches Prinzip entscheidende Bedeutung: die Isolierung von Eigenschaften in verschiedenen Materialien. Das heißt, daß jede Sinnesmaterialgruppe über ein und dieselbe Eigenschaft verfügt, jedoch in ganz verschiedenen Abstufungen. Solche Abstufungen sind in ihren Grenzen durch ein Maximum und ein Minimum, also durch Extreme erkennbar (z.B. im abnehmenden Durchmesser oder der abnehmenden Höhe von Einsatzzylindern). Dadurch entsteht ein Grobunterschied durch Extremwerte, der zunehmend zu Unterschieden in Feinabstufungen führt. Die Extreme lassen eine Wahrnehmung von Kontrasten zu. Andere isolierte Eigenschaften lassen das Erkennen von Identitäten (Gleichheiten oder Übereinstimmungen) in doppelten Serien zu (z.B. Gehörbüchsen).

Durch die Isolierung einer einzigen Eigenschaft im Material und deren Abstufungsmöglichkeiten soll die Fähigkeit zur Differenzierung der Wahrnehmung und zur Klarheit in der Unterscheidung im Umgang des Kindes mit den Dingen in seiner Umgebung und deren Erforschung gefördert werden. Mit der Bezeichnung „materialisierte Abstraktion" wird der Stellenwert des Sinnesmaterials im entwicklungspädagogischen Gesamtkonzept angegeben: dem Geist adäquate Materialien zu seiner Entwicklung anzubieten, durch die er sich selbst eine elementare Ordnung im anfänglichen kindlichen Chaos schaffen und seine Erfahrungen organisieren (strukturieren) kann. Die für die Sinnesmaterialien gewählte Umschreibung „materialisierte Abstraktion" darf nicht zu der Annahme verleiten, daß sich das Kind isolierte abstrakte Vorstellungen erarbeiten solle.

Gegen eine solche Interpretation steht eine eindeutige Aussage prinzipieller Art.

„Dies ist ein wesentlicher Erziehungsgrundsatz: Einzelheiten lehren bedeutet Verwirrung stiften. Die Beziehung unter den Dingen herstellen bedeutet Erkenntnisse vermitteln." (5,90)

1.3.3 Sinnesmaterial in Zuordnung zu Sensibilitäten

Wie schon erwähnt, wird durch die Sinnesmaterialien ein Komplex von Sensibilitäten – zwar im Einzelfall isoliert, dennoch aber insgesamt – gefördert: die Sensorialität der jeweiligen Sinne, die Bewegung und ihre Koordination, die psychische Organisationsfähigkeit und deren Basis: die Sensibilität für innere oder geistige Ordnung sowie die Sprache im Dialog zwischen Leiterin und Kind bei der Einführung in die Materialien.

Das jeweilige Material hat eine durchgängige Funktion: die Fülle der durch die Tätigkeit des absorbierenden Geistes aufgenommenen Eindrücke oder Bilder ordnend zu durchdringen. Das Chaos der kindlichen Psyche „braucht nichts Neues, sondern nur Ordnung in den bereits vorhandenen Dingen" (8,193). Das Kind beginnt, die besonderen Merkmale zu unterscheiden: z.B. dick – dünn, groß – klein, laut – leise, glatt – rauh.

So wie in einer früheren Phase das Kind lernt, auf Grund eines entsprechenden Bedürfnisses (Sensibilität) in der äußeren Umgebung jedes Ding an seinen Platz zu legen, so soll es ihm durch die gezielte Sinnesausbildung gelingen, „eine geordnete Einteilung für seine geistigen Bilder zu finden. Dies ist die erste ordnende Handlung des sich bildenden Geistes..." (8,193).

Es ist sehr schwierig, bei Montessori eine genaue Klassifizierung von Materialgruppen zu finden. Von der Sache her ist dies auch ohnehin problematisch, da viele Materialien mehrfach einsetzbar sind.

(1) Sinnesmaterial für das Entdecken von Kontrasten, Identitäten und Abstufungen.

Für das Entdecken von *Kontrasten* werden Materialien eingesetzt, durch die sich Kontraste mit Hilfe des Tastempfindens feststellen lassen: Brettchen mit sehr glatter und mit sehr rauher Oberflächenbeschaffenheit. Dem gleichen Zweck dienen Gewichtstäfelchen von extrem schweren und leichten Materialien. Durch Geräusche lassen sich ebenfalls Extreme einer abgestuften Reihe anbieten und wahrnehmen.

Um das Empfinden und die Wahrnehmung von *Identitäten* (Gleichheiten, Übereinstimmungen) zu fördern, werden doppelreihige Serien angeboten und gemischt, aus denen die gleichen Gehörbüchsen und Farbtäfelchen herausgesucht und paarweise zusammengestellt werden müssen:

Die Förderung von Fähigkeit zum Erkennen von *Abstufungen* ist durch den rosa Turm oder die braune Treppe möglich. Hier müssen exakt die Abmessungen in richtiger Stufenfolge erfaßt und im Material in der richtigen Reihenfolge gelegt oder aufgetürmt werden. (8,127f.)

(2) Material für die Förderung des visuellen und auditiven Unterscheidungsvermögens.

Die bereits genannten Materialien finden auch in diesem Zusammenhang Verwendung. Das deutet auf die bereits erwähnte variable Einsatzmöglichkeit im Hinblick auf die Förderung unterschiedlicher Empfänglichkeiten im sensorialen Bereich hin.

Förderung *visueller* Wahrnehmungen

Die Förderung des Gesichtssinnes soll durch die Verfeinerung des Erfassungs- und Unterscheidungsvermögens von Dimensionen erreicht werden. Dazu dienen Einsatzzylinderblöcke (8, 138.139), Klötze, Stangen, Prismen, Würfel (8, 140–143), Farbmaterial (8, 143–145), flache Einsatzfiguren aus Holz (8, 145f.).

Förderung *auditiver Wahrnehmungen*

Zur Ausbildung und Verfeinerung des Gehörsinnes wird mit Materialien bzw. Übungen zur Unterscheidung von Geräuschen gearbeitet. Die Übungen zur Gehörwahrnehmung gliedern sich in vier Gruppen: Stille, sprechende menschliche Stimme, Geräusche, Musik (8, 151).

(3) Sinnesmaterial und Förderung verschiedener Sensibilitäten.

Die bisher verschiedentlich erwähnten Sinnesmaterialien sollen nachstehend im einzelnen kurz skizziert werden, und zwar im Hinblick auf das Lebensalter und die Zielsetzung für Materialangebote. Dies geschieht in Anlehnung an die vom Informations- und Dokumentationszentrum A. Nieuhuis, Zelhem, herausgegebene Loseblatt-Ausgabe „Montessori-Sinnesmaterial.“ (vgl. 11)

Zylinderblöcke: Sie können ab $2^1/_2$ Jahre eingesetzt werden mit der Intention, die Entwicklung des Gesichtssinnes im Bereich der Massenunterschiede zu fördern. Indirekt wird das Schreiben vorbereitet durch die Übung von Greifmuskeln der Schreibfinger.

Rosa Turm: Er kann ebenfalls von $2^1/_2$ Jahren ab angeboten werden und dient auch zur Unterstützung der Wahrnehmung von Massenunterschieden. Indirekt wird die Entwicklung der Motorik (Bewegung) durch das Üben der Greifmuskeln sowie die zielgerichtete Bewegung beabsichtigt.

Braune Treppe: Das Ziel ist das gleiche wie bei dem Rosa Turm. Das Material kann ab 3 Jahre eingesetzt werden.

Rote Stangen dienen ebenfalls der Wahrnehmung von Massenunterschieden. Sie sollen indirekt die Motorik des ganzen Körpers entwickeln, weiter einen Eindruck von Reihen vermitteln und sind außerdem eine sinnenhafte Vorbereitung auf die Rechenstangen. Eingesetzt werden sie ab 3 Jahre.

Farbtäfelchen sind für das Kind ab 3 Jahre gedacht und sollen helfen, Farbunterschiede sowie Kontraste und Gleichheiten in Farben zu entdecken. Indirekt ist damit die Intention zur Übung der Motorik der Hand verbunden.

Riechbüchsen: Angeboten werden sie ab $3^1/_2$ Jahre zur Förderung differenzierter Wahrnehmung im Bereich des Geruchssinnes.

Wärmekrügelchen können ebenfalls ab $3^1/_2$ Jahre angeboten werden, um die Wahrnehmungsdifferenzierung von Temperaturunterschieden zu fördern.

Platten mit verschiedenem Leitvermögen sind für das Kind ab $3^1/_2$ Jahre vorgesehen. Sie ermöglichen differenziertere Wahrnehmung im Hinblick auf das Leitvermögen verschiedener Materialien. Indirekt soll die Erkenntnis dieser Tatsache vorbereitet werden.

Gewichtstäfelchen können ab $3^1/_2$ Jahre helfen, den barischen Sinn (Empfindung von Gewicht und Druck) zu fördern. Damit verbindet sich die Verfeinerung von Motorik und Muskelsinn.

Geräuschbüchsen sollen dem Kind ab 3 Jahre zur Wahrnehmungsdifferenzierung des Gehörsinns angeboten werden.

Rauhe und glatte Flächen: Das Material dient ab $2^1/_2$ Jahre zur Entwicklung von Tastsinn und Motorik. Es soll indirekt das Zeichnen vorbereiten sowie das Fühlen von Buchstaben und Ziffern und deren Nachvollzug im Schreiben.

Geometrische Körper (im Korb) werden dem Kind ab $2^1/_2$ Jahre zur Verfügung gestellt. Sie sind zur Förderung des stereognostischen Sinnes (Tast- und Muskelsinn für Körperempfinden) vorgesehen. Indirekt hat das Material die Funktion, die kindliche Aufmerksamkeit auf geometrische Formen in seiner Umgebung zu lenken.

Konstruktive Dreiecke gelten für das Kind ab $3^1/_2$ Jahre und sollen Geometrie kindgemäß vorbereiten. Unmittelbar geht es um ein Sortieren nach Form und Farbe, ein konstruierendes Zusammensetzen und um das Entwickeln von Phantasie durch Konstruktionsexperimente. Bei dem Einsatz der beschriebenen Materialien wird jeweils die Sensibilität für Sprache begleitend gefördert.

„Nachdem das Kind eine Zeitlang geübt hat und über Sinneserfahrungen entdeckt hat, daß es Unterschiede, Ähnlichkeiten und Rangordnungen beim Material gibt, werden Namenslektionen gegeben, wodurch die Begriffe einen Namen und die Worte einen Sinn bekommen." (vgl. 11)

Auf die Sprachübungen soll an dieser Stelle nur hingewiesen werden. In 3.2 wird darauf näher eingegangen.

Es dürfte deutlich geworden sein, wie durch die bisher behandelten Sinnesübungen eine sehr gezielte Förderung der Sensibilitäten für Bewegung, Ordnung und Sprache intendiert wird.

Diese Elementarförderung hat gleichzeitig analysierend vorbereitenden Charakter für das Erlernen der spezifischen Kulturtechniken wie Lesen, Schreiben, Rechnen und darüber hinaus für spezifisches Sach- und Fachwissen.

Übungen mit dem Material im Sinne von „materialisierten Abstraktionen" haben außerdem die Aufgabe, durch Fundierung und Gestaltung die Vorstellungskraft zu fördern. Letztere gilt, wie (in III. 2.1.2) ausgeführt, als jene Sensibilität im Alter von 7–12 Jahren, durch die der „Keim der Wissenschaft" gelegt werden kann. Sie ist verbunden mit der Neigung, vom Konkreten zum Abstrakten überzugehen.

In diesem Zusammenhang bietet sich die Parallele zu einer Gegenwartsforderung an: die Wissenschaftsorientiertheit des Lernens. Es geht um das altersangemessene Auffinden von elementaren Strukturen (vgl. III. 2.1.2) in Wissenschaftsbereichen und dem entsprechenden „Modus der Vermittlung" (Deutscher Bildungsrat, [1]1970, 33). Der gleiche Gegenstand kann auf einem jeweils höheren Anspruchsniveau erneut angeboten und tiefer durchdrungen werden. Dieser Vorgang begünstigt die schon früher erwähnte Strukturierung des Wissens. Lückert spricht mit Blick auf das Vorschulalter von einem „umkreisende(n) Lernen", bei dem das von Montessori in ihrer Erziehungsarbeit angewandte „Prinzip der kleinen, systematisch aufgebauten Lernschritte" zu beachten ist. (Lückert, H.-R., 1969, 21.20)

1.4 Didaktische Materialien für Sachgebiete

Das didaktische Material reicht aus dem Primärbereich (dem Vorschulbereich) hinüber in den Bereich der Grundschule. Mit seiner Hilfe soll die Ablösung der Materialien durch das Prinzip des Exemplarischen vollzogen werden: die Meditation am Detail.

(1) Material für die Vorbereitung des Schreibens und Lesens
(2) Material zur Spracherziehung
(3) Material zur Einführung in das Zählen
(4) Material zur Einführung in die vier Grundrechenarten
(5) Material zur Flächen- und Körperberechnung
(6) Biologie-Material
(7) Erdkunde-Material

Im Bereich fachdidaktischer Materialien läßt sich zeigen, daß Montessori-Materialien nicht einem starren Prinzip der Unüberholbarkeit unterliegen. Die Aktionsgemeinschaft Deutscher Montessori-Vereine e. V., München, hat eine Arbeitsunterlage erstellt. Diese nimmt anhand des Materials der blau-roten Stangen (Material zur Einführung in das Zählen) eine „Skizzierung ergänzender und weiterführender Übungen" vor (Montessori-Information, 1974, 1). Im Begleitschreiben wird die Intention ausgesprochen, eine Sichtung und Ergänzung der in Montessori-Einrichtungen benutzten Unterrichtsmittel vorzunehmen (ADMV, 1974).

1.5 Materialablösung durch das Prinzip der Meditation am Detail

Von den Kindern zwischen 7 – 12 Jahren sagt Montessori, daß sie „eine neue Welt betreten, die Welt des Abstrakten" (6, 35). Die Vorstellungskraft beginnt eine entscheidende Rolle zu spielen. Sie gilt als eine der spezifischen Sensibilitäten dieses Alters. Die Vorstellungskraft als Grundlage des Geistes „hebt die Dinge auf eine höhere Ebene, auf die Ebene der Abstraktion" (6, 49). Dazu benötigt sie, wie schon früher betont, eine Förderung. Sie muß aufgebaut und organisiert werden im Sinne der schon beschriebenen Strukturierung des Wissens. Dieser Organisationsprozeß der fortschreitenden Differenzierung von Einsichten, die in früheren Phasen gewonnen wurden, läßt sich wie folgt beschreiben: Am Material erkannte und dadurch bekannte Eigenschaften, wie Formen oder Gewicht, werden nun in Sachfächern (Geometrie, Physik) differenzierter behandelt und in größere Zusammenhänge gestellt. Die Materialfunktionen der Veranschaulichung und der Konkretisierung für einen handelnden Umgang treten zurück. Die Dinge werden auf die Ebene der Abstraktion gehoben, d. h., sie werden zunehmend mit Hilfe der Vorstellungskraft erfaßt und verarbeitet. Durch die Vorstellungskraft, die in Verbindung zur Phantasie steht, geschieht die Integration der verarbeiteten abstrakten Erfahrungen. Dadurch entsteht eine Erweiterung der Wissensstruktur auf der Ebene der Abstraktion.

Als didaktische Hilfe sieht Montessori eine Art Studienplan vor, der sich auch als ein Strukturierungsprinzip bezeichnen läßt: durch „eine Meditation über das Detail" die Wirklichkeit des Ganzen studieren. Durch die Kenntnis des wirklichen Details kann die Phantasie sodann das Ganze rekonstruieren. (5,47) An anderer Stelle wird dieser Organisationsprozeß auf der Basis des meditierten wirklichen Details und seiner Rückbindung in das umfassende Ganze durch die Phantasie ausgesagt: „... die Welt als ganze läßt sich geistigerweise vermittels der Vorstellung erfassen." (5,45)

Für das Kind von 7 – 12 Jahren ist es also wichtig, ihm die Vorstellung vom Ganzen zu geben.

> „Wenn man ihm einmal die Vorstellung vom Ganzen gegeben hat, muß man zeigen, daß von jedem Zweig eine Wissenschaft ausgeht: Die Mineralogie, die Biologie, Physik, Chemie usw. ... Und wie wir schon gesehen haben, setzt die Untersuchung des Details das Studium des Ganzen in Gang. Wohl verstanden, man muß mit einem Detail anfangen." (5,51)

Dieses Prinzip – das Ganze geben, indem man *als Mittel* das Detail gibt – demonstriert Montessori selbst an verschiedenen Sachgebieten, wie: Wasser, chemischen Versuchen, Kohlenstoff in der Natur, Begriffen aus der anorganischen und aus der organischen Chemie. (5,52–89)

Das Studium oder die Meditation des Details wird also zunehmend zu einem das konkrete Material ablösenden Prinzip. P. Oswald beschreibt das sehr treffend als „Zugang zum Kern der Sache" (Oswald, P., 1967, 23). Er führt den Strukturierungsgedanken in diesem Zusammenhang eindeutig an: „Daran läßt sich gemäß der wachsenden Abstraktions- und Reflexionsfähigkeit immer anbauen und erweitern, ohne daß irgendwo ein Bruch entsteht..." (Oswald, P., 1967, 23)

Im Alter von 12–18 wird das Formalprinzip des Exemplarischen gleichzeitig zu einem organisatorischen: dem Entwurf einer „Erfahrungsschule des sozialen Lebens". In ihr soll für die Sensibilitäten des Jugendalters (Bedürfnis nach Schutz und Geborgenheit in dieser kritischen Zeit, Suchen nach der eigenen Rolle in der Gesellschaft und der Selbstwertentfaltung) eine institutionalisierte Selbst- und Sozialerfahrung geschaffen werden. (5,91f.) Im Prinzip der Institution ist der Grundgedanke des Exemplarischen enthalten. Das Studium, die Meditation des Details soll Einsicht in das Ganze der Welt vermitteln.

2. Pädagogisch-didaktische Funktion der Materialeigenschaften

Das methodische Vorgehen nach dem Prinzip der kleinen didaktischen Lernschritte unter Beachtung der Empfänglichkeitsphasen faßt Montessori im Anschluß an Séguin zu folgendem Leitsatz zusammen:

„Das Kind sozusagen an der Hand führen von der Entwicklung des Muskelsystems zu der des Nervensystems und der Sinne.“ (8, 33)

Damit sind die grundlegenden Funktionsbereiche angesprochen. Sie haben eine elementare Bedeutung für die basale Bildung von Intelligenz- und Persönlichkeitsentwicklung des Kindes.

Um einen Lern- und Persönlichkeitszuwachs zu ermöglichen, muß das gesamte Entwicklungsmaterial so beschaffen sein, daß es „progressive Interessen“ weckt. (9, 185)

Mit dieser Bezeichnung wird eine Beschaffenheit der Materialien bzw. der Gesamtumgebung ausgesagt, durch die kindliche Empfänglichkeiten im Umgang mit der Sache so angeregt und gelenkt werden, daß ein Lern- und Bildungsfortschritt ermöglicht wird.

Das Prinzip „progressive Interessen“ zur Ermöglichung von Lernfortschritten enthält eine doppelte Erziehungsintention:

(1) das unmittelbare Ziel einer Beschäftigung mit dem Material, wie z.B. das Kennenlernen von Dimensionen, Formen, Farben,

(2) die mittelbare, über das didaktische Ziel hinausreichende umfassendere Erziehungsabsicht: Die jeweils erreichte Selbständigkeit im Detail (aufgrund der intensiven Auseinandersetzung mit Dingen und der gewonnenen inneren Ordnung und Klarheit) soll das Kind zunehmend unabhängiger vom Erwachsenen und selbstsicherer werden lassen. Dadurch wird ihm ein Gefühl von Können und Freiheit vermittelt.

Im Dienste dieser genannten pädagogischen Zielrichtung stehen auch die zentralen Materialeigenschaften: 1. das fundamentale didaktische Auswahlprinzip der Isolation von Eigenschaften, 2. die vier pädagogisch-didaktischen Materialeigenschaften.

2.1 Fundamentales didaktisches Auswahlprinzip: Isolierung einer einzigen Eigenschaft im Material

In diesem Zusammenhang läßt sich verstehen, warum Montessori die Sinnesmaterialien auch „materialisierte Abstraktionen“ nennt. Als Beispiele seien noch einmal genannt:

Die Eigenschaft des Gewichts und ihre „Materialisierung“ in den Gewichtstäfelchen; Rauheit und Glätte und ihre Konkretisierung in Brettchen mit abgestufter Oberflächenbeschaffenheit zwischen den Extremen rauh und glatt; Farbe und ihre Umsetzung in Anschauungs- und Vergleichsmöglichkeiten an Farbtäfelchen.

„Bei diesem Verfahren läßt sich eine große Klarheit bei der Differenzierung der Dinge erreichen, und es ist offenkundig, daß gerade Klarheit die Grundlage für das Interesse am ‚Unterscheiden' ist ... Der Isolierungsprozeß kann also zweifacher Natur sein: er kann sich auf den von jedem Umwelteinfluß isolierten Menschen beziehen und auf das Material, das eine einzige, graduell abgestufte Eigenschaft aufweist. – Diese als äußerste Vollkommenheit anzustrebende Präzision ermöglicht die Durchführung einer inneren und äußeren Analyse, die geeignet ist, dem kindlichen Geist Ordnung zu geben." (8, 115.116)

Wichtig sind zwei Aussagen im Hinblick auf den Isolierungsprozeß und seine Erziehungswirkungen:

(1) die Bedeutung der Isolation von Eigenschaften und ihre Übersetzung in hantierbares Material mit dem ausgesprochenen Ziel: Dem Kind soll Möglichkeit gegeben werden, durch die angebotene Präzision (Genauigkeit) eine innere und äußere Analyse durchführen zu können. Auf diesem Wege kann es sich selbst eine geistige Ordnung aufbauen, die durch die klare und einfache „Struktur des Materials" (K. Ruthenberg) geleitet wird.

(2) Der Isolierungsprozeß kann sich auch auf das von Umwelteinflüssen isolierte, mit dem Material beschäftigte Kind beziehen. Diese Seite der intendierten Isolation hat grundlegende Bedeutung für das Zustandekommen der Konzentration der Aufmerksamkeit, auf die später noch eingegangen wird.

2.2 Elementare didaktisch-pädagogische Materialeigenschaften

Es handelt sich um grundlegende Eigenschaften, die allen Dingen der erzieherischen Umwelt des Kindes gemeinsam zukommen sollen: Begrenzung, Ästhetik, Aktivitätsmomente, Fehlerkontrolle.

2.2.1 Merkmal Begrenzung

Von dieser Materialeigenschaft sagt Montessori, daß es sich um ein durchweg sehr wenig verstandenes Prinzip handelt, das gleichzeitig von großem pädagogischem Interesse ist: Das Material muß mengenmäßig begrenzt sein. Die ungeordnete Vielzahl von Dingen in der Umgebung des Kindes beschwert seinen Geist mit neuem Chaos und bedrückt ihn durch Entmutigung.

„Hingegen muß es das Chaos ordnen, das sich in seinem Bewußtsein durch die Vielzahl von Empfindungen gebildet hat, die es aus der Welt erhielt." (8, 19)

Durch die mengenmäßige Begrenzung wird die Überschaubarkeit gewahrt. Dadurch erhält die kindliche Umgebung eine einfache Struktur (im Sinne von überschaubar vorgegebenen und zugeordneten Dingen), die der Einfachheit seiner Mentalität angemessen ist. (7, 40)

An pädagogischen Wirkungen des Merkmals Begrenzung ergeben sich folgende: Die „Begrenzung" der Hilfsmittel hat als vordringliches und elementares Ziel die Aufgabe, dem Kind zu helfen, Ordnung in seinen Geist zu bringen. Dadurch soll ihm das Verständnis der vielen Dinge, die es umgeben, erleichtert werden. Die Überschaubarkeit bietet Motivationen zu neuen Kontakten mit der Welt. (8, 119)

Begrenzung ist also das pädagogisch-didaktische Prinzip der Überschaubarkeit, das der Ordnung des Chaos im kindlichen Geist dient und Entmutigung verhindert.

Eine weitere pädagogische Funktion des Merkmals der Begrenzung hat sozialerzieherische Wirkungen:

Da das Material nur einmal oder in nur wenigen Exemplaren vorhanden ist, müssen Kinder lernen, aufeinander zu warten und miteinander zu arbeiten. Das Kind lernt, daß es nicht in jedem Fall unmittelbar seinen Bedürfnissen nachkommen kann und auf die Interessen anderer Kinder Rücksicht nehmen muß. (vgl. 11)

2.2.2 Merkmal Ästhetik

Diese Eigenschaft steht im Zusammenhang mit der Anziehungskraft der Dinge, die von Farben, Glanz und schönen Formen ausgeht.

Das Merkmal Ästhetik hat mehrdimensionale pädagogische Relevanz:

Durch ihre Attraktivität besitzen die Gegenstände eine Anziehungskraft: Sie fordern das Kind auf, sich aktiv handelnd mit ihnen zu beschäftigen. Die Psychologie nennt diese initiierende und aktivierende Eigenschaft Aufforderungscharakter zum Handeln.

Montessori bezeichnet diesen Aufforderungscharakter auch als die „Stimme der Dinge", der das Kind gehorchen lernen soll. Hier liegt der verborgene Anfang des Vernehmens von Anruf durch die Vernunft und des Antwortens auf diesen Anruf im Handeln.

> „‚Behandle mich pfleglich', sagen die hellen glänzenden Tischchen, ‚laß mich nicht müßig herumstehen', sagen die kleinen Besen, deren Stiel mit Blümchen bemalt ist, ‚tauche deine Hände hier ein', sagen die mit ihren Seifenstückchen und Bürstchen bereitstehenden sauberen Waschbecken." (8, 117)

Auch an anderer bereits zitierter Stelle wird betont, daß es Dinge verschiedener Art sind, welche Kinder verschiedenen Alters ‚ansprechen': Glanz, Farben, Schönheit lustiger und verzierter Dinge sind „ebenso viele ‚Stimmen', welche die Aufmerksamkeit des Kindes auf sich ziehen und es zum Handeln anregen" (8, 95).

Unter 1.1 dieses Kapitels ist die fundierende Bedeutung hervorgehoben worden, die das Angesprochenwerden des Kindes durch ästhetische Qualitäten im Bereich seiner Entwicklung von Vernunft und verantwortlichem Handeln hat.

Das Vernehmen von Anspruch aus dem Umgang mit Dingen und Menschen hat weitreichende Konsequenzen, insbesondere auch für den Bereich der Gewissensbildung des Kindes. Aus diesem Grunde soll an dieser Stelle etwas ausführlicher darauf eingegangen werden.

Die Anziehungskraft der Dinge kommt einem Anruf, einer Aufforderung zum Handeln gleich. Hier liegt der verborgene Anruf, der selbständigen kindlichen Gehorsam hervorlockt.

Das Gehorchen des Kindes auf die innere Stimme der Gegenstände ist das pädagogische Zentrum für das Eingehen freiheitlicher Bindungen und die Übernahme von Verantwortung durch das Kind.

Dürfen die Kinder in Ruhe und Freiheit mit den sie ansprechenden (auch zerbrechlichen) Gegenständen umgehen, dann fühlen sie eine Liebe für die Dinge, aus der die Bereitschaft einer kindlichen Verantwortung für sie erwächst. Darin hört das Kind die Stimme der Gegenstände: „Sei vorsichtig, sonst werde ich, der kleine hübsche Teller, zerbrechen" (2[1923]58). Dem kleinen Kinde wird es auf diese Weise ermöglicht, seinen begrenzten Kräften gemäß Bindungen einzugehen, in denen das Kind Eigenschaften seiner Umgebung kennenlernt, die einen Anruf zum Gehorsam enthalten. Entspricht es dem Anruf, so führt es eine verantwortliche Handlung aus. Es entwickelt auf diesem konkreten Handlungsweg Sensibilität für das Angerufenwerden durch einen inneren Führer: das Gewissen.

Die Analyse der Erziehungswirkungen des Merkmals Ästhetik läuft auf eine Forderung hinaus: Situationen von verpflichtender Art zu arrangieren und damit die Entwicklung selbstverantwortlichen kindlichen Handelns hervorzulocken und zu fördern. Auf dem Wege über die indirekte Bildung des ästhetischen kindlichen Gefühls wird gleichzeitig die moralische Urteils- und Verantwortungsfähigkeit entwicklungspädagogisch herausgefordert.

2.2.3 Merkmal Aktivität

Der Aufforderungscharakter, der dem zuvor behandelten Merkmal Ästhetik innewohnt, hat enge Beziehung zum Aktivitätsmerkmal. Das Aktivitätsmerkmal geht jedoch insofern über das Merkmal Ästhetik hinaus, als es sich nicht nur um ein einmaliges oder vereinzeltes Angesprochenwerden handelt. Aktivität muß den Charakter einer „unerschöpflichen Anziehungskraft" haben. (8, 118)

Unter dem Gesichtspunkt der Aktivität ist die Eignung des Materials für die *Tätigkeit* des Kindes von ausschlaggebender Bedeutung.

„Die Möglichkeit, die interessierte Aufmerksamkeit des Kindes zu erhalten, hängt nicht so sehr von der in den Dingen enthaltenen „Qualität" ab, sondern vielmehr davon, welche

Anregungen sie zum Handeln bieten... Zum Beispiel müssen kleine Gegenstände zum Verrücken da sein, und in diesem Fall ist es die Bewegung der Hand, mehr als die Dinge selbst, die das Kind beschäftigt hält, viele Male nacheinander die Sachen zusammen- und auseinanderzustellen, umzurücken und neu zu ordnen, und dadurch eine längere Dauer der Betätigung ermöglicht.“ (8, 118)

Die pädagogische Bedeutung liegt in der Beschaffenheit des Materials, das geeignet ist, die Aufmerksamkeit und das Interesse des Kindes zu erwecken und in Gang zu halten. Das Kind muß längere Zeit selbständig mit den Materialien hantieren, handelnd umgehen können.

„Es reizt zur Wiederholung, es gibt verschiedene Möglichkeiten, und das Kind macht verschiedene Erfahrungen damit. Hierbei kommt es den inneren Bedürfnissen des Kindes entgegen.“ (vgl. 11)

Im Hinblick auf spezielle Bedürfnisse (Sensibilitäten) ist das Material für die Tätigkeit des Kindes dann geeignet, wenn es einen phasenspezifischen Aufforderungscharakter hat. Nur dann kann es das Interesse des Kindes angemessen auf sich lenken und durch Anregungen zum Handeln die angesprochenen Sensibilitäten optimal fördern.

2.2.4 Merkmal Fehlerkontrolle

Am Beispiel der Einsatzzylinder läßt sich die Fehlerkontrolle gut demonstrieren:

„Dies sind mit Aushöhlungen versehene Holzblöcke, in die Zylinder mit abgestuften Abmessungen passen: dünn bis dick, hoch bis niedrig, klein bis groß. Da jede Öffnung genau dem dort hineinzusteckenden kleinen Zylinder entspricht, ist es unmöglich, sie alle verkehrt einzustecken, da am Ende einer übrig sein müßte, und dies verrät den begangenen Fehler.“ (8, 116)

Bei dem Zuknöpfen verhält es sich ähnlich. Der vergessene Knopf innerhalb einer Reihenfolge macht sich zum Schluß durch ein leeres Knopfloch bemerkbar. Die Korrektur geschieht durch das Material bzw. das Ergebnis eines handelnden Umgangs mit demselben.

Das Anfangsmaterial ermöglicht in der Regel eine mechanische Fehlerkontrolle, wie sie in dem vorstehenden Beispiel beschrieben ist. Später ist die Fehlerkontrolle durch die schon geschulten Sinne in der Weise möglich, daß das Kind eine Disharmonie feststellt. Im weiteren Entwicklungs- und Lernverlauf vermag das Kind mit Hilfe bereits erworbener Kenntnisse seine Fehler zu erkennen.

„Die sachliche Fehlerkontrolle führt das Kind dazu, bei seinen Übungen überlegt, kritisch, mit einer an Genauigkeit immer stärker interessierten Aufmerksamkeit, mit einer verfeinerten Fähigkeit, kleine Unterschiede zu erkennen, zu verfahren. So wird das Bewußtsein des Kindes auf die Kontrolle der Fehler vorbereitet... Von den Möbeln bis zu dem Entwicklungsmaterial sind alle Gegenstände Verräter, vor deren warnender

Stimme man nicht fliehen kann. – Helle Farben und Glanz verraten Flecke. Die Möbel in ihrer Leichtigkeit verraten die noch unvollkommenen und grobschlächtigen Bewegungen durch Umfallen oder dadurch, daß sie geräuschvoll über den Boden gezogen werden. So wird die gesamte Umgebung zu einem strengen Erzieher..." (8, 116.117)

Die Fehlerkontrolle hat eine Reihe pädagogischer Funktionen:

Durch die Einführung einer sachlichen Fehlerkontrolle kann das Kind seine Fehler selbst entdecken und korrigieren lernen. Die Korrektur durch den Erzieher wird damit stark relativiert, wenn nicht auf weite Strecken gar überflüssig. Statt dessen wird sie in die kindliche Umgebung verlegt und dadurch für das Kind unmittelbar selbst wahrnehmbar.

Die Fehlerkontrolle im Sinne der Selbstkontrolle zielt somit über die didaktische Situation hinaus. Sie steht im Dienste des Erwerbs kindlicher Unabhängigkeit und Selbständigkeit. (vgl. Holtstiege 1991, 79–83)

„Diese Fehlerkontrolle ist grundlegend, weil das Kind durch Selbsttätigkeit und Selbstvertrauen alle Bereiche seiner Persönlichkeit entwickeln kann." (vgl. 11)

Für die Förderung der zentralen Steuerungsfunktion des Gewissens ist noch die Wirkung einer Sensibilisierung der Handlungsbeurteilung hervorzuheben. Montessori spricht einmal davon, daß die innerste Befriedigung des Kindes darin bestehe, „etwas bewußt gut zu machen" (8, 108). Durch die Fehlerkontrolle wird dem Kind die Möglichkeit angeboten, auf dem Wege über den Umgang mit Dingen die konkrete Erfahrung zu machen, ob eine Sache gut oder nicht gut getan war.

An einem weiteren Zitat soll noch einmal verdeutlicht werden, wie konkret und wie früh die Kinder an die Selbsterfahrung der Qualität (Gutheit) ihrer Handlungen mit Hilfe der Fehlerkontrolle herangeführt werden:

„Viele rieten mir, unten an den Tischbeinen Gummiplättchen anzubringen, um so den Lärm zu vermeiden, aber es ist besser, wenn der Lärm jede heftige Bewegung des Kindes verrät. Im Haus der Kinder wird jeder Fehler, jede Ungeschicklichkeit offenbar. Der Stuhl macht brrr... und der Tisch macht trrr... und das Kind wird sich sagen: das war nicht gut." (2, 76)

Außer den beiden behandelten Zielen der Sinnesübungen – der Erziehung und Verfeinerung der Sinne sowie des Erwerbs von geistigen Grundkategorien für den Aufbau und die Organisation von Intelligenz und Geist – nennt Montessori noch eine dritte Intention: das Früherkennen von Organfehlern. Sie spricht von dem Dienst, den die Sinnesmaterialien „bei der Aufdeckung von Defekten der Sinnesfunktionen zu einem Zeitpunkt leisten, in dem zu ihrer Abhilfe noch sehr viel getan werden kann." (8, 114)

Auf die sich hier andeutende Funktion des Materials zur Förderung von behebbaren Behinderungen soll an dieser Stelle nur hingewiesen werden.

3. Materialangebot: Ordnung, Stufen, Lektionen

Das Entwicklungsmaterial ist Teil der „vorbereiteten" oder „angepaßten" Umgebung, auf die im nächsten Kapitel eingegangen wird. Innerhalb der vorbereiteten Umgebung soll das Kind sich frei bewegen und frei wählen können, mit welchem Material es sich beschäftigen möchte. Diese Freiheit schließt unterstützende Hilfe der Erziehenden nicht aus. Wenn es um die erste Begegnung des Kindes mit einem Material geht, ist eine Einweisung in seinen Gebrauch notwendig. (vgl. Holtstiege 1991, 71–74)

3.1 Ordnung und Stufen im Anbieten des Materials

Montessori macht ausdrücklich darauf aufmerksam, daß der Erziehende bei der praktischen Anwendung ihrer Methode wissen muß, in welcher Reihenfolge dem Kinde Übungsserien angeboten werden sollen. Sie hat selbst eine solche Reihenfolge aufgestellt, weist aber darauf hin, daß in der Praxis der Kinderhäuser oft gleichzeitig mit verschiedenen Übungen begonnen wird. Das Anbieten des Materials in seiner Gesamtheit läßt jedoch eine Reihenfolge zu. Sie wird wie folgt angegeben:

Erste Stufe
Stühle lautlos versetzen, Gegenstände umstellen, auf Zehenspitzen gehen (praktisches Leben) – Knüpfrahmen – Einsatzblöcke (Sinnesübungen). Dabei gibt es eine Reihenfolge von leicht zu schwierig: Einsatzzylinder derselben Größe mit abnehmendem Durchmesser, in allen Dimensionen abnehmende Einsatzzylinder, nur in der Höhe abnehmende Einsatzzylinder.

Zweite Stufe
Praktisches Leben: lautlos aufstehen und sich setzen, abstauben – Wasser aus einem Gefäß in ein anderes gießen – auf der Linie gehen – Sinnesübungen – Materialangebot für Dimensionen: Stäbe, Prismen, Würfel – verschiedene Sinnesübungen im Bereich der Paarungen und Kontraste.

Dritte Stufe
Praktische Übungen: sich an- und ausziehen, sich waschen etc. – Verrichtungen bei der Reinigung des Raumes – Essen unter Benutzung des Bestecks – Bewegungsübungen – Übungen zur Kontrolle der Bewegungen beim Gehen auf der Linie – Sinnesübungen: Abstufungsübungen – Zeichnen – Stilleübungen.

Vierte Stufe
Übungen des praktischen Lebens: Tischdecken, Geschirrspülen, Aufräumen – Bewegungsübungen: rhythmisches Gehen – Analyse der Bewegungen – Arbeiten mit dem Alphabet – Zeichnen – Arithmetik: verschiedene Übungen mit dem Material – Eintritt der Kinder in die Kirche.

Fünfte Stufe
Alle weiter oben aufgeführten Übungen des praktischen Lebens und zusätzlich anspruchsvollere Körperpflege wie Zähneputzen und Säubern der Fingernägel – Erlernen der gesellschaftlichen Formen wie Grüßen etc. – Aquarelle und Zeichnungen – Schreiben und Lesen von Wörtern: Befehle – erste schriftliche Rechenaufgaben – wissenschaftliche, geographische, geschichtliche, biologische und geometrische Wörter lesen – Entwicklung des Lesens durch grammatische Einzelheiten in Verbindung mit Spielen. (8, 360–362)

Daß diese Reihenfolge nicht zwingend ist, geht aus der Aussage hervor, ein Kind, das den Wunsch äußere (mit Materialien) zu arbeiten und zu lernen, soll nicht daran gehindert werden, „auch wenn diese Arbeit außerhalb des regulären Programms liegt, das nur für die Lehrerin angegeben ist.“ (8, 362)

Die Motivation zu bestimmten Übungen entspringt also nicht nur dem unmittelbaren individuellen Bedürfnis des Kindes. Da in einer Klasse oder Gruppe Kinder aus drei Altersstufen zusammensein sollen, ist es möglich, daß Kleinere sich spontan für die Tätigkeit der Größeren interessieren und von ihnen lernen. Solcherart motivierten Kindern sollte geholfen werden. (8, 362) Ein solches Helfen geschieht durch Einweisung in die Beschäftigung mit dem Material und seinen weiterführenden Möglichkeiten, z.B. der Sprachförderung.

Aufgabe des Erziehenden ist es, das Kind zu beobachten und – wenn erforderlich – seine Selbsttätigkeit und Eigeninitiativen zu stimulieren. Das Kind bedarf also, zumindest bei dem ersten Kontakt mit einem Material aus der vorbereiteten Umgebung, einer Hilfe, die sich als eine aktive Hilfe im Sinne entwicklungspädagogischer Aufgaben verstehen läßt, damit auch eine gezielte Förderung von Sensibilitäten zustande kommt.

3.2 Technik der Lektionen

Ohne auf die Spezifizierung von Aufgaben der Erziehenden an dieser Stelle näher einzugehen, soll nur das Wichtigste zur Einweisung des Kindes in den sinnvollen Umgang mit dem Material angeführt werden. Diese Einweisung wird auch als Materialgebrauchslektion bezeichnet in Abgrenzung zur Materialbenennungslektion.

3.2.1 Einführung in den Umgang mit dem Material

Das Erteilen einer Lektion verlangt eine bestimmte Technik. Es ist nötig, sie genau zu geben und auch genügend Zeit darauf zu verwenden. Bei der ersten Darbietung holt der Erziehende zusammen mit dem Kind das Material. Das Kind weiß dann die Stelle und kann später selbst die Materialien holen und fortlegen.

„Folgende Punkte sind dabei wichtig:

1. Der persönliche Kontakt spielt eine große Rolle, es muß eine vertrauensvolle Atmosphäre herrschen.

2. Man setzt sich ruhig neben das Kind, wenn es geht rechts, nur bei ausgesprochenen Linkshändern links.

3. Außer dem Material für die Lektion liegt kein anderer Gegenstand auf dem Tisch oder Teppich.

4. Während der Lektion wird so wenig wie möglich gesprochen. Die Handlungen müssen so deutlich sein, daß diese für sich sprechen. Die Leiterin stellt durch das Mittel der Lektion den Kontakt zwischen Kind und Material her.

5. Wenn das Kind die Handlung übernehmen will, wird das zugelassen, falls das Kind den Eindruck erweckt, daß es die Lektion begriffen hat.

6. Ist das Kind gut beschäftigt, geht die Leiterin ruhig weg und beobachtet das Kind in einigem Abstand.

7. Erweckt das Kind den Eindruck, daß es das Material nicht gut gebraucht, wird die Lektion zu einer anderen Zeit noch einmal gegeben. Die Leiterin soll das Kind nicht entmutigen, indem sie auf die Fehler hinweist." (vgl. 11)

Die vorstehenden Punkte sind Teile der Einführung, die als die „Erste Periode" der Lektion gelten. (8, 171)

Im Rahmen der Ausführungen zur ersten Periode der Lektion macht Montessori jene Äußerungen, die im Verlauf der Forschungsgeschichte zu einem immerwiederkehrenden Vorwurf wurden: Fehlerhaftigkeit durch „mißbräuchliche Benutzung des Materials", z. B. „wenn der ganze Block mit den Zylindern wie ein Kärrchen gezogen oder Häuser mit den farbigen Seidenspulen gebaut werden, oder wenn die Kinder auf den in eine Reihe gelegten Stangen laufen, sich einen Schnürrahmen wie eine Kette um den Hals legen und so fort" (8, 172.173).

Eine Beurteilung und Übernahme dieser Auffassung scheint Ermessenssache zu sein – je nach eigenem Standort. Montessori argumentiert mit der aus einer solchen „mißbräuchlichen Benutzung des Materials" folgenden Zersplitterung der Energie und dem Lärm. Das Kind wird dadurch von der Möglichkeit der Konzentration abgelenkt. (8, 173)

Es ist auch zu überlegen, ob nicht auch für das Kind die zunehmende Erkenntnis gefördert werden sollte, daß Materialien ihren Funktionswert verlieren, wenn sie zweckentfremdet verwandt werden. Sachgemäßer Umgang mit den Materialien hat auch ein schon mehrmals in anderen Zusammenhängen behandeltes Ziel: das Erkennen von Elementarstrukturen („Kern" einer Sache). Damit geht die elementare Phase der Vernunftbildung zusammen: das Vernehmen des Anspruchs von Sachgesetzlichkeiten, die sich offenbaren. Dies ist die Voraussetzung für eine entsprechende Handlung, in der sich im Sinne des inneren Gehorsams gegenüber Sachansprüchen frühe Verantwortung ausdrückt.

Für Spielbedürfnisse des Kindes gibt es über das Material hinaus in der vorbereiteten Umgebung ausreichendes Spielzeug und eigene Spielecken. Das Kind hat die Freiheit, sich diesen zuzuwenden.

Die Frage soll offenbleiben, ob Montessori mit einer solchen Auffassung ihr Freiheitsprinzip selbst unterläuft oder ob es nicht doch berechtigt sein könnte, dem Kinde neben den Spielmöglichkeiten auch Möglichkeiten eines sachgerechten Umgangs mit zielgerichtetem Lehrmaterial anzubieten. Darüber hinaus wäre zu fragen, wie dieses Problem in heutigen Vorschulinstitutionen gehandhabt wird, die oft mit sehr kostenaufwendigen Lehrmaterialien arbeiten.

3.2.2 Sprachlektionen – Lenkung durch Sprachübungen

Die Sprachlektionen – auch Materialbenennungslektionen genannt – stehen in unmittelbarem Zusammenhang mit dem konkreten Umgang des Kindes mit Materialien und den in ihnen isolierten (abstrakten) Eigenschaften. Sie nehmen nicht die erste Stelle ein, sondern haben eine eigene, sich an die Gebrauchslektion anschließende Funktion: die vom Kind selbst gemachten Erfahrungen durch *Begreifen* im wörtlichen Sinne werden in dieser weiterführenden Phase verbal erschlossen, d.h. mit Namen belegt.

In der zweiten Zeitspanne greift also der Erziehende ein, „um die Gedanken des Kindes besser zu lenken, das nach der Einführung bereits viele Übungen hinter sich gebracht hat und dem es gelungen ist, die Unterschiede zu erkennen, die das Sinnesmaterial aufweist. Der hauptsächliche Eingriff besteht darin, eine genaue Nomenklatur zu lehren.“ (8, 174)

Die Sprachübung umfaßt drei aufeinander aufbauende Phasen:

(1) das Herstellen der Beziehung von Wahrnehmung und Namen. Es wird eine Verbindung zwischen Wahrnehmung und Namen (Bezeichnungen, Begriffe) hergestellt („Das ist“). In diesem Kontext wird als wichtiges Prinzip die sparsame Verwendung von Worten genannt. Deutlichkeit heißt hier, daß nur die Worte, auf die es ankommt, im Mittelpunkt stehen.

(2) das Wiedererkennen des mit dem Namen bezeichneten Gegenstandes. Durch Namensnennung werden Gegenstände und ihre Eigenschaften wiedererkannt. Das Kind lernt Benennungen in einem passiven Sprachgebrauch („Gib mir!“).

(3) Die Umkehrung und Prüfung des Gelernten: Benennung eines gezeigten Gegenstandes mit dem entsprechenden Namen. Die Kontrolle erfolgt in der Weise, daß gezeigte Gegenstände mit ihren Namen bzw. daß deren Eigenschaften benannt werden müssen („Was ist das?“). In dieser Übung wird der aktive Sprachgebrauch gefördert. (8, 174–176)

Die Lektionen insgesamt haben den Charakter einer Hilfe für die Aufnahme kindlichen Kontaktes mit der erzieherischen Umwelt.

„Wenn das Kind sich selbst erzieht und dem Material Kontrolle und Korrektur des Irrtums überlassen bleiben, dann beschränkt sich die Lehrerin nur noch auf die Beobachtung.“ (8, 181)

Im Hinblick auf die Materialgebrauchslektion wie auf die Materialbenennungslektion wird als ausdrücklicher Grundsatz die Forderung nach Deutlichkeit und Sparsamkeit des Sprechens aufgestellt. (8, 174.175)

In dieser Forderung werden zwei an anderer Stelle schon genannte didaktische Prinzipien beachtet: die pädagogische Analyse der Schwierigkeiten und die Begrenzung und Überschaubarkeit – hier im Sprachbereich. Montessori bleibt innerhalb ihrer aufgestellten Grundsätze konsequent.

Im Hinblick auf eine umfassendere Sprachförderung läßt sich abschließend mit E. Neuhaus fragen, ob Sprach- und Begriffsbildungen nicht „in größere sprachliche Zusammenhänge eingebettet werden müssen" (Neuhaus, E., 1967, 101.100).

Hier tut sich eine Frage auf, die an die nach dem Montessori-Modell arbeitenden Institutionen zu richten ist.

4. Bedeutung der Entwicklungsmaterialien in der Gegenwart

Die Bedeutung der Arbeit Montessoris für die Gegenwart scheint darin zu liegen, Kriterien für die Beschaffenheit von didaktischen Entwicklungsmaterialien gefunden zu haben, die eine angemessene (sie sagt angepaßte) Herausforderung von Entwicklung durch gezielte didaktische Materialien ermöglichen. Das Material gilt nur als ein Mittel, dem Kind bei seiner Entwicklung aktiv zu helfen. Das Kind aber bleibt immer das Wichtigste in allen Bemühungen.

> „Der Ausgangspunkt für das wirkliche Verständnis unserer Arbeit besteht nicht darin, eine ‚Erziehungsmethode' in Erwägung zu ziehen; ganz im Gegenteil, die Methode ist die Folge der Tatsache, daß wir der Entwicklung psychischer Phänomene Beistand geleistet haben, die unbeachtet und ... unerkannt geblieben waren." (8, 359)

4.1 Montessori und die Intention der Entwicklungspädagogik

Es kommt also nicht in erster Linie auf eine ganz bestimmte Methode und ein ganz bestimmtes Material an. Das Ziel Montessoris trifft sich vielmehr mit einer Gegenwartsintention, wie sie in H. Roths Theorie einer Entwicklungspädagogik steckt. Nach dieser Theorie wird Entwicklung in erzieherischer Perspektive als ein beeinflußbares und lenkbares Geschehen betrachtet: „Was den Pädagogen interessiert, ist die Ermöglichung aktiver Entwicklungshilfe, aktiver Entwicklungssteigerung bis zum Optimum der potentiellen Möglichkeiten eines Kindes und Jugendlichen." (Roth, H., 1971, 26)

In dieser Theorie wird von zwei Voraussetzungen ausgegangen: 1. Entwicklung des Menschen ist eine aktiv zu betreibende Aufgabe im Sinne einer fördernden Beeinflussung, 2. Entwicklung ist abhängig „von einer angemessenen Herausforderung des sich entwickelnden Kindes und Jugendlichen durch initiierende Aufgaben ..." (Roth, H., 1971, 34).

Aktive Entwicklungsförderung ist einerseits abhängig vom erreichten Entwicklungsstand des Kindes (den Sensibilitäten seiner Entwicklungsphasen) und andererseits von einer angemessenen Herausforderung durch initiierende Entwicklungsaufgaben.

Montessori drückt den gleichen Sachverhalt – wie zitiert – so aus: der Entwicklung psychischer Phänomene Beistand leisten. Dieser Beistand hat in ihrem Werk sehr konkrete Formen angenommen.

Die Initiierung von Entwicklungsaufgaben wird auch im schon früher (III. 3.3) zitierten *Strukturplan* gefordert. Darunter wird die Bereitstellung von Anregungen in Familie, Kindergarten und Schule verstanden, die so beschaffen sein müssen, „daß sie die individuell verschiedene Ansprechbarkeit und Sensibilität des Kindes zu treffen vermögen" und damit das Kind zu echter pädagogischer Leistung herausfordern. (Deutscher Bildungsrat, 1970, 47)

Als Richtschnur für die Gestaltung und den Einsatz initiierender Entwicklungsaufgaben gilt das ebenfalls (in III. 3) schon erwähnte „Prinzip der Passung". Dabei handelt es sich um das von H. Heckhausen definierte Prinzip einer optimalen Passung zwischen dem didaktischen Angebot und dem sachstrukturellen Entwicklungsstand. „Die Passung ist dann optimal, wenn der Schwierigkeitsgrad des Unterrichtsangebots laufend den Leistungsstand der Schüler nur leicht überfordert." (Heckhausen, H., 1969, 225)

Entwicklungspädagogische Herausforderung gemäß dem Prinzip der Passung ist an die Gestaltung von Förderungsprogrammen nach dem Grundsatz der Kontinuität gebunden – eine Forderung, die sich bei Montessori bereits verwirklicht findet. Nur auf diese Weise läßt sich das Anliegen der gezielten Unterstützung „sachstruktureller Entwicklung" (H. Heckhausen) verwirklichen. Die an verschiedenen Stellen durchgeführte Interpretation ergab, daß Montessori ähnlich denkt: Durch die Meditation über ein Detail der Wirklichkeit soll eine kontinuierliche Strukturierung des Sachwissens bewirkt werden.

Wichtig ist in diesem Zusammenhang die Hervorhebung des von Montessori in ihrer Erziehungsarbeit angewandten „Prinzip(s) der kleinen systematisch aufgebauten Lernschritte" (Lückert, H.-R., 1969, 19). Lückert weist auf die Aktualisierung dieses Prinzips (und sechs weiterer Prinzipien) in der gegenwärtigen Unterrichtswissenschaft hin.

4.2 Frühförderungsprogramme und Kontinuität des Lernens

Auf Montessoris Bedeutung für die Entwicklung *didaktischer Programme,* insbesondere im Bereich der Frühförderung, wird im mehrfach erwähnten *Strukturplan* verwiesen. Dies geschieht im Umkreis der Behandlung von neuen Curricula für den Elementarbereich. (Deutscher Bildungsrat, 1970, 46.104) In diesem Zusammenhang wird ein Curriculum-Ansatz umrissen, der sich inhaltlich mit den Intentionen des von Montessori erstellten didaktischen Programms deckt. Drei Fähigkeitsbereiche werden differenziert: „Orientierungs- und Konzentrationsfähigkeit, Wahrnehmungs- und motorische Fähigkeit, begriffliche und sprachliche Fähigkeiten“ (Deutscher Bildungsrat, 1970, 112).

Im Rückgriff auf H. Thomaes Untersuchung über die „kindliche Periodik“ verweist K. Aurin 1958 auf die von Montessori erkannte Bedeutung der Anfänge elementarer Bildung des Kindes. „Durch elementare Auseinandersetzung mit Arbeitsmitteln, die der geistig-seelischen Struktur des Kindes entsprechen, kann grundlegende Bildungsarbeit im vorschulischen Alter verwirklicht werden, wenn der Antrieb dazu vom Kinde her gegeben ist.“ (Aurin, K., 1958, 4)

Die Thematik der Empfänglichkeitsperioden und ihr Angewiesensein auf entsprechende Anregungen – umgesetzt in Materialien der „Psycho-Didaktik“ (K. Aurin) – wird angesprochen. Von gleichrangiger Bedeutung ist die Aussage, daß grundlegende (elementare) Bildungsarbeit im Vorschulalter durch das Kind selbst erfolgt durch die aktive Auseinandersetzung mit Arbeitsmaterialien.

H.-R. Lückert bezieht sich auf Montessoris Grundauffassung, daß systematische und planmäßige Förderung kindlicher Fähigkeiten notwendig ist. Dies muß einerseits unter Berücksichtigung der Entwicklungsbedürfnisse kleiner Kinder geschehen, für die andererseits gezielte und kontinuierlich aufeinander aufbauende Programme entwickelt und bereitgestellt werden sollten (Lückert, H.-R., Begabungsforschung, 1969, 251). Auf Lückerts Arbeit wird in diesem Zusammenhang verwiesen, weil sie im Bereich der Entwicklung von Frühförderungsprogrammen, anders gesagt, von Curricula für den Elementarbereich initiierende Bedeutung hatte.

(1) Unter dem Aspekt des Lernens in der Familie verweist der *Strukturplan* auf die Notwendigkeit einer „intensiveren Aufklärungsarbeit für die Eltern“ (Deutscher Bildungsrat, 1970, 45). Im Hinblick auf die Familienerziehung wird gesagt, daß die ersten Lebensjahre in ihrer Bedeutung für die Lernbereitschaft des Kindes besser erkannt werden sollten. Wichtig ist die gezieltere Steuerung der Entwicklung durch Anreicherung und Ausgestaltung kindlicher Lernprozesse. Dem Kind muß Gelegenheit geboten werden, „im Lernen eigene Entdekkungen zu machen und mit neuen Situationen und Materialien zu experimentieren“ (Deutscher Bildungsrat, 1970, 44).

Interessanterweise sind zwei Auswahl-Werke aus der Montessori-Pädagogik erschienen, die einen sich gegenseitig ergänzenden Charakter haben. Sie treffen genau die oben umrissene und geforderte Notwendigkeit gezielter Frühförderung in den ersten Lebensjahren. Beide Werke stellen eine Hilfe und Anleitung für Eltern dar.

Montessori zu Hause heißt der Titel eines Buches, in dem der konkrete Einsatz von didaktischen Montessori-Materialien und ihrer Ziele für den „Hausgebrauch“ beschrieben wird (vgl. Hainstock, E. G., 1971). Dieses Buch ist für die Benutzung durch Eltern gedacht.

Eine theoretische Ergänzung bietet das Buch *Montessori für Eltern*. (vgl. 14) In ihm sind die für Eltern wichtigen theoretischen Aussagen Montessoris über die Erziehung der Kinder thematisch geordnet und übersichtlich zusammengestellt.

Die Entdeckung von Montessoris Entwicklungsmaterialien für die familiale Frühförderung und deren theoretische Begründung ist ein weiterer bedeutender Beitrag für die Gegenwart.

(2) Neuere Programme der Vorschulerziehung haben bei genauem Zusehen in vielen Bereichen Ähnlichkeit mit dem Ansatz des didaktischen Montessori-Programms. Das zeigt ein Blick in die Schrift von E. Callies, die einen Überblick über ältere und neuere Programme der Vorschulerziehung enthält. (Callies, E., 1970, 39f.) Der Übersicht über neuere Programme geht eine aufschlußreiche Aussage voraus: „Seit in den letzten Jahren die Forderung nach systematischer Entwicklungsförderung im Kleinkindalter zunehmend Gewicht und Verbreitung fand, ist in den USA wie auch in Europa eine Renaissance der Montessori-Pädagogik zu beobachten." (Callies, E., 1970, 41)

Abschließend soll noch auf eine Gegenwartsbedeutung des Montessori-Materials verwiesen werden:

(3) Die von Montessori in ihrer Erziehungsarbeit angewandten Lernprinzipien werden von H.-R. Lückert in Beziehung gesetzt zum programmierten Unterricht. Er nennt sieben elementare Lernprinzipien für den Lehr-Lernprozeß und sagt von ihnen, daß Montessori sie alle „in ihrer Erziehungsarbeit angewandt und in ihren Werken dargestellt" habe (Lückert, H.-R., 1969, 19). In einem Aufsatz von M. Fritz wird das didaktische Material Montessoris ebenfalls durch sieben Lernprinzipien charakterisiert, die sich jedoch nicht mit den von H.-R. Lückert genannten decken. Für die Autorin ist die Montessori-Pädagogik „auch heute noch eine gute Ausgangsbasis für die Praxis und Theorie der Vorschulerziehung." Die Tatsache der Unterforderung des Kleinkindes läßt es ihr wichtig erscheinen, „bisher erprobte Methoden aufzugreifen und zu praktizieren, bis sie durch bessere ersetzt werden können" (Fritz, M., 1971, 139).

4.3 Kompensatorische Materialfunktion

Bei der gegenwärtigen Curriculumplanung gilt die kompensatorische Entwicklungsförderung als einer der wesentlichen Ansatzpunkte. (Callies, E., 1970, 88) Mit ihrer Hilfe sollen Entwicklungs- und Lerndefizite von Kindern ausgeglichen, Versäumtes soll nachgeholt werden. (Deutscher Bildungsrat, 1970, 110.111)

Nach M. Fritz läßt sich das allgemeinere „Problem versäumter Lernbereitschaften" mit Hilfe der phasenspezifisch erarbeiteten Materialien präventiv lösen, weil auf diese Weise ein „Ausfall von Lernprozessen" didaktisch verhindert wird. (Fritz, M., 1971, 140.139)

Die Bedeutung des Montessori-Materials für den Ausgleich spezieller Behinderungen wird von K. Neise exemplarisch anhand einiger didaktischer Arbeitsmittel beschrieben. (Neise, K., 1973, 740–744) Das von Montessori herausgearbeitete „Prinzip der kleinsten Schritte und die Vielfalt der Übungsmöglichkeiten" deckt sich mit „Grundprinzipien der pädagogischen Arbeit bei Behinderten" (Neise, K., 1973, 738).

Im „Münchener Montessori-Modell" wird die kompensatorische Materialfunktion hervorgehoben. Hier ist gerade der sinnesphysiologische Ansatz der Montessori-Materialien Grund für den systematischen Einsatz zur Förderung des behinderten Kindes. „Behinderungsspezifische Methoden des Lehrens und Lernens finden nach diesem Konzept ... ihren Ausdruck in einer material- und medienorientierten Arbeitsweise, die nach Lerntempo, Abstraktions- und Anspruchsniveau spezifisch auf das einzelne Kind abgestellt werden kann." (Ruthenberg, K. u. a., 1974, 297) Über die direkte Förderung benachteiligter Funktionsbereiche hinaus wird auch der Ausgleich sozialer Benachteiligung durch Sozialintegration angestrebt. Das geschieht mit Hilfe der spezifischen Montessori-Unterrichtsmethoden, die sich sowohl für den Elementar- als auch den Primarbereich als sehr geeignet erwiesen. (Ruthenberg, K. u. a., 1974, 289)

Am Ende dieser Ausführungen sei noch auf ein Problem der Gegenwart hingewiesen, auf das hier nicht näher eingegangen werden kann: die Inhaltsproblematik des Montessori-Curriculums, vor allem für die höheren Schulstufen.

5. Zusammenfassung

5.1 Optimale Erziehungswirkungen sind entwicklungsabhängig

5.1.1 Gezielte Herausforderung gemäß dem Verlauf sensibler Phasen durch angemessene didaktische Übungen und Materialien

5.1.2 Ziele: durch kleine didaktische Schritte die Organisation (= Strukturierung) kindlicher Persönlichkeit fördern →Erziehungswirkung durch gelungenes Wechselspiel zwischen jeweils auftretenden Sensibilitäten und angebotenen Übungen oder Materialien →Synthese zunehmender Wissens- und Gewissensorganisationen: Basis der „Konstruktion seiner selbst" →Ursprungsort verantwortlichen Handelns

5.2 Auswahl- und Konstruktionskriterien für Übungen und Materialien:

5.2.1 Entwurf eines Förderungsprogramms nach sensitiven Perioden mit Aufbautendenz

5.2.2 Pädagogische Analyse auftretender Schwierigkeiten für Ermittlung gegenwartsbezogener Förderung, Zerlegen komplexer Handlungen in Elemente

5.3 Entwicklungspädagogischer Maßstab: Eignung zur Bewegungs- und Sinneserziehung für die Elementarentwicklung von Intelligenz und Personalität

Übersicht: Übungs- und Materialgruppen mit Intentionen

Montessoris Methode (nach Séguin): „Das Kind sozusagen an der Hand führen von der Entwicklung des *Muskel- und Nervensystems* zu der der Sinne“: = Grundlage für Entwicklung der Intelligenz und Organisation der funktionellen Einheit der Person

Prinzipien:
- Beachtung sensibler Phasen
- pädagogische Analyse

→
- Progressive Interessen: durch Merkmal Begrenzung, Ästhetik, Aktivität, Fehlerkontrolle
- Isolation von Eigenschaften im Material = „materialisierte Abstraktion“

1. *Übungen des praktischen Lebens*

1.1 *Übungen zur Personpflege*
sich an- u. ausziehen, säubern

1.2 *Übungen im Umgang mit anderen*
begrüßen, empfangen, bewirten

1.3 *Übungen zur Pflege der Umgebung*
Blumen- u. Wohnungspflege, Tischdecken, Servieren, Spülen

2. *Bewegungsbildung*

2.1 *Übungen des täglichen Lebens:*
anziehen, ausziehen etc. Hilfe: z. B. Knüpfrahmen

2.2 *Gehen auf einer Linie:*
Gleichgewichtsübungen, exaktes Gehen über einen Strich am Boden (Fußspitze u. Absatz auf der Linie)

2.3 *Gleichzeitige Übungen:*
gefüllte Gläser, ohne etwas zu verschütten, Glocken ohne Laut über diese Linie tragen

2.4 *Unbeweglichkeit und Stille:*
als Bewegungskontrolle (aufstehen ohne Geräusch)

2.5 *Gymnastische und rhythmische Übungen*

3. *Sinnesbildung*

3.1 *Tastsinn:*
Tast-, Temperatur-, Gewichts- u. Formempfindung durch Betasten u. Vergleichen: Oberflächenbeschaffenheit, Wärmegrade, Gewicht- u. Formunterschiede

3.2 *Geschmacks- und Geruchssinn:*
Duft von Pflanzen u. Blumen, Zunge mit bitteren, sauren, süßen u. salzigen Lösungen in Verbindung bringen.

3.3 *visuelles und auditives Unterscheidungsvermögen:*
Einsatzblöcke u. Klötze, Farbmaterial, Übungen z. Unterscheidung von Geräuschen (Stille, Geräusch, Musik)

Nahziele: Erlernen der Beherrschung gezielter Bewegungen durch Aufmerksamkeit und Konzentration (Hand, Gehen, Gleichgewicht)	*Nahziele:* Erkennen von Kontrasten, Gleichheiten, Abstufungen, Erkennen von abstrakten Inhalten: Farbe, Form etc. Vergleichen u. urteilen, Früherkennung von Organfehlern
Fernziele: Geordnetheit kindlicher Bewegungen als Grundlage für Selbstbeherrschung (Steuerung) durch Ich und Vernunft (= Gehorsam im Sinne geistigen Gleichgewichts), Prädisposition geistiger und moralischer Entwicklung, Organisation der funktionalen Einheit der Person	*Fernziele:* Ordnung des Chaos kindlicher Eindrücke, Einsicht in Elementarstrukturen, Integration didaktischer Nahziele in die Entwicklung u. Organisation von Intelligenz u. Personalität

- Materialablösung durch das Prinzip des Exemplarischen im

• Sach- und • Institutionsbereich	} „Meditation am Detail" als Mittel zum Studium des Ganzen (= „Dinge auf die Ebene der Abstraktion heben")

= *Modell eines Erziehungskonzeptes, das*

- durch kleine didaktische Schritte
- aufgrund eines gelungenen Wechselspiels zwischen Sensibilitäten und gezielten Übungen
- die zunehmende Organisation von Wissen und Gewissen intendiert: = Basis der Konstruktion seiner selbst als der funktionalen Einheit kindlicher Personalität

5.4 Didaktisches Materialkriterium: Isolation von Eigenschaften in Einzelmaterialien (Farbe, Form, Dimension etc.) – „materialisierte Abstraktionen“ = Modus der Vermittlung des Auffindens von Elementarstrukturen

5.5 Pädagogisch-didaktische Materialeigenschaften →„progressive Interessen“

5.5.1 Merkmal Begrenzung: Vereinfachende, motivierende, sozialerzieherische Bedeutung

5.5.2 Merkmal Ästhetik: Faszinierende und auffordernde Funktion →Päd. Zentrum: Vernehmen von Anspruch →Entsprechung im Sinne von verantwortendem Gehorsam →arrangierte Verantwortungssituation für Gewissensbildung

5.5.3 Merkmal Aktivität: Eignung für initiierende und in Gang haltende Tätigkeit

5.5.4 Fehlerkontrolle: Selbsterfahrungsmöglichkeit für Beurteilung einer Handlungsqualität (gut, nicht gut); durch Sachkorrektur unabhängig von Erzieherbeurteilung

5.6 Einführung in Übungen: Bewegung →Bewegungsanalyse: Sinnesmaterial →Materialgebrauchslektion (sachgerechter Umgang) und Materialbenennungslektion („Begriffenes“ verbal erschließen)

5.7 Gegenwartsrelevanz

5.7.1 Zusammentreffen mit Intentionen der Entwicklungspädagogik: Angemessene Herausforderung durch Entwicklungsaufgaben →Prinzip der Passung

5.7.2 Zusammenhang mit Frühförderungsprogrammen →Kontinuität des Lernens

5.7.3 Kompensatorische Materialfunktion zum Nachholen von Versäumtem

6. Literaturverzeichnis

ADMV, Februar 1974 (München, Schulzentrum Olympia-Park) =

Aktionsgemeinschaft Deutscher Montessori-Vereine E.V.: montessori-information, M 1/1974

Aurin, K.: Aufgaben und Möglichkeiten der Montessori-Pädagogik heute. In: Mitteilungen der Deutschen Montessori-Gesellschaft 3 (1958) 4

Buytendijk, F. J.: Das Menschliche. Stuttgart 1958

Callies, E.: Vorschulerziehung. Münster, 1970

Deutscher Bildungsrat: Strukturplan für das Bildungswesen (abgekürzt: *Strukturplan*). Stuttgart 1970

Dokumentations- und Informationszentrum: Katalog montessorileermiddelenhuis. Zelhem (Holland)

Fritz, M.: Vorschulische Erziehung bei Montessori. In: Evangelische Kinderpflege, 3 (1971) 132–140

Hainstock, E. G.: Montessori zu Hause. Die Vorschuljahre. Freiburg 1971
Heckhausen, H.: Förderung der Lernmotivierung und der intellektuellen Tüchtigkeiten. In: Roth, H. (Hg.): Begabung und Lernen. Stuttgart [4]1969, 193–228
Helming, H.: Montessori-Pädagogik. Herder: Freiburg [5]1971, [13]1987
Holtstiege, H.: Erziehung – Emanzipation – Sozialisation. Bad Heilbrunn 1974
Holtstiege, H.: Montessori-Pädagogik. In: Lenzen, D. (Hg.): Enzyklopädie Erziehungswissenschaft, Bd 7: Hemmer, K. P./Wudtke, H. (Hg.): Erziehung im Primarschulalter. Stuttgart 1985, S. 425–435
Holtstiege, H.: Maria Montessori und die „reformpädagogische Bewegung." – Studien zur Montessori-Pädagogik 1. Freiburg 1986
Holtstiege, H.: Maria Montessoris Neue Pädagogik: Prinzip Freiheit – Freie Arbeit. – Studien zur Montessori-Pädagogik 2. Freiburg 1987
Holtstiege, H.: Erzieher in der Montessori-Pädagogik. Freiburg 1991
Lückert, H.-R.: Das Abenteuer des Lernens. In: Spielen und Lernen 4 (1969) 19–21
Lückert, H.-R.: Die basale Begabungs- und Bildungsförderung. In: Lückert, H.-R. (Hg.), Begabungsforschung und Bildungsförderung als Gegenwartsaufgabe. München – Basel 1969, 225–279 (abgekürzt: Begabungsforschung)
Montessori, M.: Erziehung zum Menschen. München 1982
Montessori-Vereinigung e. V. Sitz Aachen: Montessori-Material, Teil 1: Material für den Bereich Kinderhaus. Verlag Nienhuis Montessori International: Zelhem – Niederlande 1986
Montessori-Vereinigung e. V. Sitz Aachen: Montessori-Material, Teil 2: Material für den Bereich Sprache. Verlag Nienhuis Montessori International: Zelhem – Niederlande 1986
Montessori-Vereinigung e. V. Sitz Aachen: Montessori-Material, Teil 3: Mathematik. Verlag Nienhuis Montessori International: Zelhem – Niederlande 1986
Neise, K.: Montessori-Erziehung bei Geistigbehinderten. In: Zeitschrift für Heilpädagogik 9 (1973) 737–754
Neuhaus, E.: Zur Gegenwartsbedeutung der Montessori-Pädagogik. In: Die deutsche Schule, 2 (1967) 49–88
Oswald, P.: Zur Didaktik Maria Montessoris. In: Mitteilungen des Düsseldorfer Kreises 3/4 (1967) 4–25
Roth, H.: Pädagogische Anthropologie. 2 Bde. Hannover 1968/1971
Ruthenberg, K. u. a.: Das Münchener Montessori-Modell. In: Neue Sammlung 3 (1974) 289–310
van Ewijk, N.: Entwicklungsmaterial. Amsterdam 1986 – Münster 1988 (Westf. Wilh. Univ. FB 9, Institut IV, Münster)

V. Vorbereitete Umgebung – Verteilung des Erziehungswerkes

Die anthropologische Bedeutung der geforderten Bereitstellung einer angepaßten Umgebung drückt sich in einer Feststellung Montessoris aus:

„Der geistige Organismus ist für uns eine dynamische Einheit, die ihre Struktur durch aktive Erfahrungen in der Umwelt wandelt und von einer Energie (horme) geleitet wird." (9,74)

Wie bereits früher (in III. 1.2) erörtert, ist die Entwicklung von potentiellen Energien (horme) angewiesen auf eine Anregungsumwelt voll progressiver Interessen. Diese wiederum müssen auf die jeweils sich äußernden Sensibilitäten abgestimmt sein. Daraus ergibt sich für Montessori eine fundamentale didaktisch-erzieherische Konsequenz:

„Die Vorbereitung der Umgebung und die Vorbereitung des Lehrers sind das praktische Fundament unserer Erziehung." (7, 21)

Die Entwicklungsübungen und -materialien sind Teil der von Montessori so genannten vorbereiteten oder angepaßten Umgebung. Letztere ist jene äußere, gestaltbare und beeinflußbare Welt, durch die dem Kind Hilfen zum Aufbau (Organisation) seiner Persönlichkeit in der Abfolge von Perioden bestimmter Sensibilitäten angeboten werden können. (7, 8) Diese Aufgabe nannte Montessori (1930) ein neues Problem: für das aktive Kind eine angepaßte Umgebung zu schaffen. (7, 39)

Die angepaßte oder vorbereitete Umgebung muß so beschaffen sein, daß sie die Selbsttätigkeit des Kindes fördert mit dem Ziel, daß das Kind durch seine eigene Aktivität den Aufbau (die zunehmende Organisation) seiner Persönlichkeit vollziehen kann. Das wiederum ist nur möglich durch entsprechende „Interaktion mit seiner Umgebung" (vgl. 11).

1. Verteilung des Erziehungswerkes

Ansatzpunkte für dynamisch beobachtende und reflektierende Erziehungsbemühungen sind:

(1) die spontanen Äußerungen von Kindern, denen eine angemessene Anregungsumwelt bereitgestellt wurde, und

(2) notwendig werdende Untersuchungen darüber, wie der Erwachsene sich in dieser Umgebung zu verhalten hat, damit sich die Aktivität des Kindes auswirken kann.

Eine angepaßte Umgebung und ein entsprechendes Erzieherverhalten sind die zwei Grundpfeiler einer Erziehung, die es dem Kinde erlaubt und ermöglicht, es selbst zu werden, selbst eine sittliche Person aufzubauen. Letztere ist eine der beiden Grundforderungen, die Montessori für die Erziehung des Kindes stellt. Sie enthält die andere, an erster Stelle stehende Grundforderung: das soziale Leben von Erwachsenen und Kindern zu ändern und eine neue Beziehung zu schaffen, die es dem Kinde erst ermöglicht, sich selbst als sittliche (selbstverantwortliche) Person zu bilden. (7, 17)

Die genannten pädagogischen Grundforderungen beabsichtigen eine Relativierung der Erzieheraktivität. Konkrete Folgerungen werden verwirklicht durch die Verteilung des Erziehungswerkes auf die vorbereitete Umgebung und auf den neuen Erzieher mit seinem indirekten erzieherischen Handeln.

„Das Erziehungswerk verteilt sich auf Lehrerin und Umgebung. Die frühere ‚Lehrende' wird durch ein sehr viel komplexeres Ganzes ersetzt, das heißt, gleichzeitig mit der Lehrerin wirken zahlreiche Gegenstände (das Entwicklungsmaterial) bei der Erziehung des Kindes mit." (8, 166)

Dem erziehenden Erwachsenen wird bei dieser Verteilung des Erziehungswerkes eine bestimmte Funktion zugeschrieben: „Bindestrich" zwischen Kind und der für seine Aktivität vorbereiteten erzieherischen Umgebung zu sein. (4, 55; 8, 35) Die eigentliche Aufgabe, die den Erziehern zugewiesen wird, besteht in der Wahrnehmung einer Mittlerrolle zwischen Kind und der vorbereiteten Umgebung mit seinen Entwicklungsmaterialien. Sie scheint auf den ersten Blick sehr einfach und bescheiden zu sein. In Wirklichkeit ist sie aber viel diffiziler und anspruchsvoller als eine Methode, in der das Material nur ein Anknüpfungspunkt ist für eine verstandesmäßige Verbindung zwischen Lehrern, die Gedanken übermitteln, und Kindern, die diese übernehmen. (8, 167)

Aktivitäten und Aufgabenbereiche verschieben sich in diesem Erziehungskonzept, dessen praktisches Fundament – wie eingangs erwähnt – die Vorbereitung der Umgebung und die Vorbereitung des Lehrers sind. Sie sind die konkreten Pfeiler, die das „komplexe Ganze" der gezielten kindlichen Entwicklungsförderung tragen. (vgl. Holtstiege 1991, 65–90)

2. Die vorbereitete Umgebung

Eine angepaßte Umgebung für das aktive Kind, so wird jener Teil der Aufgabe des Erziehers beschrieben, durch den er dem Kinde ein Interessenangebot schafft, das seinen jeweiligen Sensibilitäten entspricht.

Die vorbereitete Umgebung muß methodisch, dem kindlichen Entwicklungsstand entsprechend geschaffen werden und beschaffen sein. Dazu genügt nicht die Bereitstellung von „Gegenständen irgendwelcher Art, sondern es muß eine Umgebung von ‚progressiven Interessen' gestaltet werden" (9, 185). Kriterien und Institutionen für eine jeweils angepaßte Umgebung sollen im folgenden herausgearbeitet werden. Das geschieht unter Berücksichtigung der in den drei Hauptphasen jeweils dominierenden Neigungen (Sensibilitäten), wie sie in III. 2.1 dargestellt worden sind. Unter dem institutionellen Aspekt werden die von Montessori erarbeiteten Erziehungspläne für eine entwicklungsangemessene Förderung in den jeweiligen Empfänglichkeitsperioden herangezogen (vgl. Holtstiege, H., 1982).

2.1 Prinzipeller Aspekt – grundsätzliche Kriterien

Im Hinblick auf die dynamische Seite einer aktiven Entwicklungsförderung im Verlaufe von Kindheit und Jugend gilt als fundamentales

2.1.1 entwicklungspädagogisches Prinzip: Kontinuität (5, 24). Wenn auch die Prinzipien der einzelnen Perioden im Hinblick auf die jeweiligen Sensibilitäten unterschiedlich sind, so müssen sie dennoch in einem kontinuierlich weiterführenden inneren Verhältnis zueinander stehen. Daraus ergibt sich als

2.1.2 didaktisches Grundprinzip: Umgebung von „progressiven" Interessen (9, 185).

Gestaltungselemente der vorbereiteten Umgebung müssen so beschaffen sein, daß sie die aufeinanderfolgenden Neigungen des Heranwachsenden seinem jeweiligen Entwicklungsstand angemessen ansprechen, herausfordern und einen weiterführenden Lernprozeß bewirken.

Für das frühe Kindesalter ist die Beachtung des folgenden Grundsatzes wichtig:

2.1.3 eine Umgebung von einfacher Struktur schaffen. Die dem Kind in frühem Alter angepaßte Umgebung darf nicht kompliziert sein, weil das dem Kind die Orientierung unnötig erschwert. Sie muß klar gegliedert und für das Kind überschaubar sein. Eine solche Umgebung kommt dem Kind dadurch zu Hilfe, daß ihm Bilder dargeboten werden, die geordnet sind und bei der Ordnung helfen.

> „Wir bieten dem Kind mit dem Material geordnete Reize an und lehren also nicht direkt, wie man es sonst mit kleinen Kindern zu tun pflegt, sondern vielmehr durch eine Ordnung, die im Material liegt und die das Kind sich selbständig erarbeiten kann. Wir müssen alles in der Umgebung, also auch alle Gegenstände so weit für das Kind vorbereiten, daß es jede Tätigkeit selbst ausführen kann." (7, 13)

Das schon (IV. 2.2.1) erwähnte Merkmal der Begrenzung und Überschaubarkeit hat eine Bedeutung für die Bereitstellung einer Umgebung von einfacher Struktur. Sie hat ermunternde Wirkung zur Initiierung kindlicher Aktivitäten. Das erfordert die Beachtung eines weiteren Prinzips:

2.1.4 reiches Angebot an interessanten Aktivitätsmomenten. (7,20) Die didaktisch vorbereitete Umgebung muß so beschaffen sein, daß sie Aufforderungscharakter zum Handeln besitzt.

„Alle Dinge der Umgebung, die wir dem Kind bereiten, sind so angeordnet, daß sie dem Kind das äußere Ziel anregend darbieten. Das Kind wird dazu aufgefordert, die Handlung aus Interesse zu beginnen, und der Anfangshandlung folgt dann die Wiederholung." (7,13)

Mit dem Grundsatz nach Aufforderungscharakter zum Handeln verbinden sich weitere

2.1.5 Prinzipien: freie Wahl und Bewegung inmitten der angebotenen Umgebung. Das Kind muß die Freiheit der Bewegung und Initiative haben, um aus den angebotenen Mitteln seine eigene Wahl zu treffen. Dadurch findet es von sich aus Gefallen an den Übungen „mit einem wissenschaftlichen Material, das Schritt für Schritt die geistige Entwicklung begleitet ... Die Kinder in Ruhe lassen, sie nicht in ihrer Wahl und ihren spontanen Arbeiten hemmen – das ist alles, was man verlangt" (7,42.43).

Damit dem Kind die freie Initiative und das spontane Handeln innerhalb der angebotenen Umgebung auch praktisch möglich ist, ergibt sich ein nächstes

2.1.6 Prinzip: proportionale Angepaßtheit im Hinblick auf Maße und Gewichte. Die Gegenstände der Umgebung müssen nicht nur von kleinen Ausmaßen sein. Auch ihr Gewicht ist von Bedeutung, damit es dem drei- oder vierjährigen Kind möglich ist – gemäß dem Prinzip der Bewegung und der freien Wahl –, die bereitgestellten Dinge auch bewegen und transportieren zu können.

Die genannten Kriterien laufen auf eine Grundforderung hinaus: Es geht darum, mit Hilfe der genannten Grundsätze eine Anregungsumwelt für das Kind zu schaffen, die seinen Bedürfnissen und Neigungen fortlaufend (kontinuierlich) Rechnung trägt und kindliche Aktivitäten darin freigibt. Die kindliche Lernweise besteht nach Montessori darin, daß sie Schritt für Schritt durch die gestaltete Umgebung jenen Dingen entgegengeleitet wird, die den eigenen inneren Bedürfnissen seines jeweiligen Alters entsprechen. (7,42) Pädagogisch ausgedrückt: Die nach den genannten Prinzipien gestaltete didaktische Umwelt soll die kindliche Aktivität auf die Dinge in ihr lenken und durch sie progressiv weiterführen im Sinne eines strukturierenden Lernens.

„Das Kind begreift durch eigene Aktivität, indem es die Kultur aus seiner ‚Umgebung' und nicht vom Lehrer übernimmt ..." (4,55).

Im Lichte dieses Zitates läßt sich eine weitere Aussage Montessoris verstehen, in der sie von der vorbereiteten Umgebung sagt, daß sie mehr „offenbarenden" als „formenden" Charakter habe. (7,46)

Damit wird eine doppelte Wirkung genannt:

(1) die Umgebung muß Offenbarungscharakter für ein entdeckendes Lernen des Kindes haben,

(2) sie muß ferner durch ihre Eigenart die kindliche Eigenart hervorlocken und enthüllen. Diese Art von Bildung wird auch als „erweiternde Erziehung" bezeichnet (vgl. II. 3.1): durch die Bereitstellung von Raum und Mitteln soll die „Erweiterung der Personalität" ermöglicht werden. (4, 52) Entdeckendes Lernen und offenhaltende, nicht verschüttende Erziehung wären andere Benennungen für Ziele und Funktionen der vorbereiteten Umgebung unter dem Gesichtspunkt der konstitutiven Prinzipien, also der Grundsätze zur Anordnung einer angepaßten Umgebung. Wie im folgenden zu zeigen sein wird, gilt die gleiche Grundauffassung auch hinsichtlich des institutionellen Aspektes, der Organisation von Bildungseinrichtungen zur Förderung kindlicher Selbstbildung. (vgl. Holtstiege 1987, 57–90)

2.2 *Institutioneller Aspekt – Organisationsformen und Inhalte*

Institutionell gesehen, gibt es drei Einrichtungen, von denen sich zwei mit den Formen öffentlich organisierter Erziehung decken: das Kinderhaus und die Schule. Die von Montessori konzipierte Form – einer „Erfahrungsschule des sozialen Lebens" – wurde von ihr nicht realisiert. Es gibt statt dessen Montessori-Gymnasien oder -Lyzeen. (vgl. Holtstiege 1991, 93–125)

2.2.1 Das Kinderhaus

Die Bezeichnung Kinderhaus wurde von Montessori nicht zufällig gewählt. Es handelt sich um eine Organisationsform im Vorschulalter. Durch sie soll eine diesem Alter angepaßte konkrete Anregungsumwelt gestaltet werden.

Mit der Benennung Kinder*haus* wird die pädagogisch-didaktische Berücksichtigung des realen Kinderalltags und damit die Einbeziehung von Übungen des täglichen Lebens zum Ausdruck gebracht. In diesen Übungen sind Tätigkeiten aufgegriffen, die im häuslichen Alltag der Kinder vorkommen.

Die „angepaßte" Umgebung drückt sich aus in den Einrichtungsgegenständen, die in Gewicht und Bedienungsmöglichkeiten den Kräften und Proportionen der Kinder angepaßt sind: kleine Stühle, kleine Tische, kleine Waschtische, verkleinerte Toilettengegenstände, kleine Teppiche, kleine Anrichteschränke, Tischtücher und Geschirr. (7, 39.40) Anstelle schwerer zu öffnender Türen gibt es Vorhänge, an vorhandenen Türen niedrige Klinken und anstelle von Schubladen offene Regale. (7, 40; 8, 54; 12, 106–111)

Die bereits in IV. behandelten speziellen Entwicklungsmaterialien für die Übungen des täglichen Lebens, der Bewegung und der Sinne sind inhaltliche Bestandteile der vorbereiteten Umgebung – hier eines institutionalisierten komplexen Ganzen, das Kinderhaus genannt wird.

Die Vorbereitung der Umgebung – hier des Kinderhauses – und die Selbstvorbereitung der Erzieher sind Hauptaufgaben. Auf letztere wird an anderer Stelle eingegangen werden.

2.2.2 Die Montessori-Schule

Für die Montessori-Schule gilt die gleiche Forderung nach einer angepaßten Umgebung. Montessori will um des Prinzips der Bewegung willen keine Bänke, sondern bewegliche Tische und Stühle.

Abgesehen von der Bedeutung der Bewegungsmöglichkeit für das Zustandekommen der Polarisation der Aufmerksamkeit, ist noch ein weiterer Aspekt zu berücksichtigen: Bewegung als „unerläßlicher Faktor für den Aufbau des Bewußtseins" (6, 136).

Diese Erkenntnis hat Konsequenzen für die organisatorische Gestaltung der Institution Schule.

P. Oswald folgert, daß auf Grund des angedeuteten Stellenwerts der Bewegung dieser auch die ihr „zukommende Beachtung und Ermöglichung im Lernprozeß und in allen Erziehungsinstitutionen eingeräumt werden" muß (Oswald, P., 1967, 10).

Ein anderer Aspekt ist hygienischer und physiologischer Art. Um diese Erfordernisse für Kinder zu berücksichtigen, sollte der Unterrichtsraum so groß sein, daß die größere Hälfte des Bodens frei (unbestellt) bleibt. (1, 153)

Im Sinne der Vorbereitung der Umgebung werden die entwickelten didaktischen Materialien für Sachfächer zur Selbstbedienung der Kinder in Regalen bereitgestellt. (12, 117)

Als Bedingung für die Ermöglichung der Polarisation der Aufmerksamkeit muß die Sitzordnung so gestaltet sein, daß sie spontane Beweglichkeit vorsieht und zuläßt. Hinsichtlich der Zeit wird der Wegfall der Stundeneinteilung und im Blick auf echte pädagogische Motivation und Leistung die Auflösung der Klassenstruktur erforderlich. (7, 39)

Um die spontane Aktivität gemäß sensibler Perioden zu fördern, hat Montessori „in ihren Schulen das Prinzip eines für alle Kinder einer Klasse verbindlichen starren Stundenplans und eines durchgängigen frontalen Klassenblockunterrichts" aufgegeben „zugunsten einer vielseitigen organisatorischen, stofflichen und methodischen Differenzierung" (Oswald, P., 1967, 8). In ihrem „Grundriß der Montessori-Schule" (16, 78–88) nennt Montessori die grundlegenden Organisationsprinzipien (vgl. Schulz-Benesch, G., 1982, 156 f.).

2.2.3 Erfahrungsschule des sozialen Lebens

Es muß unterschieden werden zwischen der von Montessori entworfenen, aber nicht realisierten Idee einer weiterführenden Schule und den im Laufe der Jahre entstandenen Montessori-Gymnasien und -Lyzeen. (vgl. Jordan, H.-J., 1959/1960)

An dieser Stelle wird das von Montessori entworfene Modell herangezogen, das den Charakter einer „pädagogischen Provinz" trägt. In ihrem Plan für die Gestaltung einer weiterführenden Schule soll durch die Organisation einer „Erfahrungsschule des sozialen Lebens" eine komplexe Institution als vorbereitete Umgebung angeboten werden. Sie hat das Ziel, Jugendlichen die Möglichkeit anzubieten, Gefühl und Einsicht für die aktive Mitgestaltung einer Jugendgesellschaft zu entwickeln, die durch Arbeit produziert und ihren Unterhalt verdient. (5, 99.100)

Der Gedanke der Arbeit, wirtschaftlicher Unabhängigkeit, die Einführung in den sozialen Mechanismus der Produktion und des Warenaustausches sowie in die Selbstorganisation und -gestaltung einer sozialen Arbeits-, Studien- und Lebensgemeinschaft haben in diesem Plan zentrale Bedeutung.

Heranwachsende sollen fern vom gewohnten Milieu und dem Elternhaus auf dem Lande leben und in gemeinsamer Arbeit ein Studien- und Arbeitszentrum organisieren und gestalten. Die Arbeit auf dem Land ist das Entscheidende, und zwar in dreifacher Hinsicht: Sie begünstigt die Entwicklung des sozialen Empfindens, bringt Produktion und Gewinn mit sich und legt den Grundstein für soziale Erfahrungen, die eine konkrete Grundlage für das Studium der Zivilisation und das Studium des menschlichen Zusammenlebens bilden. (5, 103)

Die Wirkungen einer solchen Institution bestehen darin, daß die Jugendlichen finanziell unabhängiger und auch damit selbständiger werden. Für das Studium von Bedeutung sind die Einsicht in soziale Produktionsmechanismen und Organisationsprozesse. Im Hintergrund steht der Gedanke einer konkreten Berührung mit der sozial-ökonomischen Realität des Lebens: dem Zusammenleben und Zusammenarbeiten sowie der Mitgestaltung an der Schaffung der entsprechenden Sozialorganisation und der Übernahme sozialer Verantwortung. Für die Gestaltung einer Erfahrungsschule des sozialen Lebens sind drei Institutionen vorgesehen:

ein Bauernhof, der die Grundlage für Produktion und Tausch bildet,
ein Gasthaus im Sinne eines Wohnhotels für Arbeit und Verwaltung,
ein Geschäft im Sinne eines sozialen Hauses.

Letzteres sollte ein Laden in einer benachbarten Stadt sein, der als Zentrum für Handel, Umsatz und gesellige Zusammenkünfte gedacht ist. (5, 104–106)

Die Organisation eines solchen Lebens-, Arbeits- und Studienzentrums gerade auf dem Lande ist auf die speziellen Bedürfnisse (Sensibilitäten) von Jugendlichen abgestellt: Das Leben in der frischen Luft, die gesunde Ernährung und die individuell mögliche Sorgfalt sollen den vitalen Bedürfnissen der körperlichen Entwicklung dienen.

Natur, umgebende Ruhe und Stille befriedigen dagegen geistige Bedürfnisse wie Nachdenken und Meditation. Sie bilden einen Schonraum für die physische und psychische Labilität dieses Alters. (5, 93.102)

Der Charakter des Colleges, den die konzipierte „Erfahrungsschule des sozialen Lebens" hat, läßt Jugendlichen die Möglichkeit, ihren täglichen Rhythmus mit den Erfordernissen von Studium und Arbeit in Einklang zu bringen; die familiäre Atmosphäre dagegen muß sich mehr den Erfordernissen des elterlichen Lebens anpassen.

Montessori grenzt ihren Plan ausdrücklich ab zu den Universitäten auf dem Land:

> „Denn es ist nicht das Land an sich, dem eine solche Kraft innewohnt, sondern die Arbeit auf dem Lande und die ‚Arbeit' im allgemeinen mit dem sozialen Empfinden, das die Produktion und der Gewinn mit sich bringen. Die Beobachtung der Natur ist nicht nur eine Bereicherung des Geistes in philosophischer und wissenschaftlicher Hinsicht. Sie legt auch den Grundstein für viele soziale Erfahrungen, die das Studium der Zivilisation und des menschlichen Lebens hervorbringen... Also bedeutet die Arbeit mit der Erde gleichzeitig eine Einführung in die Natur und in die Kultur. Die Arbeit mit der Erde ist der Zutritt zum unbegrenzten Studienweg der Naturwissenschaft und Geschichte. Was die Ernte betrifft, die darauf folgt, so stellt sie eine Einführung in den fundamentalen sozialen Mechanismus der Produktion und des Warenaustausches dar, auf dem die ökonomische Basis der Gesellschaft ruht. Diese Art der Arbeit führt die Kinder mitten ins soziale Leben hinein, gleichzeitig durch Erfahrung und durch Studium." (5, 103.104)

Die schon früher erwähnte „Meditation am Detail" wird im Rahmen dieser institutionell gedachten vorbereiteten Umgebung für ganz bestimmte Sensibilitäten des Jugendalters deutlich. Nachdenken und Meditieren ermöglichen Einsichten, die mit dem Vernehmen von Aufforderung zum Handeln verbunden sind. Der „offenbarende" Charakter der vorbereiteten Umgebung wirft Licht auf ein entsprechendes Verständnis von Erziehung: Sie ist von entdeckender Art und als solche das Ergebnis einer Meditation am Detail. Meditation und Entdeckung lösen innere Vorgänge aus, die zu Wissens- und Persönlichkeitserweiterungen auf dem Weg über Haltungsänderungen führen. (vgl. Holtstiege 1991, 107-127)

3. Der „neue" Erzieher und die indirekte Erziehung

In der Beschreibung ihrer Untersuchungen zum Verstehen kindlicher Entwicklung und ihrer aktiven Förderung spricht Montessori von zwei einander folgenden Einsichten:

Zunächst gelang es ihr, durch fortschreitende Versuche und deren Wiederholungen eine Umgebung zu schaffen, die eine Freisetzung kindlicher Kräfte und

Initiativen ermöglichte. Dieser Teil ihrer Forschungen ist in dem vorangegangenen 2. Punkt behandelt worden. Die sich anschließenden Untersuchungen beschäftigen sich mit der Frage, „wie der Erwachsene sich in dieser Umgebung zu verhalten hat", damit „das Kind sich auswirken kann" (7,46).

Für ein entsprechendes Erzieherverhalten gilt nicht mehr die übliche Direktheit und Unmittelbarkeit von Lehre und Erziehung. Es wird vielmehr eine indirekte Erziehung erforderlich, bei der das Kind seinen eigenen Anteil mit einbringen kann:

> „Die Grundlage ist also nicht das Nachdenken darüber, wie man das Kind lehren oder erzieherisch beeinflussen kann, sondern wie man ihm eine Umgebung schaffen kann, die seiner Entwicklung förderlich ist, um es dann in dieser Umgebung sich frei entwickeln zu lassen." (7,46)

Die Beziehungsstruktur in der Erziehung und die Art der Einwirkung werden damit Gegenstand weiterer Überlegungen.

3.1 Das Verhältnis zwischen Kind und Erzieher

Die erste Forderung, die an die Erziehung des Kindes gestellt wird, bezieht sich auf die Gestaltung des sozialen Lebens von Erwachsenem und Kind. Ausgangspunkt ist die Frage nach dem bestehenden Verhältnis zwischen Erwachsenem und Kind und die gängigen Vorstellungen des Erwachsenen von seiner Erziehung des Kindes.

> „Immer hat man sich an die Persönlichkeit des Kindes nur in dem einen pädagogischen Sinn gewendet, der das Kind zum Objekt der Erziehung und des Unterrichts macht. In dieser pädagogischen Tendenz hat man eine bestimmte Beziehung zwischen dem Kind und dem Erwachsenen festgelegt. Die Natur der Beziehungen zwischen dem Kind und dem Erwachsenen hat man aber nicht hinreichend untersucht, geschweige denn geklärt. Forscht man ihr nach, so taucht ein soziales Problem auf, das niemals beachtet worden ist: Das Kind und der Erwachsene leben in einer Vereinigung, die Kampf auslöst." (7,6)

Bestehende Schwierigkeiten innerhalb der Erziehung werden in der „Natur der Beziehung zwischen dem Kind und Erwachsenen" vermutet. Diese ist Gegenstand weiterer Untersuchungen. Das führt dazu, den Ansatz für Verbesserungen der Erziehung in der Veränderung der „Natur der Beziehungen" zu suchen. (vgl. Holtstiege 1991, 25–48)

3.1.1 Charakteristik des „bisherigen" Verhältnisses Kind – Erwachsener

„Das Kind und der Erwachsene leben in einer Vereinigung, die Kampf auslöst." Diese Aussage Montessoris führt näher an das Problem heran. Das Kernproblem der Erziehung im Verhältnis von Erwachsenem und Kind ist ihrer Meinung nach weniger ein erzieherisches, sondern eher ein soziales. Das Kind wird durch den Erwachsenen unterdrückt. (6,23) Es geht darum, das Kind aus dieser

Unterdrückung durch den Erwachsenen zu befreien. Die Frage stellt sich: Wie kommt es zur Unterdrückung des Kindes?

Trotz der harten Redeweise wird dem Erwachsenen nicht einfachhin eine negative Einstellung zum Kind unterstellt. Es werden vielmehr die Gründe in erziehungsgeschichtlich wie individualgenetisch bedingten Entwicklungsverläufen aufgespürt. Diese haben in Form von sogenannten Kettenreaktionen schließlich dazu geführt bzw. führen individuell immer neu dazu, daß das Kind und der Erwachsene in einer Vereinigung leben, die Kampf auslöst. Wie aber kommt es dazu?

(1) Am Anfang steht das Unverständnis

Das Kind wird vom Erwachsenen in seiner kindlichen Eigenart nicht erkannt und nicht verstanden. Daraus folgt: Der Erwachsene ist in seinem Verhältnis zum Kind egozentrisch – nicht egoistisch. (6, 26.27)

In diesem Zusammenhang findet sich eine wichtige Aussage: Die gekennzeichnete Situation kann der Erwachsene nicht dadurch ändern, daß er mittels der Vernunft neue Kenntnisse erwirbt und damit Bildungsmängel beseitigt. Das Problem liegt tiefer: in seiner Grundeinstellung zum Kind, in einem Irrtum, „der ihn daran hindert, das Kind richtig zu sehen“ (6, 26). Dieser Irrtum führt zu einem der „brennendsten Sozialprobleme...: ich meine den Kampf um die Anerkennung der Rechte des Kindes“ (6, 290).

(2) Das Unverständnis führt zu einer Kette von Mißverständnissen

Der Erwachsene, der das Kind in seiner Eigenart und in seinem Eigenwert nicht sieht und nicht versteht, beurteilt das Kind ganz nach seinen Maßstäben, „und dies muß zu einem immer größeren Unverständnis führen“. (6, 27)

Montessori nennt eine Reihe von Einstellungshaltungen erziehender Erwachsener, die aus diesem Unverständnis resultieren:

Der Erwachsene fühlt sich als Schöpfer des Kindes und erwartet deshalb Dank.

Er faßt das Kind als Besitz auf und behandelt es entsprechend.

Er beurteilt Gut und Böse der Handlungen des Kindes nach dessen Beziehungen zu ihm selbst.

Der Erwachsene macht sich selbst zum Maßstab kindlicher Handlungen, indem er sich zum Vorbild erhebt, an dem das Kind sich zu orientieren hat.

Er ist deshalb mit der Bekehrung des Kindes beschäftigt; alles was beim Kind vom Charakter des Erwachsenen abweicht, gilt als ein zu korrigierender Fehler.

Der Erwachsene gerät dadurch in einen weiteren Irrtum: Er meint, durch ein solches Verhalten eifrig, voll Liebe und Opferbereitschaft um das kindliche Wohl besorgt zu sein.

Das Kind gilt auch als „Erwerbsartikel“, je nach Neigung, oder als Spielzeug für den Zeitvertreib. (3, 230–232; 6, 27.296)

Eine Erziehung auf der Basis dieser Mißverständnisse ist ein „organisiertes Übel“, durch das die Persönlichkeit des Kindes ausgelöscht wird. (4, 70; 6, 27)

Die beschriebenen Mißverständnisse – auch „pädagogische Irrtümer" oder sogar „pädagogische Schuld" genannt (3, 232.240) – sind jene Ursachen, die zu einem „folgenschweren Grundkonflikt im menschlichen Leben" führen, dessen Wirkungen sich über das ganze menschliche Leben hin ausbreiten. Erwachsener und Kind, die einander lieben und miteinander leben sollten, „befinden sich durch Mißverständnis in einem Konflikt, der die Wurzeln des Lebens zerstört ..." (6, 270)

(3) Aus Mißverständnissen entstehen Konflikt und Kampf.

Auch in diesem Zusammenhang ist ein Eskalationsprozeß beobachtbar:

Der Erwachsene, der das Kind in seiner Eigenart nicht versteht, herrscht im Verhältnis zum Kind.

Das Kind mit seinen eigenen vitalen Bedürfnissen „wehrt sich ... gegen den Erwachsenen, der ihm helfen und es führen will". (7, 47)

So entsteht ein Konflikt, durch den Erwachsener und Kind in einem ständigen Kampf miteinander liegen. (6, 26)

Aus diesem Kampf resultiert eine für das weitere Leben folgenschwere Grunhaltung im Kind: Schon das dreijährige Kind, „ein Kämpfer im Stadium, von Repressionen überwältigt zu werden ... hat bereits eine Verteidigungshaltung entwickelt, die seine tiefere Natur verdeckt" (9, 238).

Das Verhältnis von Erwachsenem und Kind trägt demnach das Merkmal des Kampfes. Montessori weist in einem 1932 gehaltenen Vortrag darauf hin, daß dieser Kampf aufgrund der beschriebenen Konfliktskala und -eskalation sich schon seit Jahrtausenden wiederholt. Er ist bereits ein geschichtliches Phänomen, das sich jedoch in unserer komplizierten und entnervenden Situation akut verschärft zeigt.

„Der Erwachsene besiegt das Kind, und in dem zum Erwachsenen gewordenen Kind verbleiben für immer die Merkmale des berühmten Friedens nach dem Krieg, der einerseits Zerstörung und andererseits schmerzliches Angleichen bedeutet ... Diese Situation hat sich heute im Vergleich zur Vergangenheit sehr veschlimmert. Die Umgebung, die sich der Mensch geschaffen hat, ist immer weiter von der Natur entfernt und dadurch auch immer ungeeigneter für das Kind. Seine Macht ist damit gestiegen, und er beherrscht so das Kind noch stärker. Es gibt kein neues moralisches Gefühl, das den Erwachsenen von seinem blinden Egoismus befreit hätte. Und der reife Mensch besitzt kein neues Verständnis für die gewandelte und ungünstiger gewordene Situation des Kindes. Die alte und oberflächliche Auffassung von der gleichförmigen, progressiven Entwicklung der menschlichen Individualität bleibt unverändert; ebenso der Fehler, daß der Erwachsene dazu berufen sei, dem Kind die von der Gesellschaft gewünschte psychische Form zu verleihen. Diesem uralten und groben Mißverständnis entspringt der Gegensatz und der erste Krieg zwischen Menschen, die dazu bestimmt sind, sich zu lieben: zwischen Vätern und Söhnen, zwischen Lehrern und Schülern." (10, 14)

Die eigentliche Ansatzstelle für eine Reform wird im Zitat sehr deutlich. Der Erwachsene ist als Sieger in einem Kampf beschrieben, aus dem das Kind mit den Merkmalen des „Friedens nach dem Krieg" – erzwungene Anpassung – hervorgeht. Aus dieser Einsicht resultiert eine pädagogisch bedeutsame Konsequenz: Es gilt, den Erwachsenen zu ändern.

(4) Pädagogische Forderung: Änderung des Erwachsenen

Die Analyse der Beziehungsstruktur von Kind und Erwachsenem führt zur pädagogisch notwendigen Forderung einer Veränderung des Erwachsenenverhaltens. (6, 25)

Zur Beschreibung des reformbedürftigen Erwachsenenverhaltens im erzieherischen Bezug werden sehr drastische Bilder verwandt: Der Erwachsene gebärdet sich als Tyrann; er fordert und beleidigt. Der Erwachsene gebärdet sich als Gottheit; er hält sich selbst für vollkommen und maßgebend; er fordert Ehrerbietung. (6, 212) Aus dieser falschen Selbsteinschätzung folgen dann entsprechende Erziehungsanforderungen: Das Kind soll dem Erwachsenen gefügig werden. Die Gehorsamsforderung des Erwachsenen besteht darin, das Kind nach seinem Vorbild zu erziehen.

Der geschilderte Sachverhalt ist dem Erwachsenen nicht bewußt. Dennoch sind die von Montessori so überscharf beleuchteten und überspitzt formulierten Unstimmigkeiten und Ungerechtigkeiten im sozialen Leben von Kind und Erwachsenem die Quelle von Konflikt und Kampf. Im Kontext der vorstehenden Aussagen wird auch deutlich, daß sie sowohl von einer Anfälligkeit menschlichen Verhaltens für Korruption als auch von der Fähigkeit zur Korrektur menschlicher Verhaltensweisen überzeugt ist. Ohne eine solche Annahme wäre die Forderung, den Erwachsenen zu ändern, eine Illusion.

3.1.2 Gestaltung einer neuen Beziehung

Die Art der Beziehungen zwischen dem Kind und dem Erwachsenen, die – wie umschrieben – in einer Vereinigung leben, die Kampf auslöst, ist der Punkt, an dem Reformbemühungen einsetzen und greifen müssen. Hier liegt der Ansatz für eine neue, eine freigebende Erziehung.

> „Die Hilfe, die wir zu geben vermögen, liegt in der äußeren Welt. Dies erfordert vom Erwachsenen eine weise Zurückhaltung, denn eine Eigenart der Beziehungen zwischen dem Kind und dem Erwachsenen – die ihm schrankenlose Macht gibt – liegt darin, daß das Kind immer in Beziehung zum Erwachsenen steht, aber niemals umgekehrt... Das ganze unbewußte Streben des Kindes geht dahin, sich durch die Loslösung vom Erwachsenen und durch Selbständigkeit zur freien Persönlichkeit zu entwickeln. Unsere Erziehung trägt diesem Streben des Kindes in allem Rechnung; und unser Bemühen ist es, dem Kind zu helfen, selbständig zu werden." (7, 8)

Das vorstehende Zitat zeigt, wie schicksalhaft einengend die Beziehung in der Erziehung sein kann durch gedankenlose oder gar gewollte Ausnutzung der „schrankenlosen Macht" des erziehenden Erwachsenen. Bei einer Erziehungsmethode, die auf die Lösung von kindlichen Bindungen und Abhängigkeiten ausgerichtet ist – d. h. positiv: das Kind zur Eroberung seiner Freiheit hinführt –, wird die Reflexion und ständige Korrektur des Erwachsenenverhaltens zu einem Angelpunkt.

(1) Ausgangsthesen für die Neugestaltung der Beziehung

Die Neugestaltung muß die sozial-anthropologische Situation beachten. Das heißt, anthropologisch bedingte Unstimmigkeiten in der sozialen Beziehungsstruktur führen (soziologisch ausgedrückt) zu einer Konstellation mit unterschiedlichem Machtgefälle.

Für eine Neuorientierung lassen sich interpretativ zwei Grundthesen formulieren:

Anthropologisch-soziologische Grundthese:

Beachtung der anthropologisch bedingten sozialen Eigenart der Beziehung von Erwachsenem und Kind. Das Kind kann nur existieren, wenn es in einer Beziehung zum Erwachsenen lebt. Durch die ursprüngliche Angewiesenheit des Kindes auf den Erwachsenen entsteht eine Art von Beziehung, die unterschiedliche Machtverhältnisse aufweist. Diese Auffassung läßt sich durch ein Zitat erhärten:

> „... das Kind ist im Zeichen der Ohnmacht, in der es geboren wird, als soziales Individuum von Bindungen umgeben, die seine Aktivität einschränken." (8, 63)

Für den Erwachsenen ist es wichtig, in seinem Umgang mit dem Kind diese anthropologisch bedingte soziologische Situation zu erkennen, die ihm „schrankenlose Macht" gibt und die von ihm eine „weise Zurückhaltung" fordert.

Die Eigenart der Beziehung zwischen Erwachsenem und Kind liegt also darin, daß diese Beziehung für das Kind lebensnotwendig, also eine existentielle Hilfe ist; gleichzeitig bedeutet diese Beziehung auf Grund der anthropologisch bedingten anfänglichen Ohnmacht und Hilflosigkeit des Kindes eine Gefahr für dasselbe unter soziologischer Perspektive: Eine weitere Eigenart der Beziehung liegt nämlich darin, daß sie durch eine ungleiche Verteilung der Machtverhältnisse leicht den Erwachsenen zum Mißbrauch seines grenzenlosen Machtvorsprungs verleiten kann. Das Kind gerät dann in eine repressive soziale Abhängigkeit, während sein ganzes unbewußtes Streben dahingeht, sich vom Erwachsenen zu lösen und sich selbständig zur freien Persönlichkeit zu entwikkeln – sich zu emanzipieren angesichts des gleichzeitig verlaufenden Sozialisationsprozesses.

Pädagogisch-didaktische Grundthese:

Erziehung gemäß der Eigenart der Beziehung von Erwachsenem und Kind

Die festgestellte Eigenart der Beziehung zwischen Kind und Erwachsenem führt zu einer Konsequenz: Ausschlaggebend für die Erziehung wird das Bemühen, das Streben des Kindes, aus der geschilderten Situation herauszukommen, positiv zu unterstützen. Andersherum heißt das: dem Kind helfen, selbständig und damit vom Erwachsenen unabhängig zu werden.

Montessori sagt, daß ihre Erziehung diesem Streben des Kindes in allem Rechnung trage. Sie gibt die Bitte eines Kindes sozusagen als Devise für die Erziehung aus: „Hilf mir, es selbst zu tun." (6, 274)

Dieses Streben nach Loslösung vom Erwachsenen bringt eine ständige Unruhe, eine Dynamik in die Beziehung von Erwachsenem und Kind und fordert die bereits erwähnte „weise" Zurückhaltung des beteiligten Erwachsenen in diesem Prozeß. Solche Zurückhaltung bedeutet aber nicht Gleichgültigkeit und Abwesenheit.

„Die Freiheit des Kindes kann nicht darin bestehen, daß wir es ‚sich selbst überlassen', es vernachlässigen." (2, 49)

Das Adjektiv „weise" fordert vielmehr eine wissende Zurückhaltung. Es geht positiv darum, dem Kind aktiv zu helfen, sich seine Freiheit selbst zu erobern.

Die Hilfe, die wir zu geben vermögen, liegt in der äußeren Welt. Der eigentliche Bildungsprozeß, aktualisiert und lokalisiert in der noch zu behandelnden Polarisation der Aufmerksamkeit, vollzieht sich durch das Kind selbst. Erziehung kann diese Prozesse durch von außen hinzukommende Faktoren fördern, hemmen oder verhindern. Zu diesen äußeren Faktoren gehört auch der erziehende Erwachsene mit seinen inneren Einstellungen und äußeren Aktivitäten. Er gehört somit zum gestaltbaren Teil der indirekten Erziehungsmethode, ist der „eigentliche „Belebungskomplex" (Lückert, H.-R., 1969, 20).

(2) Inhaltliche Forderungen für die Neugestaltung der Beziehung solcher Forderungen lassen sich unter drei Aspekten zusammenstellen:

Forderung einer neuen Erwachsenenmentalität

Das unstimmige Verhältnis zwischen Erwachsenem und Kind ist Ausgangspunkt der Forderung einer Änderung der Mentalität des Erwachsenen in seiner Beziehung zum Kind, insbesondere im Hinblick auf die Erziehung. Es geht dabei um eine innere und äußere Haltungsänderung.

„Sie ist nicht zu erreichen durch das Studium psychologischer oder pädagogischer Wissenschaft, sondern allein durch innere Einkehr. Die Lösung der Frage gipfelt nicht darin, das dem kindlichen Leben notwendige Milieu zu schaffen, sondern es tritt die zweite sittliche Forderung an uns heran, zu erkennen, daß es die schöpferische Mission des Kindes ist, eine sittliche Persönlichkeit zu bilden." (7, 17)

Die Aussage Montessoris in dem obigen Zitat, daß eine Haltungsänderung des Erwachsenen nicht durch wissenschaftliches Studium zu erreichen sei, muß im Kontext des ganzen Zitates gelesen werden. Es enthält eine Relativierung der Aussage. Es müssen außerdem ähnliche Aussagen hinzugezogen und miteinander verglichen werden. Hier liegt ein (in III. 1.3) bereits dargestelltes hermeneutisches Problem, das beim Studium ihrer Werke entsprechend zu beachten gilt.

Im vorstehenden Zitat wird eine Priorität ausgedrückt: grundlegend ist die Selbsterkenntnis. In ihr können wissenschaftliche Erkenntnisse erst wirksam werden. Die geforderte Haltungsänderung des Erwachsenen ist also gebunden an „innere Einkehr", „Selbstprüfung", „Einsicht in den in ihm liegenden Irrtum" (7,17; 6,26.213).

Die egozentrische Betrachtungsweise des Kindes durch den Erwachsenen gilt, wie ausgeführt, als Wurzel von Konflikt und Kampf, die im Verhältnis der Erwachsenen zum Kind aus Unverständnis und Mißverständnis erwachsen. Solche Egozentrik entsteht aus dem Fehlen eines besonnenen Beobachtens und Bedenkens der kindlichen Situation.

Ein Denken vom Anderen und nicht vom Ich her wird zum Ausgangspunkt für eine Haltungsänderung des Erwachsenen. Mit innerer Einkehr und Selbstprüfung ist die Besinnung auf die Situation gemeint, in der er sich dem Kind gegenüber befindet, sowie auf die Absichten, die er mit seinen Einwirkungen auf das Kind hat. In diesem Zusammenhang wird eine harte Aussage verständlich:

> „Der Kampf zwischen Erwachsenem und Kind wickelt sich in der Familie und in der Schule in jener Form ab, die noch heute mit dem alten Wort ‚Erziehung' bezeichnet wird." (10,16.17)

In der Besinnung kann die beschriebene groteske Situation im Sinne pädagogischer Irrtümer sowie Vorurteile und Mißverständnisse im Hinblick auf das Kind erkannt werden. Dazu gehört die Bereitschaft zur Einsicht, daß auch „psychologische Unwissenheit der Erzieher" beigetragen hat „zu diesem Zustand der Dinge" (3,220). Durch Einkehr und Besinnung wird es möglich, das Kind unvoreingenommener zu beobachten, seine Eigenart als Mensch und seine damit auch gegebenen Rechte zu erkennen.

Die Anerkennung dieser menschlichen Situation des Kindes ist die Grundlage für eine veränderte Mentalität und Haltung des Erwachsenen in der Gestaltung seiner Beziehung zum Kind. (6,290; 4,67; 7,26.35)

Forderung einer neuen Beziehungsstruktur

Die Gestaltung der Beziehung des Erwachsenen zum Kind auf der Basis der Achtung drückt sich aus in „Bescheidenheit", „Geduld", „Liebe". (7,26.36.38)

Sie sind die Voraussetzungen für die Selbstoffenbarung eines Kindes, das nicht durch repressive Behandlungsweisen kontinuierlich dazu verleitet wird, seine berechtigten Wünsche zu verbergen oder gar zu verleugnen.

> „Wir wollen wirklich mit unserer neuen Pädagogik nicht dafür eintreten, daß man das Kind fragen müsse, ‚was ihm gefällt'. Aber auf der Grundlage unserer Achtung für das Recht des Kindes auf eine gesunde Erziehung sagt es uns, welches seine wahren Bedürfnisse sind..." (3,241)

Unter negativem Aspekt betrachtet, fordert die Gestaltung einer neuen Beziehung auf der „Grundlage der Achtung" zunächst dreierlei vom Erwachsenen: 1. Beseitigung der Barrieren für die positive Gestaltung des Bezuges, insbesondere durch das Ablegen der „Honoratiorenrobe“, hinter der sich der Hochmut verbirgt, durch den der Erwachsene „seine Überlegenheit dokumentiert“ (6,210.211), 2. Rücknahme der Aktivität des Erwachsenen bei gleichzeitiger Freigabe der kindlichen Aktivität (7,43.44), 3. Verminderung der Autorität in Entsprechung zur wachsenden Fähigkeit des Kindes, sich selbst zu leiten. (7,48)

Positiv gesehen, drückt sich die Neugestaltung der Beziehung durch eine veränderte Haltung des Erwachsenen dem Kind gegenüber aus: „... durch *Achtung* vor seiner schöpferischen Aufgabe (und) durch das Vorbereiten einer offenbarenden Umwelt“ (7,25).

Eine durch die genannten Faktoren – Achtung vor der schöpferischen Aufgabe des Kindes und Vorbereitung einer offenbarenden Umgebung – gestaltete (strukturierte) neue Beziehung hat auch entsprechende Erziehungswirkungen. In einer solcherart neugestalteten Beziehung kann der zentrale Selbstbildungsprozeß des Kindes zustande kommen: die Polarisation der Aufmerksamkeit mit ihren persönlichkeitsfördernden Wirkungen. (vgl. VI. 3)

Die Bildung der funktionalen Einheit der kindlichen Persönlichkeit hängt ab von der Art der Begegnung zwischen Kind und Erwachsenem im erzieherischen Bezug.

Liebe und Achtung des Erwachsenen vor dem Kind vermögen durch ihnen entspringende erzieherische Maßnahmen den kindlichen Willen zum Guten zu stärken. (7,17)

Die Achtung vor dem Kind ist letztlich Ausdruck einer disziplinierten Liebe des Erwachsenen.

> „Immer muß die Haltung des Lehrers die der Liebe bleiben. Dem Kind gehört der erste Platz, und der Lehrer folgt ihm und unterstützt es.“ (7,21)

Hier werden die beiden Pole deutlich, zwischen denen die Beziehungsstruktur in aktiven Balanceprozessen ausgestaltet werden muß: Einerseits wird gesagt, daß das Kind nicht gefragt werden müsse, was ihm gefällt. Auf der anderen Seite steht die Aussage, daß das Kind sich erst selbst darstellen kann auf dem Boden der ihm entgegengebrachten Achtung. Diese ist Ausdruck einer Liebe, in der dem Kind der erste Platz gehört.

Die so charakterisierte Beziehungsstruktur ist von dialogischer Beschaffenheit. M. Fritz drückt dies in der Feststellung aus, daß Montessoris Methodik und Didaktik „an einen demokratisch partnerschaftlichen Erziehungsstil“ gebunden ist (Fritz, M., 1971, 132).

Entwicklung eines neuen Selbstverständnisses der Erziehenden

Zwei pädagogische Grundforderungen wurden schon genannt: 1. Das soziale Leben von Erwachsenem und Kind im erzieherischen Bezug bedarf einer Neugestaltung. 2. Der Erwachsene muß sich bewußt werden, daß es die schöpferische Aufgabe des Kindes ist, selbst seine sittliche Persönlichkeit zu bilden, d. h. in zunehmender Freiheit selbst verantwortlich handeln zu lernen. (vgl. V. 1.)

Die zuvor beschriebene Haltungsänderung kann die skizzierte Neugestaltung der Beziehung zwischen Kind und Erwachsenen ermöglichen, in der „das Kind sich auswirken kann“ (7, 46).

Die so beschriebene veränderte Erziehungssituation ist die unverzichtbare Voraussetzung für den „Aufbau der eigenen Person“ durch das Kind selbst.

Im Hinblick auf die für den kindlichen Selbstaufbau zu schaffende Erziehungssituation muß der Erwachsene ein neues Verständnis von sich als Erzieher gewinnen, indem er die Grenzen begreifen lernt, innerhalb deren er pädagogisch handeln darf. (7, 7; vgl. Holtstiege 1991, 49–62)

Für das Selbstverständnis des geforderten „neuen“ Erziehers bietet Montessori Umschreibungen an.

Die beiden Aspekte – Lösung der starken Bindung an den Erwachsenen und Freigabe der kindlichen Aktivität für den „Selbstaufbau“ – bewirken ein Verständnis der Erzieher

als *Gehilfe:* Elterliche Autorität stützt sich darauf, nicht Baumeister, sondern Wächter und Helfer des Kindes zu sein, das sich selbst aufbaut. (9, 14; 6, 290) Da die Hilfen nur in der äußeren, gestaltbaren Welt liegen können, fordert diese Tatsache eine entsprechende „wissende“ Zurückhaltung – auch in Aktivitäten.

als *Interpret:* Dieser „ist für das Kind ‚die große Hoffnung‘; das ist jemand, der ihm den Weg zu den Entdeckungen öffnet, wenn ihm die Welt die Türen verschlossen hat“ (9, 122). An ihn kann sich das Kind in seinen unartikulierten Bedürfnissen wenden. Das setzt allerdings die Beobachtung kindlicher Bedürfnisse voraus und hat zur Folge: der kindlichen Aktivität folgen und ihr nicht vorschreibend vorausgehen. (7, 37)

In diesem Zusammenhang erhebt sich die Forderung nach Bereitstellung einer erzieherischen Umwelt „von offenbarendem Charakter“ in zweierlei Hinsicht: Der sich als Interpret verstehende Erzieher verhilft dem Kind auf indirekte Weise (über den „offenbarenden“ Charakter der angepaßten Umgebung) zur Selbstentdeckung. Er erschließt so kindliches Selbstverständnis. Der offenbarende Charakter einer vorbereiteten Umgebung führt zur Entdeckung der noch unverständlichen Welt durch die Selbsterschließung in Vorgängen der Konzentration der Aufmerksamkeit.

1950 charakterisiert Montessori den neuen Typus des Erziehers als Gehilfen, Diener und Mitarbeiter. (4, 64)

Den frühen Kennzeichnungen fügt sie weitere hinzu – Leiter und Organisator spontaner Aktivität sowie Anreger kindlicher Freiheit. Der aus der dynamischen Erziehungs-Beziehung hervorgegangene neue Typus des Erziehers läßt sich unter fünf Kennzeichnungen seiner „Gestalt“ oder „Figur“ umreißen: Diener des menschlichen Geistes, Mitarbeiter, Gehilfe und Beistand, Leiter und Organisator, Anreger kindlicher Freiheit. (Holtstiege 1991, 50; 49–64)

3.2 Aufgaben einer indirekten Erziehung

Indirekte Erziehung meint eine Art mittelbarer Leitung der spontanen Selbstbildung des Kindes. Wichtig ist die eindeutige Bejahung der Notwendigkeit von Erziehung:

> „Die erzieherische Hilfe für das Kind darf nicht abgeschafft werden, nicht sie ist es, die uns hindert, das Kind zu verstehen, sondern der innere Zustand des Erwachsenen." (13, 86)

Auf die durch den Erwachsenen entstehenden Barrieren in der erzieherischen Hilfe und auf die erforderliche Veränderung des Erwachsenen ist im vorangegangenen Punkt ausführlich eingegangen worden.

Die Art der erzieherischen Hilfe und die daraus entstehenden konkreten Aufgaben rücken nun in den Mittelpunkt des Interesses. (vgl. Holtstiege 1991, 65-90)

3.2.1 Lernprozeß und Technik indirekten Eingreifens

Montessoris Überlegungen gehen von der Beobachtung der spontanen Selbsttätigkeit aus. Sie beziehen damit auch die Frage nach der Selbstbildung des Kindes ein. Ihre Beobachtung der „Art der Aneignung der Bildung" durch die Kinder zeigte, daß diese Selbsttätigkeit nur dann möglich ist, „wenn der Lehrer die wissenschaftliche Technik eines ‚indirekten Eingreifens' anwendet" (4, 55).

Der Lehrer greift nach dieser Aussage tatsächlich ein, um den natürlichen Entwicklungsverlauf zu unterstützen. Er gilt zudem als der lebendige Teil der vorbereiteten Umgebung, jene beeinflußbare „äußere Welt", in der die erzieherische Hilfe liegt, die wir dem Kind geben können.

Der eigentliche Lernprozeß jedoch vollzieht sich durch Austauschprozesse von Kind und Sache, Kind und Umgebung im Verlaufe der Polarisation von Aufmerksamkeiten – dem (in Kapitel VI) noch zu behandelnden Schlüsselphänomen. (Es ist sinnvoll, auf die „Art der Aneignung der Bildung" auch erst dort näher einzugehen.)

> „... das Kind kann nicht ... nur durch die Arbeit des Lehrers, der ihm die Dinge erklärt, lernen, und sei es auch der beste und vollkommenste aller Lehrer. Auch wenn das Kind lernt, folgt es inneren Gesetzen der geistigen Bildung, und es gibt einen direkten Austausch zwischen der Umgebung und dem Kind, während der Lehrer mit seinem Interessenangebot und mit seinen Einführungen (iniziazioni) primär einen ‚Bindestrich' (trait-d'union) darstellt." (4, 55)

In der zitierten Verlagerung der Lehreraktivität hin zu einer Mittlerrolle kommt die Technik indirekten Eingreifens oder indirekter Leitung zum Vorschein. In dieser Indirektheit der Leitung bleibt die Führungsaufgabe erhalten. Sie besteht darin, „die spontane Erziehung des Kindes (zu) leiten und ihm die notwendigen Kenntnisse (zu) vermitteln" (8, 182).

Entscheidend ist, daß beides indirekt geschieht durch die Bereitstellung eines Interessen weckenden Angebotes und durch das Eingehen auf die sich äußernden Interessen des Kindes. Eine schon erwähnte Forderung wird erneut relevant: Der Erzieher muß dazu die Grenzen begreifen lernen, innerhalb deren er pädagogisch handeln darf. Das Erspüren des notwendigen Maßes an erzieherischer Hilfe für das Kind wird zu einer wichtigen Aufgabe. Montessori spricht von der „Begrenzung des Einschreitens". Dem Kind muß geholfen werden, wo sich sein Bedürfnis dafür äußert. „Doch schon ein Zuviel dieser Hilfe stört das Kind." (7, 21)

Um den Bildungsgang des Kindes zu leiten, darf der Erzieher nicht mehr von sich, von der Kultur ausgehen. Wenn er den Bildungsprozeß des Kindes wirklich fördern und leiten will, so muß er dem Kind nachgehen und sein eigenes Handeln und Vorgehen von ihm abhängig machen, nicht umgekehrt. (7, 37) Dazu bedarf es der Geduld und auch des Wartenkönnens.

> „Die wahre Hilfe ... liegt nicht im Befolgen eines impulsiven Gefühls, sondern entspringt einer disziplinierten Liebe, die mit Verstand angewandt wird ..." (9, 253)

Indirektes Eingreifen als eine mit Verstand angewandte Liebe wäre somit die Formel, mit der Montessori eine selbst gestellte Frage beantwortet: die Frage, wie der Erwachsene sich in der vorbereiteten Umgebung zu verhalten habe, damit das Kind sich in ihr auswirken kann. (7, 46)

3.2.2 Aufgaben einer indirekten Erziehung

Die Vorbereitung der Umgebung und die Vorbereitung des Erziehers sind – wie bekannt – das praktische Fundament der Montessori-Pädagogik. Dementsprechend müssen die Aufgaben einer indirekten Erziehung von dieser Basis her aufgezeigt werden.

(1) Die Vorbereitung des Erziehers (Lehrers)

Sie erstreckt sich einerseits auf die Selbstvorbereitung. Dabei geht es vorrangig um die fortwährende Selbstprüfung und Selbstkorrektur hinsichtlich der inneren Einstellung zum Kind sowie des erzieherischen Handelns. (9, 249) Die Selbstvorbereitung bezieht auch die persönliche Pflege des Erziehenden ein, denn er „ist der lebendigste Teil der Umgebung" (9, 250).

Die Vorbereitung umfaßt andererseits die Bereitstellung und Pflege einer angepaßten Umgebung in Kinderhaus oder Schule; die erste Aufgabe besteht darin, Wächter und Aufseher der Umgebung zu sein, eine Funktion, die als „indirekte Arbeit" bezeichnet wird:

> „Die erste Aufgabe ... besteht also darin, vor allen anderen Dingen die Umgebung zu pflegen. Das ist eine indirekte Arbeit, und wenn die Umgebung nicht gut gepflegt ist, wird es weder auf physischem noch intellektuellem oder spirituellem Gebiet wirkungsvolle und dauerhafte Ergebnisse geben." (9, 250)

Der Erzieher hat außer der beschriebenen Vorbereitung und seiner Anwesenheit für notwendige Hilfengebung die Kunst zu erlernen, auf die Seite zu gehen und sich selber auszuschalten, um das Wachstum des Kindes in seinen verschiedenen Tätigkeiten nicht zu hemmen.

(2) Aufgaben innerhalb der vorbereiteten Umgebung

Solche Aufgaben lassen sich nach zwei Gesichtspunkten unterscheiden: 1. Aufgaben von aktivem initiierendem Charakter, 2. Aufgaben mit überwiegend indirekter Lenkung.

Aufgaben aktiver Art

Die eigentliche Aktivität des Erziehers ist darauf gerichtet, das Kind in Beziehung zu einem Gegenstand zu setzen. Diese Wahrnehmung seiner Mittlerrolle setzt zweierlei voraus: Er muß zunächst wissen, was an Arbeit auf ihn zukommt, und es ist ferner wichtig, daß er die dem Material, also den „Entwicklungsmitteln" vorbehaltene Aufgabe gut kennt.

Im einzelnen lassen sich folgende aktive Aufgaben umreißen:

exakte Kenntnis des Materials und der entsprechenden Technik zur Einführung,

Pflege der Materialien und der Ordnung innerhalb der erzieherischen Umgebung

Überwachung des „Arbeitsklimas" innerhalb der vorbereiteten Umgebung während der Anwesenheit darin arbeitender Kinder, damit z.B. „ein in seine Arbeit vertieftes Kind nicht durch ein anderes gestört wird" (8, 169).

Erteilen von Lektionen oder die Einweisung in den Umgang mit den Materialien (vgl. IV., 3.2).

Aufgaben indirekter Lenkung

Bei diesen Aufgaben geht es darum, „das Kind so zu behandeln, daß es wirkungsvoll gelenkt wird" (8, 168). Das Verhalten des Erziehers innerhalb der spontanen Selbstbildung des Kindes spielt eine bedeutende Rolle. In Montessoris Arbeiten finden sich drei Hinweise für ein entsprechendes Erzieherverhalten:

die Konzentration des Erziehers auf die Umgebung. Diese Forderung wurde bereits im Rahmen der Darlegung aktiver Aufgaben behandelt. Die beiden weiteren Gesichtspunkte beziehen sich auf das Verhalten des Erziehers gegenüber kindlichen Arbeitsinitiativen. Sie richten sich damit auf das konkrete Verhalten bei der Herstellung einer Beziehung zwischen Kind und Gegenstand, die in einer Polarisation der Aufmerksamkeit oder der Konzentration gipfelt.

Während der Anfangsphase (Wahl eines geeigneten Gegenstandes durch das Kind und dessen Beschäftigung mit ihm) kann oder soll der Erzieher noch eingreifen. Es geht in dieser Phase darum, das Kind zu aktivieren und Aufmerksamkeit zu erwecken durch Materialangebote. Außerdem soll falscher Gebrauch der Materialien durch eine richtige Einweisung mit Hilfe von Lektionen verhindert werden. (8, 171; 9, 251)

Gerade in der Anfangsphase ist die genaue Beobachtung der Art der kindlichen Beschäftigung mit dem Material von großer Wichtigkeit. Dazu braucht der Erzieher die Fähigkeit, jene „zwei Arten der Tätigkeiten (des Kindes) unterscheiden zu können, die beide den Anschein der Spontaneität haben": den puren Impuls von der spontanen Energie, die einem ausgeruhten Geist entspringt. (9,238)

Achtung vor der einsetzenden Konzentration

Sobald das Kind beginnt, sich intensiv auf eine Beschäftigung mit einem Material einzulassen, darf es nicht mehr gestört und unterbrochen werden. Für diese Situation gilt als absolutes Prinzip: „Nicht eingreifen". Das bedeutet, in keiner Weise eingreifen. Das Interesse des Kindes konzentriert sich nicht nur auf die Arbeit, sondern häufig auch auf den Wunsch, Schwierigkeiten zu überwinden. Der Erzieher soll deshalb auch nicht in die Lösung des Problems eingreifen, wenn das vom Kinde nicht verlangt wird. (9,252.253)

Es findet sich noch ein vierter Hinweis für das konkrete Erzieherverhalten in einem anderen Kontext:

Guter Abschluß und bestätigende Ermutigung

Wenn das Kind spontan seine Arbeit aufgibt, soll der Erzieher sich ihm wieder zuwenden. Dies ist der Zeitpunkt, an dem seine Autorität „am meisten vom Kind verlangt wird" (9,247).

> „Wenn das Kind in seiner intelligenten Tätigkeit etwas vollbracht hat – eine Zeichnung, ein geschriebenes Wort oder irgendeine andere kleine Arbeit –, geht es zur Lehrerin und möchte, daß diese ihm sagt, ob es seine Arbeit gut gemacht hat. Das Kind geht nicht fragen, was es tun soll und wie es etwas tun soll, und verteidigt sich gegen jede Hilfe: Die Wahl und die Ausführung sind Vorteile und Errungenschaften der befreiten Seele. Aber wenn die Arbeit getan ist, verlangt das Kind nach der Bestätigung durch seine Lehrerin... Die Lehrerin muß dann mit einem Wort der Zustimmung antworten, mit einem Lächeln ermutigen... Wenn das Kind einmal sicher ist, wird es tatsächlich nicht mehr länger bei jedem Schritt die Zustimmung der Autorität suchen." (9,247.248)

In dieser Phase wird auch die früher genannte Aufgabe des Erziehers wieder aktuell: Wächter der geordneten Umgebung zu sein. Hier kann und soll er wiederum eingreifen, damit das Kind lernt, das Material auf seinen Platz in der vorbereiteten Umgebung zurückzubringen. (8,174)

Das Kind erfährt darin den Anruf, eine Aufgabe, für die es sich selbst durch die Wahl eines Gegenstandes entschlossen hat, ganz abzuschließen und damit zu einem guten Ende zu bringen: das benutzte Material an seinen Platz zurückzulegen, damit ein anderes Kind es dort finden kann.

So vereinigen sich beide für den kindlichen Lern- und Entwicklungsprozeß als erforderlich bezeichneten Faktoren: die Führung und Leitung als Aufgabe des Erziehers und die individuelle Übung als Werk des Kindes. (8,182) In diesem Zusammenhang wird sehr deutlich, daß Montessoris Erziehungskonzeption sozusagen mit dem Erzieher „steht und fällt“. Th. F. Klaßens Feststellung der „Tatsache, daß die Montessoripädagogik eine Pädagogik ohne Pädagogen ist“ (Klaßen, Th. F., 1975, 591.592), dürfte am Ende dieser Ausführungen widerlegt sein.

Durch die Forderung nach indirekter Lenkung sowie durch die Verteilung des Erziehungswerkes hat der Erzieher einen anderen, jedoch nicht geringeren Stellenwert im Gesamtkonzept erhalten. Die Ansprüche, die an ihn gestellt werden, erfordern ein größeres Engagement. Das betrifft einerseits seine ständige teilnehmend-beobachtende Anwesenheit. Das betrifft auch den hohen Anspruch an Zeitaufwand für die Vorbereitung und Pflege der angepaßten Umgebung für den heranwachsenden jungen Menschen.

Diese Form erzieherischen Einsatzes ist – wie schon früher zitiert – als Haltung der *Liebe* umschrieben worden. Das Erzieher-Kind-Verhältnis ist letztlich durch diese Liebe konstituiert und strukturiert – begründet und gestaltet. Montessori hat jedoch eine sehr eindeutige Vorstellung vom Charakter dieser erzieherischen Liebe: sie bedeutet nicht, wie schon zitiert, das Befolgen eines impulsiven Gefühls; sie entspringt vielmehr einer „disziplinierten Liebe, die mit Verstand angewandt wird“ (9, 253).

Im Umkreis dieses Zitates finden sich bemerkenswerte Aussagen zur Qualität dieser Liebe. Darin werden zwei Arten oder Stufen unterschieden. Die erste bezieht sich auf Umsorgungen und Zärtlichkeiten, die entsprechende Antworten im Kinde hervorrufen.

> „Aber die Stufe, von der ich spreche, ist eine andere. Hier ist die Liebe nicht mehr persönlich oder materiell: Wer den Kindern dient, fühlt, daß er dem Geist des Menschen dient, dem Geist, der sich befreien muß. Der Niveauunterschied wurde wirklich ausgeglichen, aber nicht von der Lehrerin, sondern vom Kind: Die Lehrerin fühlt sich auf ein Niveau getragen, das sie noch nicht kannte. Das Kind hat sie bis zu seiner Sphäre wachsen lassen.“ (9, 255)

Die Vorstellung einer dialogischen Struktur der Beziehung Erzieher–Kind klingt in diesem Zitat an. In dieser Interaktion wird eindeutig auch die aktive Beteiligung des Kindes betont. Die Teilnahme des Erziehenden muß solche Formen annehmen, daß dem Kind ein Interagieren möglich wird und bleibt, daß es seinen Teil beitragen kann. Eine im erzieherischen Bezug mit „Verstand angewandte Liebe“ trägt den Charakter der von Montessori so häufig geforderten Achtung vor dem Kinde. Eine mit Verstand angewandte Liebe ist dadurch gekennzeichnet, daß Erzieher ihre Einwirkungen auf das Kind bedenken. Gradmesser solcher Reflexion von Erziehungswirkungen wird die Frage, ob der Selbständigkeitsdrang des Kindes akzeptiert wird. Die Zuwendung zum Kind wird dann von einer entsprechenden Beschaffenheit sein.

In einer freigebenden Erziehung erfühlt und erfährt das Kind die Achtung seiner Umgebung vor der Regung der eigenen Spontaneität sowie die Zurückhaltung, die sich diese auferlegt, um es nicht zu hemmen. In dieser Achtung vor dem Kinde und der Zurückhaltung ihm gegenüber liegt bereits eine Freigabe, die auf dem Fundament der Verbundenheit im Kinde das Gespür für Distanz formt. „Überall gehört zum Wesen der Achtung eine bezeichnende Distanz... zum geachteten anderen Menschen... Die Ebene der Achtung ist diejenige der Freiheit", sagt O. Bollnow in einer Studie über die Ehrfurcht. (Bollnow, O., 1947, 50.51)

Liebe und Achtung sind jene Grundpfeiler, auf denen eine Beziehung von Erwachsenem und Kind ruht, die die vom Kind zu erwerbende Freiheit ermöglicht und begründet. (vgl. Holtstiege 1991, 42–49; 60–63; 74–82)

4. Organisationsstruktur und Kooperation der Kinder

„Der Mensch ist von Natur ein soziales Wesen". (16, 130) Menschliche Individualität kann sich ohne gleichzeitige Förderung der Sozialität nicht entwickeln. Beide sind komplementär aufeinander bezogen, d. h. sie bedingen, ergänzen und fördern sich gegenseitig.

Diese Auffassung bringt Montessori in einem anderen Kontext zum Ausdruck, in dem sie fordert, daß eine soziale Umgebung geschaffen werden muß, „damit sich das Bewußtsein des Individuums entwickeln kann" (16, 128), denn das „menschliche Individuum kann sich ohne soziales Leben nicht entwickeln". (16, 92–94)

4.1. Zwei Aspekte der sozialen Entwicklung

Die Entwicklung menschlicher Sozialität betrachtet Montessori unter zwei Aspekten gemäß dem genannten Komplementärprinzip:

(1) Aspekt der Individualität,

(2) Aspekt der Anwendung der individuellen Aktivität auf ein soziales Leben. Entwicklung und Anwendung nehmen je nach den verschiedenen Perioden des kindlichen Lebens verschiedene Formen an. (10, 96) *Ein* Prinzip bleibt dabei unverändert: Dem Kinde müssen die erforderlichen Mittel in einer sozialen Umgebung zur Verfügung gestellt werden, „damit es handeln und Erfahrungen sammeln kann". (ebd.)

4.2. Phänomene sozialen Lebens in sensiblen Phasen

Wichtig ist der Hinweis, daß Montessori von einem sozialen Leben als einem komplexen Gebilde spricht, das das soziale Lernen umfaßt.

4.2.1 „Sozialer Embryo" und „Gesellschaft durch Kohäsion" – Aufbau einer Kindergesellschaft von Drei- bis Sechsjährigen

Gemeinsame und freie Erfahrungen lassen in den Kindern ein Gruppengefühl entstehen. Montessori schreibt, daß die ersten Äußerungen dieses Phänomens sie verwundert habe, weil der erste Schritt zum sozialen Bewußtsein – als Familien- oder Stammesgeist bezeichnet – sich unabhängig und ohne Beeinflussung von Erwachsenen vollzogen habe. Das Bewußtsein von Zusammengehörigkeit entsteht langsam, zeichnet sich aber zunehmend aus durch die Haltung, in der das Individuum „in der Liebe, der Verteidigung und der Achtung der Werte der eigenen Gruppe den Sinn der individuellen Aktivität erblickt". (9,209) Die Kinder werden durch die Kraft der Kohäsion, einem gefühlsmäßigen Miteinander-Verwobensein, zusammengehalten. „Gesellschaft der Kohäsion" nennt Montessori diese Form sozialen Lebens der Kinder.

Die Bezeichnung „sozialer Embryo" deutet darauf hin, daß diese soziale Lebensform gleichsam das Frühstadium in der Entwicklung des kindlichen Individuums zu einem sozialen Wesen darstellt. In dieser Zeit wird die Fähigkeit zu sozialer Integration erworben. Sie ist dann vorhanden, „wenn sich das Individuum mit der Gruppe, zu der es gehört, identifiziert". (9,211)

Der kohäsive Teil menschlicher Gesellschaftsbildung, der im frühen Kindesalter dominiert, wird im weiteren Entwicklungsverlauf des Individuums und seiner Gesellschaftsbildungen immer latent vorhanden sein. Er legt die emotionale Basis.

4.2.2 „Soziales Neugeborenes" und „Organisierte Gesellschaft" – Aufbau der Kindergesellschaft von Sieben- bis Zwölfjährigen

> „Wenn das Kind mit dem sechsten Lebensjahr in eine neue Phase der Entwicklung tritt, die den Übergang vom sozialen Embryo zum sozialen Neugeborenen bezeichnet, beginnt plötzlich deutlich eine andere spontane Lebensform: eine bewußt organisierte Vereinigung". (9,211)

Dabei spielen eine Reihe neu auftretender kindlicher Interessen und Bereitschaften eine Rolle: Prinzipien und Gesetze des Zusammenlebens kennenzulernen; Suche nach eigener freiwilliger Gruppierung, freiwillige Unterordnung unter Regeln. Als Bindegewebe dieser Gemeinschaft bezeichnet Montessori den freiwilligen Gehorsam gegenüber Anführern und Regeln. Als Beispiel für eine solch bewußte Vereinigung nennt sie häufig die Pfadfinder. (9,212)

Diese Form kindlicher Gesellschaftsbildung offenbart den Komplementärvorgang von Individuation und Sozialisation vermittels der differenzierten Bildung des Gewissens durch praktisches Tun: Man muß die Beziehungen praktizieren, um das Gewissen wachzurufen.

> „Die Moral hat gleichzeitig eine praktische Seite, die die sozialen Beziehungen regelt und eine geistige Seite, die das erwachende Gewissen des Individuums leitet". (5,39)

Soziale Bezüge müssen also Wirklichkeit, d. h. Erfahrungen werden. Sittliche und soziale Entwicklung bedingen sich. Mit Hilfe frei gewählter bewußter Vereinigungen vollzieht das Kind eine Form freiwilligen Gehorsams: die individuelle Bindung an die Gruppe oder Gemeinschaft in ihre Regeln.

4.2.3 „Erfahrungsschule des sozialen Lebens" – Aufbau der Jugendgesellschaft Zwölf- bis Achtzehnjähriger

Für dieses Alter nimmt Montessori an, „daß eine produktive Arbeit, die dem jungen Menschen eine wirtschaftliche Unabhängigkeit sichert, oder genauer gesagt, ihm den ersten Begriff dieser Unabhängigkeit vermittelt, vorteilhafterweise zum allgemeinen Prinzip für eine soziale Erziehung werden kann". (5, 101)

Diese produktive Arbeit meint „Arbeit auf dem Lande". „Arbeit mit der Erde" kann zugleich eine Einführung in Natur und Kultur darstellen. Montessori nennt diese Arbeit den

> „Zutritt zum unbegrenzten Studienweg der Naturwissenschaft und Geschichte. Was die Ernte betrifft, ... so stellt sie eine Einführung in den fundamentalen sozialen Mechanismus der Produktion und des Warenaustausches dar, auf dem die ökonomische Basis der Gesellschaft ruht. – Diese Art der Arbeit führt die Kinder mitten ins soziale Leben hinein, gleichzeitig durch Erfahrung und durch Studium". (5, 104)

Die Organisation der „Erd"- oder „Landkinder", die an dieser Stelle nicht näher behandelt werden kann, ermöglicht es Heranwachsenden, „von den Ursprüngen her" in die Kultur und die Entstehung sozialen Zusammenlebens und -arbeitens einzudringen.

Die selbständige Mitarbeit an der Organisation und Verwaltung eines Arbeits- und Studienzentrums – also Teilnahme an der Gestaltung sozialen Lebens – soll dem Heranwachsenden eine Hilfe bieten, „die Arbeit der Menschen in der Gesellschaft zu ergründen, um bei ihm jenes menschliche Verstehen und jene Solidarität zu entwickeln, die heute so sehr fehlen"! (5, 93)

Neben einem Bedürfnis nach einer dynamischeren Charaktererziehung steht heute jenes nach einem klareren Bewußtsein von der sozialen Realität, das nur durch Teilnahme an sozialem Leben und sozialer Arbeit erworben werden kann.

4.3 Soziale Dimension der Institutionen

„Es ist evident, daß Sittlichkeit aus einer sozialen Beziehung mit anderen Menschen kommt". (16, 92) In dieser Aussage schreibt Montessori der Praktizierung und Gestaltung sozialer Bezüge eine prinzipielle Bedeutung für die Bildung der Persönlichkeit zu.

Als Organisationsprinzip für die Errichtung von Bildungsinstitutionen gilt nach ihrer Meinung die *Einheit menschlicher Personalität,* die sich in allen Lebensphasen durchhält. (4, 16.18)

Das Soziale in seiner individuellen Verarbeitung stellte sich bereits als Komplementärvorgang in der Entwicklung der Persönlichkeit heraus. Es geht somit komplex in das Organisationsprinzip der kontinuierlichen Förderung der Einheit menschlicher Personalität ein.

Der Einheit der Persönlichkeit muß die Kontinuität der institutionellen Einheit der Bildungsinstitutionen entsprechen – vom Kinderhaus bis zu den weiterführenden Schulen.

„Die Anhänger der direkten Unterrichtsmethode verstehen nicht, wie sich in einer Montessori-Schule das soziale Verhalten entwickeln kann, wo, wie sie glauben, man sich nur um den schulischen Stoff kümmert, aber nicht um das soziale Leben. Sie sagen: ‚Wenn die Kleinen alles alleine tun, wo bleibt dann noch das soziale Leben'? Aber was ist das soziale Leben anderes als Lösen von Problemen, gutes Verhalten und Entwerfen von Plänen, die für alle annehmbar sind? Sie glauben, das soziale Leben bestünde darin, nebeneinander dazusitzen und einem zuzuhören, der spricht; das ist keineswegs soziales Leben. Die einzige Gelegenheit zu sozialem Leben haben die Kinder in öffentlichen Schulen nur in den Pausen oder bei den seltenen Ausflügen; während die Kinder unserer Schule immer in einer Arbeitsgemeinschaft leben". (9,202)

Soziales Verhalten erwächst demnach aus einem Leben in einer Schulgemeinschaft, die Montessori auch als Arbeitsgemeinschaft bezeichnet. Dies führt nun dazu, nach den Strukturelementen zu fragen, in denen sich die soziale Dimension der Montesorri-Schule als Arbeitsgemeinschaft ausweist. Ohne Anspruch auf Vollständigkeit lassen sich *folgende sechs Strukturelemente nennen:*

4.3.1 Soziales Leben und Lernen durch vertikale Gliederung

Wichtig erscheint der nochmalige Hinweis, daß Montessori von einem sozialen Leben spricht, das komplexer ist als die Einübung einzelner sozialer Verhaltensweisen vermittels ausdifferenzierter sozialer Lernziele. So umschreibt sie im vorstehenden Zitat das soziale Leben als Lösen von Problemen untereinander, gutes Verhalten im Sinne gegenseitiger Hilfe, Respektierung und Anerkennung sowie das Entwerfen von Plänen, die für alle annehmbar sind. (9,202,208)

Vertikale Gliederung bedeutet die „Mischung der Lebensalter" durch das Zusammenfassen dreier Altersjahrgänge zu Gruppen. Die vertikale Gliederung umfaßt nach Montessori Kinder von 3–6, 7–9, 10–12 Jahren. Im Zusammenleben dreier Jahrgänge von Kindern ergibt sich ein natürliches Altersgefälle,

„das großen Einfluß auf die Bildungsentwicklung des Kindes hat. Sie wird durch die Beziehungen der Kinder untereinander selbst erreicht! Sie können sich kaum vorstellen, wie gut ein kleines Kind von einem älteren Kind lernt; wie geduldig das ältere Kind mit den Schwierigkeiten des jüngeren ist. Es sieht beinahe so aus, als ob das jüngere Kind für das ältere einen Arbeitsstoff darstellte". (16,87)

Wird hier nicht die Sozialerziehung sehr fundamental und umfassend gedacht?

4.3.2 Soziales Leben und lernen durch „offene Türen“

Die Ermöglichung des sozialen Lebens in der Bildungsinstitution will Montessori nicht nur auf die einzelne Gruppe dreier Jahrgänge beschränkt wissen. Es soll vielmehr eine Kommunikation auch unter den verschiedenen Gruppen ermöglicht werden. So schreibt sie selbst – insbesondere von Schulen in Holland –, daß Trennwände nicht durchgezogen sind und die Kinder leicht von einer Gruppe in die andere gehen können. Montessori weist in diesem Zusammenhang auf die Notwendigkeit auch einer anderen, äußeren Organisationsweise hin, die die Architektur anspricht. So vermerkt sie, daß in einer Schule in Holland die Wände und Türen aus Glas seien, so daß Kinder das Leben der anderen Gruppen einsehen können. (16,84)

Aber noch wichtiger ist der direkte Zugang, um die Kommunikation aufnehmen zu können:

> „Einer der großen Vorteile moderner Architektur, welcher viel Anwendung in unseren Schulen fand, war die Trennung der Klassen durch niedrige Wände, etwa auf der Höhe der Köpfe der Kinder. Sie waren niedrig genug für den Lehrer, in alle Klassen zu sehen. Manchmal gab es anstelle der Türen Vorhänge ... in Rom hatten wir eine Schule in Form eines Halbkreises ... Der Boden dieses ‚Amphitheaters‘ war durch die niedrigen Wände in verschiedene Einzelräume geteilt, und es gab überhaupt keine Türen“. (16,84.85)

(In Holland lassen sich unter diesem Aspekt die neuerbauten Montessori-Schulen in Delft oder Leusden betrachten. Für Deutschland wäre auf die Montessori-Schule in Aachen, Jesuitenstraße, zu verweisen.)

Es gibt Begrenzungen, aber keine Trennungen; alle Gruppen stehen miteinander in Verbindung, jede hat ihre Umgebung, aber keine ist isoliert. (9,204) Zwei Dinge sind in diesem Zusammenhang von besonderer Bedeutung. Die „offenen Türen“ zur Ermöglichung der Kommunikation der Kinder untereinander lassen

- einmal die Freiheit des Verkehrs unter den Gruppen zu, verbunden mit der Freiheit des Lernens in den verschiedenen Niveaus und Graden der Bildung (16,87),
- zum anderen motivieren diese sozialen Kontakte weiterführende Lerninteressen und -bereitschaften.

Wichtig ist, daß die innere und äußere Organisation der Montessori-Institutionen dies ermöglichen. Erinnert sei an das Prinzip des komplementären Verhältnisses von Individualität und Sozialität des Menschen als Gegebenheit für Erziehungshilfen, auch durch den Charakter der Institution.

4.3.3 Soziales Leben und Lernen durch „Freie Zirkulation“

Dieses Strukturelement hängt eng mit dem zuvor behandelten zusammen. Die „offenen Türen“ bieten immer die Möglichkeit zu einem „geistigen Spaziergang“ (9,204), der von äußerster Wichtigkeit für die Entwicklung der kindlichen Bildung ist. Die „freie Zirkulation“ ist die soziale Basis, auf der das Kind selbst eine Verbindung z. B. zwischen Vorschule und Grundschule herstellt. Die freie Kommunikation zwischen den verschiedenen Altersgruppen ermöglicht es dem Kinde, seinen Übergang von einer Gruppe zu einer anderen vorzubereiten, so daß Übergangs- und Einschulungsprobleme nicht auftreten können. Dazu ein Beispiel von Montessori:

„Ein dreijähriges Kind kann beobachten, wie das neunjährige Quadratwurzeln zieht, und kann es fragen, was es macht. Wenn es durch die Antwort nicht befriedigt wird, wird es in seine Klasse zurückkehren, wo es interessantere Dinge findet; ein sechsjähriges Kind hingegen kann etwas davon verstehen und für sich etwas verwerten. In dieser Form von Freiheit kann man die unterschiedlichen Grenzen der Intelligenz in den verschiedenen Altersklassen beobachten. So sahen wir, wie Kinder von acht oder neun Jahren das Quadratwurzelziehen verstanden indem sie die Arbeit der zwölf- bis dreizehnjährigen Kinder verfolgten; auf diese Weise wurde uns klar, daß sich die achtjährigen Kinder für Algebra interessieren konnten. Nicht allein das Alter führt zu einem Fortschritt, sondern auch die Freiheit, sich umzuschauen. In unseren Schulen herrscht lebhafter Verkehr. Die Kleinen sind voller Begeisterung, weil sie *verstehen,* was die größeren tun, und diese ihrerseits, weil sie ihr Wissen vermitteln können“. (9,204)

Andererseits schildert Montessori auch Beobachtungen, nach denen die älteren Kinder manchmal wieder auf die Suche nach einer früheren Tätigkeit in die Räume der kleineren Kinder zurückgingen und die alten Übungen wieder aufnahmen.

Die „freie Zirkulation“ führt letztlich zur freien Zuordnung des Kindes zu einer anderen sozialen Lern-gruppe auf Grund des dazu erforderlichen und gemeinsam erworbenen Entwicklungs- und Bildungsstandes.

4.3.4 Soziales Leben und Lernen durch "Kooperation“

Die „Kooperation der Kinder“ wird von Montessori selbst als eines der grundlegensten Organisationsprinzipien der Schule bezeichnet. (16,88) Diese Kooperation setzt die genannten Strukturelemente der Schulorganisation voraus: Die Mischung der Lebensalter und die Möglichkeit der Kommunikation durch „offene Türen“ und „freie Zirkulation“. Die Kooperation der Kinder wird durch das Faktum des Altersgefälles unterstützt, weil sowohl die älteren Kinder an den jüngeren interessiert sind wie auch umgekehrt. So helfen nicht nur die Älteren den Jüngeren, sondern sie haben auch selbst einen Gewinn von dieser sozialen Hilfe: Kinder lernen durch nichts mehr, als durch das Lehren anderer, besonders, wenn sie den Gegenstand noch nicht sehr gut beherrschen. (16,87)

Montessori beschreibt die Wirkung kooperierenden Lernens unter Kindern folgendermaßen:

„… erstens lehrt das Kind ja nicht immer, und seine Freiheit wird respektiert, und zweitens vervollkommnet das Kind das, was es weiß, indem es lehrt, denn es muß seinen kleinen Wissensschatz analysieren und umarbeiten, will es ihn an andere weitergeben. Dadurch sieht es die Dinge klarer und wird für den Austausch entschädigt". (9,204)

Dieser Austausch stellt im wahrsten Sinne des Wortes kommunikatives Lernen dar, enthält in sich die Struktur des Sozialen, als Basis gemeinsamer Errungenschaften des jüngeren wie des älteren Kindes. Diese Errungenschaften bringen den kooperierenden Kindern dem jeweiligen Alter entsprechend einen unterschiedlichen Lernzuwachs, eingeschlossen die qualitative Veränderung sozialen Verhaltens.

4.3.5 Soziales Leben und Lernen durch Konzentration

(1) Konzentration und Kohäsion: Die beschriebenen Kooperationen der Kinder sind im Grund Konzentrationsvorgänge zu zweien oder mehreren unter gleichzeitiger Isolation von den Nichtbeteiligten. Nach den gemeinsamen, den kooperativ durchlaufenen Aktivitätszyklen zeigen sich Folgeerscheinungen sozialer Natur:

„Diese Kinder stellen sich auf alles leicht ein, in der Arbeit und im Kontakt mit den anderen. Sie haben ein soziales Gefühl wie eine Gabe. Kinder stellen sich im allgemeinen nicht so leicht auf Kontakt miteinander ein. Dies ist also hier ein neues Phänomen. Es ist vielleicht eine natürliche Gabe, welche leicht Kommunikation zwischen Individuen hervorbringt, Sympathie, Zusammenarbeit usw." (16,32)

Montessori sieht solche Konzentrations-Wirkungen sozialer Natur dem sich in allen Lebensphasen durchhaltenden „kohäsiven Teil" des sozialen Zusammenlebens entspringen. Kohäsion ist der schon erwähnte gefühlshafte Zusammenhang zwischen Menschen, der tiefer greift als die bewußte soziale Organisation. Von Bedeutung sind ihre an vielen Stellen beschriebenen Beobachtungen, daß das soziale Verhalten des einzelnen Kindes und dadurch die Atmosphäre kindlichen Zusammenlebens eine fortschreitende qualitative Veränderung erfährt, die Folgeerscheinungen voll durchlaufener Konzentrationsvorgänge oder Aktivitätszyklen sind. (1 [1976], 93; 4,59)

Zu beachten ist dabei aber auch eine Aussage Montessoris, die im Zusammenhang mit der These des komplementären Verhältnisses menschlicher Individualität und Sozialität steht: Fest, fundamental und grundlegend für menschliches Zusammenleben ist der kohäsive Teil der Gesellschaftsbildung. Dieser Teil gehört zu den Wurzel unserer individuellen und sozialen Kraft. (9,215)

So darf angenommen werden, daß Konzentrationsvorgänge einerseits auch dem „kohäsiven Teil" sozialen Zusammenlebens entspringen, andererseits diese elementare Basis durch ihre Wirkungen verstärken, stabilisieren und qualitativ verändern.

(2) Sozialwirksame Folgen der Konzentration: Montessori beschreibt solche Wirkungen, die sich in konkreten sozialen oder sozialwirksamen Verhaltensweisen niederschlagen, als Aspekte einer „Gesellschaft durch Kohäsion". Damit sind grundlegende Charakteristika des sich lebenslang durchhaltenden „kohäsiven Teiles" menschlichen Zusammenlebens gemeint, die sich unter fünf Gesichtspunkten zusammenfassen lassen:

(2.1) gegenseitige Hilfe bei Arbeiten und Aufgaben, die mit spontanen Verhaltensweisen wie Achtung voreinander und Interesse aneinander korrespondiert (16,32),

(2.2) moralische Hilfe untereinander,

einmal in Form des Tröstens in jenen Fällen, da ein Kind z. B. das Unglück hatte, etwas zu zerbrechen,

zum anderen als positive Stützung von Kindern, die als Störenfried in der Klasse gelten, und zwar durch Kinder, denen Unarten mehr als Mißgeschick erscheinen (16,33),

(2.3) soziale Harmonie als Folge der Zusammenarbeit. Dabei kann das Material in seiner mengenmäßigen Begrenzung eine Hilfe sein.

„Wenn also ein Kind einen Gegenstand benutzt, den ein anderes haben möchte, so muß dieses warten, bis das erste Kind damit fertig ist und den Gegenstand an seinen Platz zurückbringt. Es besteht die Regel, daß die Kinder das Material nicht von einem zum anderen weitergeben, sondern es immer auf seinen Platz zurückbringen, wenn sie damit fertig sind. Darin finden sie eine Übung der Geduld und der Achtung für andere. Sie bringen Sympathie und Verständnis auf, so daß allmählich eine wirkliche Eintracht zustande kommt, die künstlich nicht erzeugt werden könnte". (16,33)

(2.4) gemeinsame Aktivitäten. Wenn eine Arbeit Kooperation erforderlich macht, arbeiten Kinder in einer Gruppe.

„Ich sah z. B. ein kleines Kind, das alle die geometrischen Figuren und Karten herausgenommen hatte und sie betrachtete, als plötzlich Musik begann. Es wollte gerne die Karten zurücklegen, bevor es bei der Musik mitmachte. Aber das hätte einige Zeit gekostet. Die anderen Kinder kamen nun spontan und halfen ihm. Dies war Kooperation". (16,35)

Erinnert sei an die „freie Zirkulation", die ebenfalls zu den bereits geschilderten freien Kooperationen führen, und das Kind in die Begegnung mit neuen Inhalten bringen kann. Wie schon dargelegt, können solche Kooperationen in der Schule einen Übergang von einer sozialen Arbeitsgruppe zu einer fortgeschrittenen einleiten.

(2.5) soziale Disziplin. Ihre Entstehung wird begünstigt durch freie Kooperationen als Folge eines freien Lebens mit freier Aktivität. Soziale Disziplin bringt Kinder miteinander in Eintracht und begründet so die schon genannte soziale Harmonie.

„Was man in gewöhnlichen Schulen Disziplin nennt, ist ein sozialer Irrtum. Es ist die Disziplin der Schule, aber nicht eine Vorbereitung für soziales Leben, denn in der menschlichen Gesellschaft wählt jeder seine Arbeit. Alle tun Verschiedenes, aber alle müssen doch in Eintracht arbeiten". (16,35)

Die soziale Dimension einer echten Disziplin beschreibt Montessori als Respekt für die Arbeit und als Rücksichtnahme auf die Rechte anderer. Dies hat zur Folge, daß Kinder nicht mehr so leicht anderen das Arbeitsmaterial nehmen, daß sie geduldig warten lernen, bis das Material frei wird. Oft beobachtet ein Kind mit Interesse die Arbeit eines anderen Kindes mit diesem Gegenstand.

„Wenn sich also die Disziplin aufgrund dieser inneren Fakten stabilisiert, geschieht es plötzlich, daß die Kinder unabhängig voneinander arbeiten, fast als entwickelten sie eine eigene Persönlichkeit; aber aus dieser Arbeit ergibt sich keine ‚moralische Isolierung'; im Gegenteil, unter den Kindern besteht ein gegenseitiger Respekt, eine Herzlichkeit, ein Gefühl, das die Menschen verbindet, statt sie zu trennen, und es entsteht daraus jene umfassende Disziplin, die in sich auch das Gefühl enthält, das jede Ordnung einer Gemeinschaft begleiten muß." (1 [1976], 93)

(2.6) echter Gehorsam. Montessori sagt sehr eindeutig, daß der Gehorsam sich aus der Bildung des Individuums ergeben müsse, sonst handele es sich um Unterdrückung. (16,36) Der echte Gehorsam stellt eine Art aktiver Einheit von Freiheit und Bindung dar. In ihm präsentiert sich die Integration der Verarbeitung von Erfahrungen, die der individualen und der sozialen Dimension menschlicher Existenz entstammen. Diese Integration läßt sich auch als Verwirklichung der Einheit menschlicher Personalität bezeichnen. Echter Gehorsam ist Ausdruck verwirklichter Sittlichkeit des Menschen. Zu beachten ist Montessoris Feststellung, daß das Gute seinen Ursprung in der gegenseitigen Hilfe haben sollte, in jener Einheit, die der geistigen Kohäsion – auch sozialer Geist genannt – entspringt. (9,219) Diese Aussage steht im Zusammenhang von Äußerungen, daß Belehrung durch Worte nicht das vermögen, was gegenseitige konkrete Hilfe vermag. Wie schon erwähnt: „Es ist evident, daß Sittlichkeit aus einer sozialen Beziehung mit anderen Menschen kommt". (16,92) Es scheint ein Kriterium der Persönlichkeitsreife zu sein, wenn in sozialen Bindungen individuelle Freiheit verwirklicht werden kann. Eine solche Haltung stellt die Grundstruktur echten Gehorsams dar.

Soziale Erziehung ist also nach Montessori ein der freien Individualisierung gleichrangiges Grundprinzip, das der menschlichen Verfassung als soziales Wesen entspricht. Zu „willensstarken sozialen Wesen" sollen die Kinder sich entwickeln (7,23) und das verantwortungsfähige Individuum in einer Gesellschaft vorbereiten. (10,64)

Den komplementären Charakter von Individualität und Sozialität umschreibt Montessori durch den Hinweis darauf, daß die größte Vervollkommnung der

Kinder durch soziale Erfahrungen erreicht werde (9,202), die die Bildung freiwilligen Gehorsams erst ermöglichen.

4.3.6 Soziales Leben und Lernen durch indirekte Hilfe

Einleitend wurde schon darauf hingewiesen, daß Montessori ein durchgängiges Prinzip zur Förderung kindlichen Zusammenlebens und -arbeitens nennt: Dem Kinde müssen die erforderlichen Mittel in einer sozialen Umgebung zur Verfügung gestellt werden, damit es sozial handeln und soziale Erfahrungen sammeln kann. Soziale Aktivitäten des Kindes lösen soziale Erfahrungen und Einsichten aus, nicht die soziale Belehrung.

Dem Erziehenden und Lehrenden fällt damit die Aufgabe zu, Kindern indirekte Hilfen anzbieten. Auch im Hinblick auf die Förderung des sozialen Lebens und Lernens der Kinder gilt Montessoris Forderung einer indirekten Leitung kindlicher Aktivitäten. (Vgl. V, 3.2)

Wichtig ist, daß Kinder das soziale Leben durch konkretes Leben in sozialen Bezügen erfahren. (16,131) Dieses soziale Leben muß sich tief mit ihrer Bildung verbinden. (5,38)

Das Hauptproblem besteht nach Montessori darin,

> „dem Kinde zu helfen, seine freie Individualität in all ihren individuellen Funktionen zu entwickeln und jene Entwicklung der Persönlichkeit zu fördern, die die gesellschaftliche Organisation verwirklicht." (10,54)

Lehrenden und Erziehenden fällt die Aufgabe einer konkreten indirekten Leitung zu: Es gilt, die Arbeitsgemeinschaften Kinderhaus und Schule als kontinuierliche soziale Umgebung zu schaffen und zu gestalten. Diese soziale Umgebung hat zwei gleichwertige und gleichgewichtige Aufgaben:

einerseits die freie Entwicklung des Individuums,
und andererseits gleichzeitig die Bildung einer Gemeinschaft zu ermöglichen. (10,54)

Strukturelemente einer zu schaffenden sozialen Umgebung sind unter 4.3.1 bis 4.3.5 bereits genannt worden.

Angesichts der Haltung des Lehrers in dieser geschaffenen Sozialumgebung kommt als weiteres Strukturelement die spezifische Eigenart der Gestaltung eigener sozialer Bezüge zu den Kindern hinzu. (3.1)

Die Struktur dieser Sozialbezüge sollte sich durch die Haltung der Achtung ausweisen. In der Achtung sind Zuwendung und Distanz miteinander verbunden, jene beiden Faktoren, die den Erwerb von Freiheit in sozialen Bindungen erst ermöglichen.

Freiheit und Bindung heißen die beiden Pole, in denen das genannte komplementäre Verhältnis von Individualität und Sozialität sich ausdrückt. „Die Freiheit unserer Kinder hat als Grenze die Gemeinschaft". (7,23)

Die genannten beiden Pole in der Beziehung von Erwachsenen und Kindern pädagogisch wirksam werden zu lassen, ist eine der wichtigsten Aufgaben von Lehrenden und Erziehenden, die als Initiatoren der komplexen Sozialumgebung letztlich durch ihre so verwirklichte Sozialkompetenz Modellfunktion für die Kinder haben.

So erweist sich Montessoris mehrfach erwähnte Aussage auch im Hinblick auf den Erzieher als „evident, daß Sittlichkeit aus einer sozialen Beziehung mit anderen Menschen kommt". (Holtstiege, H. 1981; vgl. dazu Elsner, H. 1980; Oswald, P. 1980; Ortling, P. 1981)

5. Gegenwartsbedeutung der Verteilung des Erziehungswerkes

Montessoris Anliegen der Herbeiführung einer indirekten Erziehung durch die vorbereitete Umgebung und die dazu erforderliche Veränderung des Erziehers und seiner Wirksamkeit hat an Aktualität nichts verloren. Dieses Anliegen taucht in Brennpunkten gegenwärtiger Bildungsbemühungen erneut auf (vgl. Holtstiege, H., 1982).

5.1 Gültigkeit fundamentaler Prinzipien

Hinsichtlich der Verteilung des Erziehungswerkes lassen sich aus dem in 2.1 behandelten Pol: vorbereitete Umgebung – zwei Prinzipien ermitteln, die in gegenwärtigen Reformbemühungen eine bedeutende Rolle spielen: Die Forderung nach einer bewußten Gestaltung der Umwelt für Lernerfahrungen sowie das Prinzip der Kontinuität im Bereich organisierter Lernerfahrungen.

5.1.1 Gestaltete Umwelt für Lernerfahrungen

Das Prinzip der pädagogisch-didaktischen Gestaltung einer entwicklungsabhängigen Anregungsumwelt für Lernerfahrung in Familie, Kindergarten und Schule findet sich im *Strukturplan* wieder. Dort wird hinsichtlich der pädagogischen Gestaltung des Kindergartens gesagt: „Aus einem Raum der Behütung soll eine bewußt gestaltete, Kinder vorsichtig lenkende, anregende und befriedigende Lebensumwelt für Lernerfahrungen werden." (Deutscher Bildungsrat, 1970, 45.42) Als das „Neue" wird im Rahmen dieser Aussagen die stärkere und planmäßige Durchgliederung der Lernprozesse bezeichnet. Dazu werden Programme für kindliche Tätigkeiten gefordert, wie das „im Ansatz schon Fröbel und Maria Montessori getan" haben (Deutscher Bildungsrat, 1970, 46).

5.1.2 Kontinuität im Bereich organisierter Lernerfahrungen

Das in 2.1.1 erläuterte entwicklungspädagogische Prinzip der Kontinuität in seiner Bedeutung für die Organisation (Strukturierung) von Lernerfahrungen findet sich ebenfalls im viel zitierten, weil richtungsweisenden *Strukturplan* wieder.

Zur lückenlosen Förderung wird Kontinuität ein Organisationsprinzip, mit dessen Hilfe „Lernprozesse und Lernziele eine pädagogische Einheit bilden" (Deutscher Bildungsrat, 1970, 50). Kontinuität ist das Prinzip, das der Strukturierung (Organisation) des gesamten Bildungssystems vom Elementarbereich bis zur Weiterbildung vorgegeben ist. Die pädagogische Einheit soll durch den kontinuierlichen (lückenlosen) Verlauf der aufeinanderfolgenden Bildungsprozesse in Institutionen (Kindergarten, Schule etc.) gewährleistet werden. (Deutscher Bildungsrat, 1970, 26.120.123) In der Sprache Montessoris findet sich das Kontinuitätsprinzip in folgender Aussage beschrieben:

„Das ‚Kinderhaus' ist keine ‚Vorbereitung' auf die Grundschule, sondern ist ein Beginn des Unterrichts, der ohne Unterbrechung fortgeführt wird." (8, 355)

5.2 Modell für institutionelle Innovationen

Unabhängig von bereits seit Jahren bestehenden Montessori-Institutionen (Kinderhäusern, Grund- und Hauptschulen, Gymnasien) ist in Schulversuchen der Bildungsreformepoche vergangener Jahre auch auf die Montessori-Pädagogik als Modell zurückgegriffen worden.

Einen knappen Überblick über einen Montessori-Schulversuch bietet ein kurzer Aufsatz, der 1972 erschienen ist. In ihm werden auch die zentralen Montessori-Prinzipien genannt, die konstitutiv für die Strukturierung des Modells waren und sind: Achtung vor der Würde des Kindes, Bedeutung der sensiblen Phasen, pädagogisch vorbereitete Umgebung, Aufbau der Persönlichkeit durch Bewegung, freie Wahl der Arbeit. (Fend-Engelmann, E., 1972, 242.243)

Einen weiteren kurzen Überblick über bestehende Institutionen im westdeutschen Bereich findet sich in einer Zwischeneinleitung des Buches *Montessori für Eltern.* (14, 143)

5.2.1 Vorbereitete Umgebung in der Familie

Die Einsicht in die Bedeutung der ersten Lebensjahre für gezielte Förderungsmaßnahmen durch eine entsprechend geschaffene Anregungsumwelt wirft immer wieder die Frage nach der Qualität der Erziehung im Elternhaus auf. E. G. Hainstock bietet in ihrem mehrfach erwähnten Buch *Montessori zu Hause* in verständlicher Sprache konkrete Hilfen an für die Gestaltung einer „vorbereitete(n) Umgebung zu Hause" (Hainstock, E. G., 1971, 23–28).

5.2.2 Vorschulbereich – Lebensumwelt für Lernerfahrungen

Der *Strukturplan* zieht diesen Bereich des bisherigen Kindergartens in die Organisation des Bildungssystems ein. Er belegt ihn mit dem Namen Elementarbereich. (Deutscher Bildungsrat, 1970, 102f.)

Während der Diskussionsphase von 1965–1969, in der der Deutsche Bildungsrat den *Strukturplan* erarbeitete, erwachte ein erneutes Interesse an der Montessori-Pädagogik. Das schlug sich in literarischen Arbeiten oder in konkreten Versuchen nach dem Modell Montessori nieder. Auf diese Tatsache wird in den folgenden Ausführungen jeweils im Kontext der entsprechenden Institutionen eingegangen werden.

In einem kurzen Aufsatz von 1968 stellt E. Schminck fest: „Die Montessori-Methode hat neuerdings Resonanz gefunden und ist speziell für Vorklassen in verschiedenen Ländern der Bundesrepublik Deutschland (z. B. Hessen, Nordrhein-Westfalen, Niedersachsen, Hamburg) zwar nicht eingeführt, aber doch wenigstens zugelassen worden.“ (Schminck, E., 1968, 69) Begründet wird die Rezeption (Wiederaufnahme) der Montessori-Erziehung mit ihren Möglichkeiten der gezielten Förderung im Vorschulalter.

G. Rurik hat 1971 eine Parallele gezogen zwischen der Zielsetzung der modernen Vorschulerziehung und der Montessori-Pädagogik. Sie geht von dem mit Montessoris Intentionen identischen Ziel der Vorschulerziehung aus: Bildung des sich selbst bestimmenden Menschen.

„Die Erlangung dieses Zieles sowie auch desjenigen, das die Montessori-Pädagogik formuliert hat, ist an die Art und Weise der Zubereitung der Umwelt geknüpft ... Von den vielen Faktoren, die sie bei der Zubereitung der Umwelt des Kindes berücksichtigt hat, seien hier nur einige der wesentlichsten genannt: 1. die Vorbereitung des Erziehers auf seine Aufgabe; 2. die Erarbeitung von Instrumentarien; 3. die Gestaltung der räumlichen Umgebung; 4. die Organisation des Unterrichts.“ (Rurik, G., 1971, 42)

In moderner Sprache übersetzt, kehren im vorstehenden Zitat die bereits inhaltlich beschriebenen Forderungen Montessoris in ihrer Aktualität für die Gegenwart wieder. Rurik macht durch ihre Erschließung der pädagogisch-didaktischen Intentionen der Frühförderung in Montessoris erziehungsreformerischem Denken deutlich, daß in unserer Zeit die Grundgedanken der Montessori-Pädagogik wieder aufleben. Das liegt begründet in der erkannten Notwendigkeit, „Kindern ein nebenfamiliäres Lernfeld zu schaffen. In unserer Zeit kann die Montessori-Pädagogik an der Erarbeitung neuer Erziehungskonzepte für das kleine Kind durch die Verfügbarkeit der Erfahrungen Anteil haben, die in vielen Jahren bei der Umsetzung der Grundgedanken Maria Montessoris in die Praxis gewonnen wurden. Diese Erfahrungen könnten das Fundament moderner institutionalisierter vorschulischer Erziehung sein“. (Rurik, G., 1971, 46)

Die Arbeit von M. Fritz wurde bereits in IV. 4. unter mehreren Gesichtspunkten herangezogen. In ihr werden die Lerninhalte und Lernziele des Montessori-Konzeptes in ihrer Bedeutung für die heutige Vorschulerziehung herausgestellt. In Montessoris Gedanken der „vorbereiteten Umgebung" wird eine Antwort gefunden auf die Frage nach dem „Erzieher(s) von morgen" (Fritz, M., 1971, 140).

Auf dem Hintergrund einer knappen Theorie-Skizze nimmt S. Geiger 1971 eine sehr informative Praxisbeschreibung über die Situation und das Leben in einem Montessori-Kinderhaus in Düsseldorf vor. (vgl. Geiger, S., 1971)

In einer Schrift mit dem bemerkenswerten Titel *Erziehung ohne Zwang* findet sich der Erfahrungsbericht über einen Vorschulversuch nach dem Montessori-Modell. Dieser Montessori-Vorschulversuch im Lehrkindergarten der Fachschule für Sozialpädagogik in Landstuhl will ausdrücklich „als ein Beitrag zur gegenwärtigen Diskussion um den künftigen Standort der Vorschulerziehung verstanden werden und gleichzeitig Anreiz und Ermutigung für Erzieherinnen sein, die nach modernen Lösungen suchen" (Engbarth, G., 1972, 8).

Der genannte Vorschulversuch hat eine pädagogische Begleitung erfahren. Darüber hinaus ist durch L. Krecker eine Elternbefragung vorgenommen und soziologisch ausgewertet worden.

5.2.3 Strukturmodell für Grund- und Hauptschule

In Westdeutschland läßt sich seit den 50er Jahren das Bemühen feststellen, Grund- und Hauptschulen nach dem Montessori-Struktur-(Organisations-) Modell zu schaffen (vgl. Gümigmann, M., 1979,15–80).

Grundsätzliche Kriterien für dieses Strukturmodell wurden in 2.1 dargelegt. Sie sind dem institutionellen Aspekt, der entwicklungsangemessenen Organisation von Lernsituationen in bereitgestellten Bildungseinrichtungen, vorgegeben (vgl. 2.2; vgl. Schulz-Benesch, G., 1982).

Die Gestaltung einer Schuleinheit nach dem Montessori-Strukturmodell in Frankfurt im Jahre 1950 ist 1968 von B. Ockel beschrieben worden: Das Prinzip der Kontinuität wird deutlich: „Damals begann man mit der Aufnahme 3–6jähriger Kinder in das Kinderhaus. Nach und nach wurden dann Montessori-Schulklassen 1.–10. Schuljahr aufgebaut." (Ockel, B., 1968, 72)

Entscheidend für die Organisation ist die Zusammenfassung von drei Jahrgängen zu einer Gruppe, weil erst diese Strukturform es dem Lehrer ermöglicht, „die wirklich *freie Arbeit* und den notwendigen Spielraum für die ihm anvertrauten Kinder zu schaffen" (Ockel, B., 1968, 74). Dadurch kann das Ziel erreicht werden, das Kind durch die freie Wahl und Entscheidung zur Verantwortung für sein Tun zu erziehen. „Im Grunde ist das, was die Kinder lernen, nur zweitrangig, denn in jedem Zeitalter wird der Stoffplan sich ändern, aber wie sie es lernen, ist ausschlaggebend." (Ockel, B., 1968, 76; vgl. Fähmel, I., 1981, 71–100).

Seit Anfang der siebziger Jahre läuft ein Modellversuch in München, der nach der „Grundstruktur der Montessori-Schule" ausgerichtet und in einem Aufsatz aus dem Jahre 1974 beschrieben ist. (Ruthenberg, K. u.a., 1974, 302)

Die Skizzierung der Grundstruktur des Modells in Anlehnung an die Grundprinzipien Montessoris steckt in folgender Zusammenfassung: „Während die Steuerung in der traditionellen Schule fast allein vom Lehrer vorgenommen wird, der sich am Lehrplan orientiert, wird die Steuerung in der Montessori-Schule sehr stark an die Lernumgebung, das autodidaktisch angelegte Unterrichtsmaterial, die Initiative des einzelnen Kindes und die Interaktionsprozesse der Kinder delegiert." (Ruthenberg, K. u.a., 1974, 301)

Das Münchener Montessori-Modell steht unter einer besonderen Leitidee: dem sogenannten Integrationsgedanken. Damit sind jene Bemühungen gemeint, behinderte Kinder in den öffentlichen Regelschulen zu fördern. Den Initiatoren scheint diese Möglichkeit am ehesten gewährleistet, „wenn diese Regelschule Unterrichtsformen benutzt, welche den Prinzipien der Montessori-Pädagogik entsprechen. Eine so verstandene Lösung des Integrationsproblems ist zugleich eine Lösung für das Problem der inneren Schulreform schlechthin." (Ruthenberg, K. u. a., 1974, 295; vgl. Ockel, B., 1977).

Das im Zitat angeklungene Anliegen des Münchener Integrationsmodells (Förderung behinderter Kinder in den Regelschulen zusammen mit nicht-behinderten) führt hinüber zur Bedeutung des Montessori-Strukturmodells für den sonderpädagogischen Bereich (vgl. Hellbrügge, Th., 1977).

5.2.4 Bedeutung des Montessori-Modells für die Sonderschule

Bereits im Jahre 1959 hat K. Aurin darauf aufmerksam gemacht, daß die Montessori-Methode einen Weg dafür weise, „einen gewissen Prozentsatz an pädagogisch und psychologisch schwierigen Kindern nicht nur mitzutragen, sondern sie sogar erziehlich und bildend zu fördern"; er fügt hinzu: „Dieser Weg wird von einem Teil der Berliner Schulkindergärten bereits gegangen." (Aurin, K., 1959, 7)

Die besondere Eignung der Montessori-Methode für die Heil- oder Sonderpädagogik wird auch damit begründet, daß diese ursprünglich vom heilpädagogischen Bereich ausging.

Neuere Veröffentlichungen verweisen ebenfalls nachdrücklich auf die „behinderungspädagogischen Wurzeln der Montessori-Pädagogik", die Anlaß dafür waren, „das Münchener Integrationsmodell nach den Prinzipien der klassischen Montessori-Pädagogik zu organisieren" (Ruthenberg, K. u. a., 1974, 295).

Außer ihrem Bemühen, das behinderte Kind zusammen mit nichtbehinderten Kindern zu erziehen, meinen die Initiatoren einen Beitrag zur allgemeinen Schulreform leisten zu können, indem sie mit Hilfe der Montessori-Konzeption Probleme der Binnendifferenzierung in Kindergärten und Schulen lösen können. Binnendifferenzierung bedeutet die Auswechslung der äußeren Differenzierung nach homogenen Lerngruppen durch Formen der inneren Differenzierung in heterogene Lerngruppen. In der Montessori-Sprache heißt das: Kinder mehrerer Altersjahrgänge leben und arbeiten in einer Gruppe. In der Münchener Modellschule wird nach folgenden acht Grundsätzen Montessoris hypothetisch gearbeitet, insbesondere im Blick auf die Förderung behinderter Kinder:

(1) Behinderungsspezifische Methoden des Lehrens und Lernens sind nicht lehrplanorientiert, sondern bilden eine material- und medienorientierte Arbeitsweise im Hinblick auf die individuelle Förderung.

(2) Unterschiedliche Lernzeiten und Auffassungsweisen können berücksichtigt werden.

(3) Die Bedeutung der Freiarbeitsphasen mit Mitteln eigener Wahl gibt dem beratenden Lehrer die Möglichkeit, das behinderte Kind auf Materialien von entsprechendem Schwierigkeitsgrad zu verweisen.

(4) Die individuelle Steuerung der angemessenen Lernschritte ermöglicht es, behinderte und nichtbehinderte Kinder, d.h. Kinder mit sehr unterschiedlicher Lernfähigkeit, miteinander zu unterweisen.

(5) Die Zusammensetzung einer heterogenen Lerngruppe (gemeinsame Unterrichtung von drei Altersjahrgängen) begünstigt „die gemeinsame Arbeit von Kindern unterschiedlichen Kenntnis- und Entwicklungsstandes (gesund, behindert)" (Ruthenberg, K. u.a., 1974, 305.297–301).

(6) Die von Montessori „gleichsam auf handwerklicher Stufe" entwickelten „weitreichenden Formen innerer Differenzierung" können heute mit wissenschaftlichen und technischen Methoden systematisch weiterentwickelt werden.

(7) Das Verfahren der Binnendifferenzierung durch Individualisierung der Lernprozesse für das einzelne Kind macht u.U. zusätzliche Stützmaßnahmen überflüssig oder stellt Zeit für spezifische Therapiemaßnahmen bereit.

(8) Die vorwiegend schüler-, d.h. nicht lehrerzentrierte Unterrichtsverfassung begünstigt die Sozialintegration der behinderten und nichtbehinderten Kinder durch diese selbst. Die im Montessori-Modell vorherrschende Sozialverfassung einer Lerngruppe schafft täglich Situationen, „die von den Kindern allein oder mit Hilfe der Lehrerin so zu bewältigen sind, daß der Integrationsprozeß voranschreitet" (Ruthenberg, K. u.a., 1974, 308.307).

In zwei Arbeiten aus dem Jahre 1973 und 1974 befaßt sich K. Neise mit den Möglichkeiten und Grenzen des Montessori-Modells in seinem Einsatz auf dem heilpädagogischen Gebiet. (vgl. Neise, K., 1973 und 1974)

Auch dieser Autor verweist auf Montessoris anfängliche Tätigkeit und Erfahrungen in der Psychiatrie, als dem Ursprungsort ihrer pädagogisch-didaktischen Erkenntnisse. Er hebt ihre Einsicht hervor, daß „Schwachsinnigkeit" mehr ein pädagogisches denn ein medizinisches Problem sei. Neise führt für seine These, die Montessori-Erziehung sei ein „geeignetes Erziehungssystem für die Unterrichtung und Erziehung Geistigbehinderter" (Neise, K., 1973,753), folgende

Gründe an, die sich teilweise mit den Arbeitshypothesen des Münchener Montessori-Modells decken: neben der Außendifferenzierung die innere Differenzierungsmöglichkeit, das Prinzip der kleinsten Schritte, die Vielfalt der Übungsmöglichkeiten, das Prinzip der Selbsttätigkeit oder eigengesteuerten Motorik, die zunehmende Verselbständigungsmöglichkeit durch die bei individuellen oder sozialen Tätigkeiten mögliche Selbstkontrolle sowie die spezifische Eignung von didaktischen Materialien im Hinblick auf ihre Verwendbarkeit in der Förderung Geistigbehinderter. (Neise, K., 1973, 738–744)

Zusammenfassend äußert Neise, „daß die Montessori-Erziehung bei Geistigbehinderten nicht nur möglich, sondern in besonderer Weise für ihre Erziehung und Unterrichtung geeignet ist. Zu berücksichtigen sind lediglich einige Modifikationen des Materials, die durch die Eigenart der Geistigbehinderten bedingt sind." (Neise, K., 1973, 747; vgl. den Kongreßbericht über die Montessori-Pädagogik und das behinderte Kind, 1978; vgl. Orem, C., 1978).

5.2.5 Montessori-Pädagogik im Bereich weiterführender Schulen

Im Jahre 1953 erschien ein Aufsatz von M. Braunger, der nach der Bedeutung der Montessori-Pädagogik für die „höhere Schule" und deren Reform im Sinne der „Erschließung pädagogischen Neulandes" fragt (Braunger, M., 1953, 444).

Dieser Beitrag geht von der Beschreibung praktischer Anschauungen der Arbeit mit Montessori-Methoden aus. Sie wurden „an höheren Montessori-Schulen in Amsterdam und Utrecht gewonnen, dort ‚Lyzeen' genannt" (Braunger, 1973, 444). Der Erfahrungsbericht ist als Beitrag für die in den 50er Jahren diskutierte Oberstufenreform gedacht.

H.-J. Jordan hat 1959 die Anwendung des Montessori-Struktur-Modells im gymnasialen Bereich beschrieben. (vgl. 12, 124–131)

„In Deutschland ist die Montessori-Pädagogik – abgesehen von einem Versuch jüngeren Datums in Köln – bisher nie in das Feld der höheren Schule vorgestoßen." Diese Feststellung trifft P. Scheid, der 1968 die Frage nach der Montessori-Pädagogik in der höheren Schule stellt. (Scheid, P., 1968, 81) Das geschieht aus dem aktuellen Anlaß der Einrichtung eines Montessori-Schulversuches im Oberstufenbereich der Anna-Schmidt-Schule in Frankfurt/Main. „Die Durchführung des Planes wird begünstigt durch die Organisation der Anna-Schmidt-Schule als einer Gesamtschule, die sich vom Kinderhaus bis zur Reifeprüfung als eine Einheit darstellt." (Scheid, P., 1968, 82)

1971 erschien eine sehr aufschlußreiche Schrift über eine eindrucksvolle Initiative der Errichtung von kontinuierlich aufeinander aufbauenden Montessori-Institutionen (vgl. Lehrerkollegium des Montessori-Gymnasiums [Hg.] 1971). Es handelt sich um Dokumentationen und kritische Reflexionen hinsichtlich der Ziele, Inhalte und Ausbildung entsprechender Lehrer, kurz: um die Verwirklichung des Montessori-Strukturmodells im gymnasialen Bereich.

Aus der Dokumentation geht hervor, daß dieses Gymnasium aus der Verwirklichung des pädagogischen und organisatorischen Prinzips der Kontinuität erwachsen ist: „Engagierte Kölner Eltern wünschten vor 15 Jahren eine Schule, die nach den Grundsätzen der Montessori-Pädagogik ihre Kinder bilde... Es war in der Folge verständlich, daß die Eltern den Wunsch hatten, die nach Abschluß der Grundschule bei ihren Kindern entwickelten Kriterien zur Selbständigkeit und Selbstkontrolle auch in einer weiterführenden Schule fortsetzen zu können." (Lehrerkollegium [Hg.], 1971, 7) 1961 wurde in Köln die erste Montessori-Sexta eingerichtet. 1963 kam aus der Schulgemeinde der Wunsch nach einem Montessori-Zentrum, um die Montessori-Einrichtungen vom Kinderhaus bis zur Hochschulreife zusammenzuführen – ein Anliegen, das in den vergangenen Monaten seine Verwirklichung gefunden hat.

In Krefeld ist die Bischöfliche Maria-Montessori-Gesamtschule entstanden (Ortling, P., 1981, 54). An Gymnasien in Bonn, Düsseldorf und Mönchengladbach sind Montessorizweige im Aufbau, die z. Zt. Gegenstand einer Forschungsexkursion sind. – Inzwischen liegt ein Tagungsbericht über die „Montessori-Pädagogik in der Sekundarstufe" vor (1982). (Vgl. Schulz-Benesch, G.: „Was macht eine Montessori-Sekundarschule aus?" 1982.)

5.3 Montessori und die Veränderung des Erzieherverhaltens

Die „Verteilung des Erziehungswerkes" kann nur dann eine optimale Erziehungswirkung im Hinblick auf die Selbständigkeit des Kindes haben, wenn es dem Erzieher gelingt, eine neue Beziehung zum Kind zu schaffen und seine eigene Aufgabe neu zu begreifen. (vgl. 3.1 und 3.2)

5.3.1 Veränderung des Lehrer-Schüler-Verhältnisses

Die Auffassung Montessoris korrespondiert mit einer Gegenwartsforderung: Wenn das Ziel des Bildungssystems darin besteht, den jungen Menschen auf das Leben in einer offenen Gesellschaft und Demokratie vorzubereiten, so müssen dementsprechend „Grundmuster mündigen Verhaltens" eingeübt und erprobt werden. „Einübung und Erprobung erfolgen im tätigen wechselseitigen Verhalten zwischen den Schülern und zwischen den Lehrern und Schülern." (Deutscher Bildungsrat, 1970, 37)

Durch zunehmend sachbezogene Zusammenarbeit soll vom Schüler mehr Selbständigkeit und Eigenverantwortung gefordert werden. Zunehmende Selbständigkeit und Eigenverantwortung korrespondieren auch hier – wie in Montessoris Konzeption – mit einer entsprechenden Haltung des an der Erziehung beteiligten Erwachsenen.

Diese Haltung kann nicht einfach – wie das heute vielfach geschieht – an einem ganz bestimmten Führungsstil rezeptartig abgelesen werden. Führungsstile tauchen, wie in 3.1 und 3.2 ersichtlich, nie in „Reinkultur“, sondern nur in Mischformen auf.

Die Angemessenheit der Art der Lenkung ist abhängig von der Situation, sowohl im Blick auf das Kind als auch auf die Sache, mit der das Kind Verbindung aufnimmt. Das bedeutet, daß angemessenes Lehrerverhalten von eigenen Beobachtungen und Überlegungen abhängt. „Hier ist vielmehr der Lehrer und Erzieher in die zweifellos belastende und verantwortungsreiche Freiheit entlassen, verantwortlich die je situationsangemessene Verhaltensweise selbst zu finden und auch zu rechtfertigen.“ (Geißler, E., [4]1973, 74; vgl. Fischer, R., 1982, 14-38).

5.3.2 Repressionsarme Erziehung

„Als erster konsequenter Versuch einer Erziehung ohne Zwang gewinnt die Montessori-Pädagogik nach der überhitzten Diskussion über die anti-autoritäre Erziehung neue Bedeutung.“ (14, Rückseite des Einbanddeckels)

Erziehung ohne Zwang wird also das Konzept benannt, nach dem Erziehungswirkung von einem komplexen Ganzen (der vorbereiteten Umgebung und dem neuen Erzieher) ausgehen soll.

Die Änderung des Erzieherverhaltens gehört zu den zentralen Forderungen, die in der gegenwärtigen Diskussion um eine repressionsarme Erziehung mit Nachdruck gestellt werden.

Durch die seit Mitte der 60er Jahre geführte Diskussion um eine repressionsarme Erziehung ziehen sich zwei Fragenkomplexe:

(1) Die Frage nach den Möglichkeiten, Bedingungen und Grenzen in der Entwicklung selbstverantwortlicher Freiheits- und Handlungsfähigkeit des Menschen. In dieser Frage sind die die Autorität und ihre Fehlformen berührenden Probleme enthalten.

(2) Die Frage nach den Möglichkeiten, Bedingungen und Grenzen der unterstützenden oder helfenden Mitwirkung (Erziehung) in der Entwicklung selbstverantwortlicher Freiheits- und Handlungsfähigkeit. Hinter dieser Frage verbergen sich die Probleme, die die Gestaltung von Lenkungsverhältnissen sowie Inhalte und Art der Lenkungsmaßnahmen betreffen. Die umrissenen Problembereiche haben als Forderungen bereits ihre Wurzeln in der reformpädagogischen Bewegung. Sie lassen sich als ein zwar in Angriff genommenes, aber noch nicht angemessen bewältigtes und unter den veränderten Zeitverhältnissen mit Nachdruck neu zu stellendes Problem der Erziehungstheorie und -praxis bezeichnen. Zur Bewältigung der vorstehenden Schwierigkeit wurde im Rahmen einer speziellen Arbeit der Ansatz einer repressionsarmen Erziehung in Montessoris Erziehungsvorstellungen herausgearbeitet. (Holtstiege, H., 1975, 283–295)

Ein Blick in die Forschungsgeschichte zeigt, daß im Verlaufe der Jahre in

Veröffentlichungen über Montessori die Notwendigkeit einer Verbesserung der Beziehung zwischen Kind und Erwachsenen erkannt und immer wieder aufgegriffen worden ist. (Holtstiege, H., 1975, 284)

Die daraus weiterentwickelten Reformvorschläge haben jedoch ebensowenig Breitenwirkung gehabt, wie das ursprüngliche Bemühen Montessoris um die Änderung des Erzieherverhaltens.

Hier scheint ein sehr hartes Problem in der Gestalt des erziehenden Erwachsenen selbst zu liegen, dessen Bereitschaft zur Bildung und Wandlung neben anderem ein entscheidender Faktor in der Reform von Erziehung und Bildung darstellt.

Von der Repression in der Erziehung spricht Montessori, wenn sie das dreijährige Kind, das in die Schule (Kinderhaus) kommt, als einen Kämpfer bezeichnet, der von Repressionen überwältigt bereits eine Verteidigungshaltung entwickelt hat, die seine tiefste Natur verdeckt. (9, 238) Gerade diese Einsicht hat sie zu der Forderung nach einem „neuen“ Erzieher bzw. einem „neuen“ Erwachsenen bewogen. (vgl. 3.1 und 3.2)

Zur methodisch-didaktischen Analyse und Überwindung der Repression in der Erziehung beschritt sie den in diesem Kapitel beschriebenen Weg, der gangbar und für Weiterentwicklung offen ist und der den Versuch einer pädagogischen Balance darstellt: die Verteilung des Erziehungswerkes auf den Erzieher und die von ihm bereitgestellte Umgebung.

6. Zusammenfassung

6.1 Das Erziehungswerk verteilt sich auf ein „komplexes Ganzes“: 1. vorbereitete Umgebung und 2. neuen Erzieher →Schema

6.1.1 Umgebung →innere Leitfunktion für selbsttätige kindliche Ordnung und Organisation (Strukturierung) von Intelligenz und Personalität

6.1.2 Umfassendes Prinzip: Umgebung mit „Offenbarungscharakter“ für Welt- und Selbstentdeckung

6.2 Neuer Erzieher und indirekte Erziehung: zweiter Pol des verteilten Erziehungswerkes

6.2.1 Forderung: Wandel alter Beziehungsstruktur in neue:

6.2.1.1 Bisherige Beziehung: Vereinigung, die Kampf auslöst →Grund →Kettenreaktionen: Unverständnis →Mißverständnis →Konflikt und Kampf: = Erziehung als „organisiertes Übel“ = Fehlverhalten von Erziehern durch Fehleinschätzung

6.2.1.2 Neugestaltung der Beziehung in der Erziehung (Schema 2.1)→ Voraussetzung: Anfälligkeit für Korruptibilität und Fähigkeit zu Korrekturen; Reflexion von Erzieherverhalten und Wandlungsbereitschaft

6.2.2 Orientierungskriterien – zwei Grundthesen:
6.2.2.1 Beachtung anthropologisch bedingter sozialer Eigenart der Beziehung Erwachsener – Kind
6.2.2.2 Erziehung gemäß der Eigenart der Beziehung Erwachsener – Kind
6.3 Inhaltliche Forderungen für die Neugestaltung der Erziehungs-Beziehung (s. Schema 2.1.2)
6.4 Aufgaben indirekter Lenkung (s. Schema 2.2)
6.5 Gegenwartsbeziehung zu Brennpunkten der Bildungsreform
6.5.1 Übereinstimmung mit prinzipiellen Gegenwartsforderungen:
6.5.1.1 bewußte Gestaltung frühkindlicher Umwelt für Lernerfahrungen
6.5.1.2 Kontinuität im Bereich organisierter Lernerfahrungen
6.5.2 Modellcharakter für institutionelle Innovationen:
6.5.2.1 im Bereich familiärer Erziehung
6.5.2.2 im Vorschul- oder Elementarbereich
6.5.2.3 im Grund- und Hauptschulbereich } (vgl. Schema 1.2)
6.5.2.4 im Sonderschulbereich
6.5.2.5 im Oberstufenbereich
6.5.3 Bedeutung für Forderung
nach Änderung des Erzieherverhaltens
nach repressionsarmen Erziehungsstilen

Verteilung des Erziehungswerkes auf ein komplexes Ganzes (= äußere Welt als gestaltbarer Teil der Erziehung)

↙ und ↘

1. *Vorbereitete Umgebung für das aktive Kind*
(= angemessene Anregungsumwelt für spontane kindliche Äußerungen)

1.1 *Kriterien für vorbereitete Umgebung:*

1.1.1 Entwicklungspädagogisches Prinzip: Kontinuität in Abfolge der zu fördernden Sensibilitäten durch Übungen und Materialien (vgl. IV. 5.2.7)

1.1.2 Didaktisches Grundprinzip: Progressive Interessen →herausfordern und fördern →Lernfortschritt

1.1.3 Einfache Struktur für Elementareinsicht

1.1.4 Aufforderungscharakter zum Handeln (reiches Angebot an Aktivitätsmomenten)

1.1.5 Prinzipien: freie Wahl und Bewegung für handelnden Umgang mit Material

1.1.6 Prinzip der proportionalen Angepaßtheit

1.2 *Nach Kriterien organisierte Bildungseinrichtungen = institutioneller Aspekt*

1.2.1 Kinderhaus →Einbeziehung von Übungen des häuslichen Kinderalltags →Elementarförderung durch Übungen, Materialien, Institutionen

1.2.2 Montessori-Schule →Grundstruktur:
Auflösung der Klassen →drei Jahrgänge eine Gruppe →Freiarbeitsphasen →Steuerung der Lernprozesse durch Lernumgebung →Arbeitsdelegation an einzelne und Kindergruppen

1.2.3 Erfahrungsschule sozialen Lebens →nicht realisierter, utopischer Plan →dennoch: Versuche der Verwirklichung des Montessori-Struktur-Modells im gymnasialen Bereich

---

Vereinigung zweier Aspekte (zu 1. u. 2):
- Führung und Leitung als Aufgabe des Erziehers
- individuelle Übung als Werk des Kindes

2. *Neuer Erzieher mit indirekter Erziehungsmethode*
(= entsprechendes Erzieherverhalten für Auswirkung kindlicher Aktivität)

2.1 *Forderung nach neuem Erzieher →Voraussetzung*

2.1.1 Neugestaltung der Beziehung in der Erziehung

2.1.1.1 *Negativ:* Beseitigung der Barrieren: Ablegen der „Honoratiorenprobe", Rücknahme der Erzieheraktivität bei Freigabe der kindlichen Initiativen, Verminderung der Autorität bei zunehmender kindlicher Selbständigkeit

2.1.1.2 *Positiv:* Achtung vor der schöpferischen Aufgabe des Kindes und mit Verstand angewandte Liebe

2.1.2 Neue Erziehermentalität und -selbstverständnis

2.1.2.1 Selbsterkenntnis, innere Einkehr und Wandel aufgrund von Einsichten: Achtung, Liebe →Grundhaltungen

2.1.2.2 Neues Selbstverständnis →Grenzen pädagogischen Handelns begreifen lernen
- Gehilfe: nicht Baumeister, sondern Helfer des Kindes
- Interpret: öffnet Weg zu Entdeckungen und Verstehen
- Bindestrich: Vermittler zwischen Kind und Umgebung

2.2 *Aufgaben indirekter Lenkung spontaner kindlicher Selbstbildung*

2.2.1 Verständnis kindlicher Lernprozesse – „Aneignung der Bildung" durch Kind

2.2.2 Technik indirekten Eingreifens erlernen

2.2.3 Selbstvorbereitung des Erziehers

2.2.4 Aufgaben innerhalb vorbereiteter Umgebung

2.2.4.1 Aktive Aufgaben: • Kenntnis von Material und Einführung • Pflege der vorbereiteten Umgebung (Materialien) • Erteilen von Lektionen

2.2.4.2 Aufgaben indirekter Art: • Konzentration auf Umgebung • Hilfen in Anfangsphasen kindlicher Arbeit • Achtung vor Konzentrationsphasen • guter Abschluß – bestätigende Ermutigung

7. Literaturverzeichnis

Aurin, K.: Aufgaben und Möglichkeiten der Montessori-Pädagogik heute. In: Mitteilungen der Deutschen Montessori-Gesellschaft 1 (1959) 6–8

Bollnow, O.: Die Ehrfurcht. Frankfurt a. M. 1947

Braunger, M.: Montessori-Pädagogik auch in der höheren Schule? In: Bildung und Erziehung 9 (1953) 444–449

Deutscher Bildungsrat: Strukturplan für das Bildungswesen (abgekürzt: *Strukturplan*). Stuttgart [1]1970

Elsner, H.: Jeder hat das Recht, er selbst zu sein – Montessori-Schule. In: Lichtenstein-Rother, I. (Hg.): Jedem Kind seine Chance. Freiburg 1980, S. 14–28 (Humane Schule)

Engbarth, G.: Erziehung ohne Zwang. Montessori-Vorschulversuch im Lehrkindergarten der Fachschule für Sozialpädagogik in Landstuhl. Kaiserslautern 1972 (Band 6, Schriftenreihe der Georg-Michael-Pfaff-Gedächtnisstiftung)

Fähmel, I.: Zur Struktur schulischen Unterrichts nach M. Montessori. Frankfurt 1981 (Studien zur Pädagogik der Schule 6)

Fend-Engelmann, E.: Montessori-Pädagogik: Progressiv, aktuell? In: Wissenschaft in Hochschule und Schule. Köln 1972, 241–244

Fischer, R.: Lernen im non-direktiven Unterricht. Eine Felduntersuchung im Primarbereich am Beispiel der Montessori-Pädagogik. Frankfurt 1982 (Studien zur Pädagogik der Schule 4)

Fritz, M.: Vorschulische Erziehung bei Montessori. In: Evangelische Kinderpflege 3 (1971) 132–140

Geiger, S.: Maria Montessori – pädagogische Grundprinzipien und die Praxis im Kinderhaus St. Albertus Magnus, Düsseldorf. In: eltern-forum 5 (1971) 5–8

Geißler, E. E.: Erziehungsmittel. Bad. Heilbrunn [4]1973

Günnigmann, M.: Montessori-Pädagogik in Deutschland. Freiburg 1979

Hainstock, E. G.: Montessori zu Hause. Freiburg 1971

Hellbrügge, Th.: Unser Montessori - Modell. München 1977

Hellbrügge, Th. / Montessori, M. (Hg.): Die Montessori-Pädagogik und das behinderte Kind. München 1978

Holtstiege, H.: Leitvorstellungen zur repressionsarmen Erziehung in der Pädagogik M. Montessoris. In: Pädagogische Rundschau 3 (1975) 267–295

Holtstiege, H.: Soziale Erziehung im Verständnis M. Montessoris und ihre Bedeutung für die Schule. Köln 1981 (Hg. Aktionsgemeinschaft Deutscher Montessori-Vereine e. V. (ADMV), Rochusstr. 145, Köln 30, Pädagogische Schriften H. 1)

Holtstiege, H.: Sensible Phasen im Jugendalter und Impulse zu Konkretionen in der Sek. I u. II. In: Orientierung 8 (1982)

Holtstiege, H.: Montessori-Pädagogik. In: Lenzen, D. (Hg.): Enzyklopädie Erziehungswissenschaft, Bd 7: Hemmer, K. P./Wudtke, H. (Hg.): Erziehung im Primarschulalter. Stuttgart 1985, S. 425–435

Holtstiege, H.: Maria Montessori und die „reformpädagogische Bewegung". – Studien zur Montessori-Pädagogik 1. Freiburg 1986

Holtstiege, H.: Maria Montessoris Neue Pädagogik: Prinzip Freiheit – Freie Arbeit – Studien zur Montessori-Pädagogik 2. Freiburg 1987, S. 129–168

Holtstiege, H.: Soziale Integration. In: Holtstiege, H.: Maria Montessoris Neue Pädagogik: Prinzip Freiheit – Freie Arbeit. Studien zur Montessori-Pädagogik 2. Freiburg 1987, S. 129–168.

Holtstiege, H.: Erzieher in der Montessori-Pädagogik. Freiburg 1991 (Kleinschrift gleichen Titels Köln 1988, hrsg. von ADMV, a. a. O. Päd. Schriften, H. 4)

Jones, I.: Möglichkeiten und Grenzen der Montessori-Pädagogik. Das Jugenderziehungskonzept der Maria Montessori in der Sekundarstufe I. Lang: Frankfurt/Bern 1987

Jordan, H.-J.: Was ist ein Montessori-Lyzeum? In: Mitteilungen der Deutschen Montessori-Gesellschaft 1 (1959) 1 (1960)

Klaßen, Th. F.: Der Erzieher als Material. Zur Funktion des Lehrers in der Montessoripädagogik. In: Päd. Rundschau 7 (1975) 591–600

Lehrerkollegium des Montessori-Gymnasiums (Hg.): 10 Jahre Montessori-Gymnasium Köln. Köln 1971

Ludwig. H.: Anregungen der Montessori-Pädagogik zur Gestaltung des Grundschulunterrichts mit deutschen und ausländischen Kindern. In: Sachunterricht und Mathematik in der Primarstufe (= SMP) (1986), 230–236

Ludwig, H.: Montessoris Erfahrungsschule des sozialen Lebens – Zur Theorie und Praxis der Sekundarstufe in der Montessori-Pädagogik. In: Gesamtschul-Informationen 1/2 (1988), S. 140–174

Lückert, H.-R.: Das Abenteuer des Lernens. In: Spielen und Lernen 4 (1959) 19–21

Montessori-Pädagogik in der Sekundarstufe. Orientierung 8 (1982) Hg.: Bischöfliches Generalvikariat Aachen.

Neise, K.: Montessori-Erziehung bei Geistigbehinderten. In: Zeitschrift für Heilpädagogik 9 (1973) 737–754

Neise, K.: Montessori-Erziehung in der Heilpädagogik. 12 (1974) 713–726

Ockel, B.: Montessori in der Grundschule. In: Pädagogik heute 1 (1968) 72–80

Ockel, B.: Schulversuch nach M. Montessori. In: Schindele, R. (Hg.): Unterricht und Erziehung Behinderter in Regelschulen. Rheinstetten 1977, S. 2–17

Orem, C.: Montessori – Material zur Förderung des entwicklungsgestörten und behinderten Kindes. Ravensburg 1978

Ortling, P.: Integration Behinderter in den Klassen- und Lernverband. In: Lichtenstein-Rother, I. (Hg.): Zusammen lernen – miteinander leben. Freiburg 1981, S. 54–60 (Humane Schule)

Oswald, P.: Zur Didaktik Maria Montessoris. In: Mitteilungen des Düsseldorfer Kreises 3/4 1967. 4–25

Oswald, P.: Das Problem der sozialen Erziehung und der Beitrag M. Montessoris zu seiner Lösung. In: Katholische Bildung. 10 (1980) S. 526–538

Oswald, P.: Montessori für Eltern. Köln 1984, [3]1989 (Hg.: ADMV, a. a. O. Päd. Schriften H. 3)

Oswald, P.: Funktion und Bedeutung des Erziehers in der Montessori-Pädagogik. In: Montessori education. Zeitschr. der Japanischen Montessori-Association (JAM) Nr. 18 (1985), S. 2–9

Rurik, G.: Montessori-Pädagogik und moderne Vorschulerziehung. In: Die Grundschule 2 (1971) 40–46

Ruthenberg, K. u.a.: Das Münchener Montessori-Modell. In: Neue Sammlung 3 (1974) 289–310

Scheid, P.: Montessoripädagogik auch in der höheren Schule? In: Pädagogik heute 1 (1968) 81–88

Schminck, E.: Montessori in der Vorklasse. In: Pädagogik heute, 1 (1968) 68–72

Schulz-Benesch, G.: Skizzen zum Bild der Montessori-Grundschule. In: Katholische Bildung 3 (1982) S. 156–163

Schulz-Benesch, G.: Was macht eine Montessori-Sekundarstufe aus? In: Montessori-Werkbrief 4 (1982) 126–128

Schulz-Benesch, G.: Montessori-Grundschule. In: Wittenbruch, W. (Hg.): Das pädagogische Profil der Grundschule. Heinsberg 1984, S. 227–236

VI. Polarisation der Aufmerksamkeit – Meditation des Details

Die Polarisation der Aufmerksamkeit ist das Schlüsselphänomen, dessen Entdeckung Montessori den Zugang zu einer wirksamen Unterstützung kindlicher Entwicklung gewiesen hat. Sie nennt dieses Phänomen „einen wichtigen Stützpunkt, auf dem sich die kindliche Arbeit aufbaut" und das es als notwendigen Faktor in die Pädagogik einzubeziehen gilt. (7, 15) Die Entdeckung dieser auffälligen Erscheinung wurde Ursprung einer neuen Art von Erziehung. (vgl. Holtstiege 1986, 114–137; Holtstiege 1987, 57–92)

Das Phänomen der Polarisation der Aufmerksamkeit entdeckte Montessori bei der Beobachtung eines dreijährigen Kindes, das sich mit Einsatzzylindern beschäftigte. Die Aufmerksamkeit des Kindes war intensiv und andauernd auf den Gegenstand gerichtet, an dem es die Einsatzübungen über vierzigmal wiederholte. Von dieser Beschäftigung war es trotz gezielter und sehr heftiger Störversuche nicht abzulenken. (1, 72–69, 69–66; 2, 57.58; 6, 165)

> „Das ist offenbar der Schlüssel der ganzen Pädagogik: diese kostbaren Augenblicke der Konzentration zu erkennen, um sie beim Unterricht in Lesen, Schreiben, Rechnen, später in Grammatik, Mathematik und Fremdsprachen auszunützen. Alle Psychologen sind sich übrigens darin einig, daß es nur eine Art des Lehrens gibt: tiefstes Interesse und damit lebhafte und andauernde Aufmerksamkeit bei dem Schüler zu erwecken." (2, 59)

Die Entdeckung des Phänomens der Aufmerksamkeit bei der Beobachtung des Kindes hatte weittragende Folgen. Leitfragen nach einer effektiven Förderung kindlicher Entwicklung orientierten sich an diesem „Schlüssel der ganzen Pädagogik".

> „Und von nun an war es mein Streben, Übungsgegenstände zu suchen, die die Konzentration ermöglichten; und ferner studierte ich gewissenhaft, welche Umgebung die günstigsten äußeren Bedingungen für diese Konzentration bietet. So begann sich meine Methode aufzubauen." (2, 58.59)

Konzentration der Aufmerksamkeit besteht in einem aktiven Kontakt zwischen Kind und Gegenstand. Die Polarisation kommt zustande durch die Bindung der kindlichen Aufmerksamkeit an einen Gegenstand, der das Kind in einer „vorbereiteten" und sich „offenbarenden Umwelt" anspricht. (vgl. Holtstiege 1987, 58–82)

Der Vorgang der Polarisation – Anbindung, Anheften der Aufmerksamkeit an einen bestimmten Gegenstand – stellt eine Sammlung kindlicher Kräfte dar. Montessori nennt diese Art kindlicher Aktivität auch Arbeit: Sie „eint das kindliche Wesen mit der Umgebung." (7, 15) Konzentration heißt also Sammlung der Aufmerksamkeit, Vertiefung in eine Sache bei gleichzeitiger innerer Loslösung von der Umgebung. (2, 63.65) Sie ist gleichbedeutend mit der in IV. 1.5 beschriebenen Meditation am Detail.

Die Konzentration der Aufmerksamkeit muß unterschieden werden von der Beschäftigung, bei der die Kinder teilnahmslos von einem Ding zum anderen übergehen. Zur Konzentration kommt es erst, wenn ein Kind im Hinblick auf eine Beschäftigung ein Interesse äußert, das die ganze Person einbezieht. Dazu gilt als Hauptkennzeichen „das Aufgehen in einer Arbeit, einer interessanten, frei gewählten Arbeit, die die Kraft hat zu konzentrieren" (9, 185).

1. Bedingungen für die Ermöglichung von Konzentration

Nach der Entdeckung des Phänomens der Polarisation der Aufmerksamkeit galt Montessoris ganzes Interesse dem Studium geeigneter Bedingungen. Von diesem Ansatz her entwickelte sie Prinzipien im Hinblick auf geeignete Materialien, vorbereitete Umgebungen, entsprechendes Erzieherverhalten und die Technik indirekten Eingreifens. Diese Prinzipien und ihre Umsetzung in Übungsgegenstände und Praxisfelder waren Inhalte der Kapitel III. – V. Sie werden, um Übersicht und Zusammenhang zu schaffen, im folgenden knapp umrissen, ins Gedächtnis gerufen:

1.1 Grundlegendes Prinzip ist die Beachtung sensibler Phasen. Beobachtung des Kindes und gezielte Förderung der auftretenden Sensibilitäten sind pädagogische Forderungen. (vgl. III.)

1.2 Die gezielte Herausforderung auftretender Sensibilitäten muß durch ein Angebot von angemessenen Übungen und Materialien erfolgen. Auswahlkriterien für den Entwurf von Förderungsprogrammen mit Aufbautendenz (im Sinne progressiver Interessen) sind die Beachtung sensibler Phasen zur Ermittlung gegenwartsbezogener Förderung: 1. pädagogische Analyse auftretender Schwierigkeiten durch das Zerlegen komplexer Handlungen in Elemente, 2. Isolation von Eigenschaften in Einzelmaterialien (materialisierte Abstraktionen), 3. pädagogisch-didaktische Materialeigenschaften: Begrenzung, Ästhetik, Aktivität, Fehlerkontrolle. (vgl. IV.)

1.3 Das Werk der Erziehung ist auf zwei Pole zu verteilen: die vorbereitete Umgebung und den neuen Erzieher mit seiner Technik indirekten Eingreifens. Das umfassende Prinzip für die vorbereitete Umgebung ist ihr „Offenbarungscharakter" für Welt- und Selbsterschließung. Sie muß so strukturiert sein, daß sie eine innere Leitfunktion für die selbsttätige Entwicklung kindlicher Intelligenz und Personalität enthält.

Der zweite Pol ist der neue Erzieher. Selbstvorbereitung, Bereitstellung der Umgebung und indirekte Lenkung gehören zu seinen Aufgaben. (vgl. V.) Sie alle laufen darauf hinaus, das Kind so zu führen, daß es selbsttätig Kontakt mit einem Gegenstand aufnimmt und seine Aufmerksamkeit daran bindet.

1.4 Freiheit der Initiative, Bewegung und Wahl sind als unmittelbare Voraussetzungen für die Konzentration besonders herauszustellen. Das Erwachen der spontanen Aktivität beim Kinde und die Aufnahme konzentrierter Arbeiten sind rückgebunden an die Freiheit, die man ihm läßt. (7, 24) In diesem Zusammenhang wird mit Nachdruck auf einen wichtigen Grundsatz hingewiesen: Die kindliche Freiheit kann nicht darin bestehen, daß wir es sich selbst überlassen oder gar vernachlässigen. (2, 49)

Der Vollzug oder die „Aneignung" der Bildung ist das eigentliche Werk des Kindes. Dieses kann nur optimal gelingen, wenn die genannten Bedingungen 1.1–1.4 erfüllt werden.

2. Verlaufsform der Polarisation der Aufmerksamkeit

Die Verlaufsform der Polarisation der Aufmerksamkeit wird als ein geschlossener Arbeitszyklus beschrieben. Von ihm sagt Montessori einmal, daß er aus zwei Teilen bestehe, zum anderen, daß dieser Vorgang der Konzentration drei Stufen umfasse. (vgl. Holtstiege 1987, 57–68)

Von der Zweiteiligkeit des Arbeitszyklus heißt es, der erste Teil bestehe in der Vorbereitung, in der das Kind sich auf die Arbeit ausrichte. Dieser Teil des Arbeitszyklus ebnet die Bahn für den zweiten Teil, die eigentliche „große Arbeit". Die Beschreibung dieser Verlaufsform enthält jedoch andeutungsweise auch einen dritten Teil: jene Phase, die der großen Arbeit folgt und bestimmte Wirkungen im Kind erkennen läßt. (2, 65.66)

> „Es handelt sich also um zwei aufeinanderfolgende Phasen von ununterbrochener Arbeit: die eine könnte man die Phase der Vorbereitung, die andere die Phase der großen Arbeit nennen. Die erste Phase ist von sehr viel kürzerer Dauer als die große Arbeit, und es ist beachtenswert, daß die wahre Ruhe mit ihren Merkmalen von innerer Befriedigung und Heiterkeit erst eintritt, nachdem die höchste Anspannung der Kräfte sich plötzlich erschöpft... Den Schluß bildet ein gedankenvolles Ausruhen: das Kind arbeitet nicht mehr, betrachtet aber lange, und ohne ein Wort zu reden, die ausgeführte Arbeit, ehe es sich anschickt, alles aufzuräumen. Oder es sieht ruhig der Arbeit der anderen zu, nachdem es seine eigene betrachtet hat." (1, 108.109–102)

Auch dieses Zitat läßt erkennen, daß bei der Beschreibung des Konzentrationsverlaufes als zweiteilige Phase noch eine dritte mitgedacht und auch beschrieben wird. So ist es zu verstehen, daß Montessori auch von einem dreiteiligen Aktivitätszyklus hinsichtlich des Verlaufs der Polarisation der Aufmerksamkeit spricht.

„Die Konzentration umfaßt demnach drei Stufen: die ‚vorbereitende Stufe', die ‚Stufe der großen Arbeit', die mit einem Gegenstand der äußeren Welt im Zusammenhang steht, und eine dritte, die sich nur im Inneren abspielt und die dem Kinde Klarheit und Freude verschafft." (2,69)

Im Anschluß an dieses letzte Zitat, in dem drei Stufen der Konzentration genannt werden, erfolgt die Darstellung des Konzentrationsverlaufes.

Zuvor muß noch auf eine Auffälligkeit hingewiesen werden: Die Begriffe Konzentration und Arbeit werden synonym, also gegeneinander austauschbar verwandt. Im 4. Punkt wird auf Montessoris Verständnis von Arbeit, insbesondere von kindlicher Arbeit, noch eingegangen werden.

Zum Verständnis der folgenden Ausführungen sei jedoch vorgreifend darauf hingewiesen, daß die Tätigkeit der Intelligenz als Arbeit bezeichnet wird. Arbeiten, das heißt handeln und Erfahrungen sammeln. (10,96) So wird das Kind auch als „leidenschaftlicher Intellektueller" bezeichnet. (10,90) Wichtig ist die Beachtung der Tatsache, daß es zum Wesen des Menschen gehört, „mit den Händen und der Intelligenz zu arbeiten" (10,46). Begründend heißt es dazu:

„Die Arbeit des Geistes muß stets durch die Arbeit der Hände begleitet werden, Kraft der funktionellen Einheit der Personalität." (10,124)

In diesem Zusammenhang wird verständlich, wenn B. v. Veen-Bosse von der „Deutung der kindlichen Konzentration als tätige Meditation" spricht (Veen-Bosse, B. v., 1964, 130).

Konzentration ist also ein ganzheitliches menschliches Handeln, das als Arbeit im Sinne einer tätigen Meditation bezeichnet werden kann. (vgl. Holtstiege 1987, 85–112)

2.1 Die vorbereitende Stufe

Der Prozeß wird eingeleitet durch eine Erwartungshaltung, die phasenspezifischen kindlichen Bedürfnissen entspringt. (1,165–154.155) Der Impuls lenkt die Aufmerksamkeit auf äußere Dinge, mit denen sie sich polarisieren möchte. Die innere Bereitschaft tendiert dahin, diese Dinge kennenzulernen, mit ihnen Kontakt aufzunehmen und sie näher zu untersuchen. Durch das vorangehende Interesse, dem der Impuls entsprang, ist das Kind ganzheitlich an diesem Vorgang beteiligt.

Die Phase der Vorbereitung wird auch als Anlauf zur Arbeit bezeichnet. Diese Zeit gilt als ein Stadium der Unruhe und des Suchens, der Vorbereitung und Ausrichtung auf die eigentliche Arbeit, in der die Konzentration zustande kommt. In dieser Zeit ist das Kind erregt und wählt auch unter verschiedenen Gegenständen, ohne daß jeweils eine intensive Beschäftigung mit dem einzelnen

Material einsetzt. Während dieser einleitenden Phase kann oder muß der Erzieher bei gleichzeitiger Respektierung der freien Initiative, Bewegung und Wahl dennoch dem Kind indirekte Hilfestellung geben. Hier werden die in V. 3.2 umschriebenen Aufgaben einer indirekten Erziehung relevant. Ein Maßstab für das Erzieherverhalten wird deutlich: optimales Verhalten für das Zustandekommen von Konzentration oder tätiger Meditation.

Die vorbereitende Phase ist im Vergleich zur Zeit der großen Arbeit von sehr viel kürzerer Dauer. Bei der Umsetzung der Beobachtungen in graphischen Skizzen (Arbeitskurven des Kindes) zeigt sich, daß das Kind im Gegensatz zum Ausklang der großen Arbeit zwischen der ersten und zweiten Arbeitsperiode Anzeichen einer Ermüdung aufweist:

„Die scheinbare Ermüdung zwischen der ersten und der zweiten Arbeitsperiode ist sehr interessant: das Kind sieht in jenem Moment nicht ruhig und angeregt aus wie am Ende der Kurve: es ist im Gegenteil unruhig, steht auf, geht hin und her, stört aber die anderen nicht. Es ist, als ob es auf der Suche wäre nach dem, was es am meisten interessiert, als ob es sich für die ‚große Arbeit' vorbereitete.“ (1, 102.103–96.97)

Für den Erzieher ist von Bedeutung, dieses Phänomen der Müdigkeit nicht fälschlicherweise als Unordnung auszulegen und die Kinder zur Ordnung zu rufen. In diesem Fall würde die Unordnung andauern und die darauf folgende Arbeit sich nicht gut organisieren lassen. Die Kinder können nicht ins Gleichgewicht kommen. Damit gehen alle jene Merkmale verloren, die für den Ablauf des regelmäßigen und vollständig erfüllten inneren Entwicklungsganges erforderlich sind. (1, 104–98)

2.2 Die Stufe der großen Arbeit

„Hat es aber die Möglichkeit dazu, so wählt es nach der einleitenden Arbeit eine neue, schwierigere als die erste, es richtet seine ganze Aufmerksamkeit darauf, vertieft sich in sie, gibt sich ihr mit ganzer Seele hin und löst sich gleichsam von seiner Umgebung los: das ist das, was wir die ‚große Arbeit' nennen.“ (2, 65)

Der Beginn der Konzentration eröffnet einen Zyklus von Aktivitäten, in den von seiten des Erziehers nicht mehr eingegriffen werden darf. Zu den Bestandteilen dieses Aktivitätszyklus gehören die Intention der Wiederholung von Übungen bis zum Sättigkeitsgrad, u. U. der Wunsch, Schwierigkeiten zu überwinden und Probleme selbst zu lösen. (6, 166; 9, 252.253)

Die Zeit der Hauptarbeit zeichnet sich durch eine Einheit der Kraftanspannung aus. Diese Zeitspanne ist von relativ langer Dauer, eine Zeit intensiven und ausdauernden Arbeitens, die durch die Merkmale einer inneren Versenkung und äußeren Isolation gekennzeichnet ist.

Das Hauptkennzeichen dieser Phase ist das Aufgehen in einer Arbeit, die die Kraft hat zu konzentrieren und Energien, geistige Fähigkeiten und Selbstbeherrschung zu erhöhen. Dabei eint sich das kindliche Wesen mit der Umgebung, und so vollzieht sich eine Form der Sammlung und Versenkung aller kindlichen

Kräfte auf eine einzige Tätigkeit, durch die eine innere Aufbauarbeit mit fortschreitendem Verlauf möglich wird. (7,15; 8,173; 9,185)

Damit die Persönlichkeitsentwicklung nicht unterbrochen wird, ist es erforderlich, den Faktor der Gewohnheit aufrechtzuerhalten. Das geschieht in der Weise, daß an jedem Tag eine wirkliche Arbeit verrichtet wird. Von entscheidender Bedeutung ist dabei die Vollendung des Kreislaufs einer Tätigkeit, denn aus der „methodischen Konzentration" erwächst das Gleichgewicht und die Elastizität der Anpassung, die die Basis für den echten Gehorsam bilden. (1,110.111–104)

P. Oswald weist darauf hin, daß Montessori die Geeignetheit eines Arbeitsmittels an dem Kriterium maß, ob es „den Kindern dazu half, bei seinem Gebrauch zur Polarisation der Aufmerksamkeit zu kommen." (Oswald, P., 1963, 1021)

2.3 Die Phase der Ruhe am Schluß des Aktivitätszyklus

Diese Zeit läßt sich als die Periode besinnlicher Verarbeitung erworbener Eindrücke bezeichnen. Es handelt sich um eine dritte Konzentrationsstufe, „die sich nur im Innern abspielt und die dem Kinde Klarheit und Freude verschafft" (2,69). Sie bildet den Schluß des gesamten Konzentrationszyklus und drückt sich in einem „gedankenvollen Ausruhen" aus. Das Ausruhen besteht darin, daß das Kind nicht mehr arbeitet. Lange und ohne zu reden betrachtet es die eigene Arbeit oder die der anderen Kinder, ehe es sich zum Fortlegen des Materials anschickt. Diese Schlußphase nennt Montessori die „innere Sammlungsarbeit" oder auch „die sinnende Periode". Von ihr sagt sie, daß man sie auch eine Zeit innerer Arbeit nennen könne – eine Zeit der Periode der Entdeckungen. (1,109–105)

Die Wichtigkeit dieser Abschlußperiode und die Notwendigkeit ihrer Berücksichtigung für den kindlichen Bildungsprozeß dürfte aus dem bisher Gesagten deutlich werden.

Am Ende dieser Phase ist dann auf eine konkrete Beendigung des Arbeitszyklus zu achten. Das geschieht durch das Zurücklegen des Materials an seinen Platz. Darin drückt sich der „gute Abschluß" der kindlichen Arbeit aus. (8,173)

3. Bildungswirkungen der tätigen Meditation

Der in 2. beschriebene Verlauf des Aktivitätszyklus stellt die Art der „Aneignung der Bildung" durch das Kind dar.

> „Das Kind begreift durch eigene Aktivität, indem es die Kultur aus seiner ‚Umgebung' und nicht vom Lehrer übernimmt." (4,55)

Montessori spricht von einer „Art bildendem Mechanismus“ (4, 59), für den der Verlauf der spontanen kindlichen Aktivität in einem direkten Austausch zwischen Umgebung und Kind charakteristisch ist. Das Interesse des Kindes hängt von der Möglichkeit ab, Entdeckungen zu machen. (7, 16) Kindliche Konzentration kommt jedoch nur in Verbindung mit einem Gegenstand zustande. (7, 15) Konzentration als tätige Meditation bedeutet ein „Sich-Auftun des Geistes“, das als „aktives Verstehen“ bezeichnet wird und ein „schöpferisches Phänomen“ darstellt. (1, 215–204)

„Derjenige, der von sich aus versteht, hat einen unerwarteten Eindruck: er fühlt, daß sein Bewußtsein sich befreit hat und ein Licht darin leuchtet.“ (1, 214–203) Das Zitat macht verständlich, daß von einer geistigen Eroberung gesprochen wird, die als Quelle der Freude gilt.

Der Zusammenhang von Interesse und Entdeckungen hat Bedeutung für die in 3.1.2 zu behandelnde Motivierung.

„Das Kind wird zum Entdecker der Welt und hat den Wunsch, immer tiefer einzudringen und seine Entdeckungen zu verwerten. Und was ist die Geschichte der Kultur anderes als die Geschichte der Entdeckungen.“ (7, 16)

Entdeckung und Interesse hängen also eng zusammen; sie kommen in Prozessen zustande, die auch eine „Art Polarisation der inneren Persönlichkeit“ genannt werden (1, 126–116), bei der der Geist sich auftut, öffnet. In diesem Zusammenhang wird es verständlich, wenn Montessori in der konsequenten Beachtung des Schlüsselphänomens der Polarisation die eigentliche Lösung des ganzen Erziehungsproblems sieht.

„Offenbar muß das Prinzip der Ordnung und die Entwicklung des Charakters sowie des Geistes- und Gefühlslebens von dieser geheimnisvollen und verborgenen Quelle ausgehen.“ (2, 58)

3.1 Unmittelbare Wirkungen und Entdeckungen

Das Sich-Auftun des Geistes macht sensibel für die Offenbarung von Eigenschaften im Umgang des Kindes mit einer Sache (vgl. IV. 5.1.2: umfassendes Prinzip: Umgebung mit „Offenbarungscharakter“ für Welt- und Selbstentdekkung). Die Wirkung besteht darin, nach und nach die Genauigkeit zu vervollkommnen, mit der die äußere Welt erfaßt wird durch Beobachtung, Denken und Korrektur der Fehler der Sinne in fortwährender, spontaner innerer Tätigkeit.

3.1.1 Geistige Erwerbungen intellektueller Art

Als ein intellektuelles Element wäre zu nennen der Erwerb einer klaren und geordneten Erkenntnis der Dinge und ihrer Beziehungen untereinander. Hinsichtlich der inhaltlichen Erwerbungen oder Entdeckungen ist zurückzuverweisen auf Kapitel IV. 5.4 und die speziellen Zielsetzungen im Schema S. 123f.

Die Meditation am Detail hat eine innerlich erhellende Intuition, Aufnahmebereitschaft und Einsicht fördernde Wirkung. Ausdauer und Verharren in der Konzentration auf einen Gegenstand bewirken eine große Intensität, durch die das innere Leben kraft- und wirkungsvoller wird, mehr Energie und Schwung erhält. Tätige Meditation kommt den Bedürfnissen oder gar der Struktur intellektueller Tätigkeiten entgegen durch die Entlastung des Geistes.

„Der Verstand braucht nur eine an sich kleine Arbeit auszuführen; aber sie muß klar und überflüssiger Verwicklungen entkleidet sein. Es ist die Einfachheit, die zur Entdeckung führt, die Einfachheit, die wie die Wahrheit nackt sein muß. Nur Weniges ist notwendig; aber dieses Wenige muß eine mächtige Einheit darstellen: alles übrige ist nichts. Und je größer die Nichtigkeit, d. h. die unnütze Belastung des Geistes ist, desto mehr verdunkelt sie die Klarheit und verschwendet sie die Kräfte und macht ihm nicht nur das Denken und Handeln, sondern sogar das Erfassen der Wahrheit, das Sehen, schwer und unmöglich.“ (1, 223 – 212)

„Intensität der gewöhnlichen Dinge“ und „Isolierung auf einem gleichartigen Feld“ sind jene Faktoren, die eine Ordnung des Geistes bewirken, in der gemachte Erfahrungen aufgearbeitet und integriert werden, so daß Platz für neue geschaffen wird. (1, 220 – 210)

3.1.2 Errungenschaften motivationaler Art

Als häufig wiederkehrende Erscheinung am Ende eines Polarisationsverlaufes beschreibt Montessori den Ausdruck einer lebhaften Freude und Heiterkeit. Sie spricht von einer „Gefühlsnote“, die der geistigen Errungenschaft entspricht.

„Die Kinder scheinen eine ‚Empfindung‘ für ihr geistiges Wachstum, das Bewußtsein der Errungenschaften zu haben, die sie machen, wenn sie innerlich weiterkommen. Sie geben das geistige Leben, das in ihnen erwacht ist, äußerlich durch lebhafte Freudenbezeugungen zu erkennen.“ (1, 98 – 92)

Hier wird mit dem Merkmal der Freude und Heiterkeit ein Phänomen beschrieben, das heute als Erfolgserlebnis von der Qualität der Steigerung des Selbstwertgefühls bezeichnet wird.

Das Erlebnis gelungener und zu Ende geführter Aktivitäten (eine sich entwikkelnde Aufgabenhaltung im Kind) motiviert, baut eine Erwartungshaltung auf und spornt dazu an, Neues mit Interesse aufzunehmen. Dadurch wird der ursprüngliche Impuls zunehmend in bewußtes und gewolltes Forschen umgewandelt. (1, 165 – 155) Entdeckungen wiederum rufen im Kinde Freude und Begeisterung hervor. (1, 82 – 79)

3.1.3 Wirkungen sozialer Art

Als einige der Hauptphänomene, die sich nach Abschluß eines vollendeten Aktivitätszyklus einstellen, werden soziale Gefühle der Hilfe und des Verständnisses für andere genannt. (9, 185.246) So beobachtete Montessori, daß die Kinder am Ende des Arbeitszyklus sich gedrängt fühlten, soziale Verbindungen mit anderen Kindern oder mit Erziehern aufzunehmen. (1, 109–105; 9, 246.247)

Als weitere Wirkung ist die soziale Disziplin zu nennen, die Kennzeichen jener Freiheit ist, die als Grenze die Gemeinschaft hat. Soziale Disziplin äußert sich in zweifacher Weise: als Achtung vor der Arbeit der anderen und als Rücksicht auf das Recht der anderen. (1, 98)

Während das Kind in der Periode der großen Arbeit sich in eine Haltung tiefer Isolation begibt und alles um sich herum – Menschen und Dinge – ignoriert und vergißt, ist eines der Ergebnisse vollzogener und abgeschlossener Konzentration das Erwachen des sozialen Gefühles und der Achtung.

„Der geistige Vorgang ist offensichtlich: es trennt sich selbst von der Welt, um die Kraft zu erringen, sich mit ihr zu vereinen. So ist es mit dem menschlichen Geist. Um zu existieren und mit den Gefährten in Gemeinschaft zu treten, müssen wir uns in die Einsamkeit zurückziehen und uns festigen." (9, 246)

3.1.4 Polarisation als komplexes Bildungsgeschehen

Die Gesamtheit der durch tätige Meditation bewirkten Bildungsphänomene „stellt gerade (den Prozeß der allmählich fortschreitenden inneren Ordnung) das innere ‚Sich-Ordnen' des Kindes dar." (1, 127–118) Unter II. 5.4.3.1 wurde der Faktorenkomplex umrissen, der zur inneren Disziplin der Persönlichkeit führt: Die basale Verflechtung der Antriebs- und Bewegungsstruktur ermöglicht den dominanten Faktoren – Einsicht und Wille – in Konzentrationsvorgängen jene Verschmelzung, die zu echtem Gehorsam führt. Durch ihn werden inneres Gleichgewicht und Elastizität der Anpassung erreicht. Montessori beschreibt diesen komplexen Weg zur Unabhängigkeit wie folgt: „Das Kind muß die physische Unabhängigkeit erlangen, indem es sich selbst genügt; die Unabhängigkeit des Willens durch die eigene und freie Wahl; die Unabhängigkeit des Gedankens durch eine Arbeit, die ohne Unterbrechung von selbst geleistet wurde." (9, 254)

In diesem Zitat wird beschrieben, was als Inhalt jener „inneren Sammlungsarbeit" gilt, die den Abschluß eines vollendeten Kreislaufes der Polarisation der Aufmerksamkeit bildet: In dieser Zeit entwickelt es sich zu einem „Wesen voller Gedanken, voll inneren Gleichgewichts und tiefen Interesses an der Umwelt. Dadurch wird es zu einer Persönlichkeit, die eine höhere Stufe erklommen hat." (1, 109.110–103) Diese Aussage trifft genau das zu Beginn dieser Arbeit genannte Ziel: Montessoris Bemühungen gehen und richten sich aus auf eine aktive, denkende und Gedanken verbindende Persönlichkeit. (vgl. II. 5.1.2, 5.1.2.3, 5.2.1, 5.2.1.4; IV. 5.1.2)

3.2 Erweiterung der Personalität – offenhaltende Erziehungswirkung

In II. 5.5.4 wurde als „Schlüssel" oder „verborgene Quelle" für die von Montessori geforderte Neuorientierung der Erziehung die von ihr selbst entdeckte Polarisation der Aufmerksamkeit genannt. Durch sie soll eine Erziehung möglich werden, die von persönlichkeitserweiterndem Charakter ist und menschliche Zukunft offenhält. Diese Forderung entspringt der Erkenntnis, daß menschliche Selbstverwirklichung – hier auf dem Wege über Erziehung – eher verhindert als gefördert wird. So läßt sich auch ihre Zielsetzung der „Normalisierung" des Menschen verstehen.

3.2.1 Normalisierung als personale Reorganisation und Rekonstruktion

Was in der Erziehung oft als fehlerhafte Abweichungen in der kindlichen Entwicklung angesehen wird (wie Schüchternheit, Launen, Verlegenheit, Flüchtigkeit, Trägheit, Eigensinn, Zerstörungswut, Unordnung und Ungehorsam), ist häufig eher die Folge einer Abwertung kindlicher Personalität und einer entsprechenden erzieherischen Behandlung.

Die den Psychologen bekannte Natur des Kindes, „mit der jeder Pädagoge rechnet", nennt Montessori anormal.

„Das Kind, das wir normal nennen, ist organisch verknüpft mit den Uranfängen seines eigenen Lebens, und sein ganzes Wesen, das sich im Stadium der Entwicklung befindet, ist durch ein inneres Gleichgewicht in Harmonie gebracht. Das andere Kind ist das, das vom Erwachsenen nicht verstanden wurde und dessen inneres Wachstum erstickt worden ist und in Spaltungen sich kümmerliche Wege sucht ... es hat sich in seiner Kindheit nicht in Gesundheit entwickeln können, und seine Persönlichkeit ist zerrissen." (7, 25)

Anormale Merkmale, die auf eine zerrissene Persönlichkeit deuten, sind die „Folge einer fehlenden Organisation der Personalität" (9, 182). Diese Situation läßt sich nur durch eine Hygiene des psychischen Lebens aufarbeiten. Der so beschriebene Vorgang wird als „Normalisierung" bezeichnet. (4, 49)

Auf Grund der sehr häufigen pädagogischen Fehlbehandlungen von Kindern (vgl. V. 3.1.1) ist ein Nachholen von Versäumtem notwendig. Das ist ein Vorgang, der heute mit Kompensation bezeichnet wird.

„Zuerst muß das Kind sich ‚normalisieren', dann erst kann es Fortschritte machen." (4, 49.50)

Normalisierung bedeutet, daß dem Kind die „Reorganisation seiner Persönlichkeit" ermöglicht wird; dieser Prozeß findet sich an anderer Stelle als „Rekonstruktion" umschrieben. (7, 20.24) Personale Reorganisation oder Rekonstruktion wird dadurch intendiert, daß die inneren Energien aus der Zerstreuung und Ablenkung durch äußere Dinge zurückgeholt werden. Die Zurückführung zu einer inneren Aufbauarbeit geschieht durch die Hinführung zur „Konzentration auf eine Arbeit“ (9, 184). Dazu wird ein Arbeitsweg eröffnet. Dem Kind werden Mittel und Möglichkeiten zum eigenen Handeln angeboten. (vgl. IV. und V.)

Aus diesem Grunde müssen sich Motive in der Umgebung des Kindes befinden, die dazu angetan sind, die Aufmerksamkeit des Kindes wachzurufen und zu fesseln. Läßt sich das Kind angemessen auf den Anruf durch die Dinge ein, so setzt damit ein geistiger Ordnungsprozeß ein: „Genesung“ genannt.

„In unseren Schulen ist diese ‚Genesung‘ nicht Endzweck... sondern der Ausgangspunkt. Danach festigt und entwickelt sich die ‚Freiheit zum Handeln‘, die Personalität. Nur die ‚normalisierten‘, von der Umgebung unterstützten Kinder offenbaren in ihrer sukzessiven Entwicklung die wunderbaren Fähigkeiten, die wir beschreiben: die spontane Disziplin, die ständige, freudige Arbeit, die sozialen Gefühle der Hilfe und des Verständnisses für die anderen. Die Aktivität zur ‚freien Wahl der Beschäftigung‘ wird zur ständigen Lebensweise. Die Genesung ist der Beginn einer neuen Lebensform.“ (9, 185)

Durch die Möglichkeit, Tätigkeiten ausüben zu können, und durch das normale Funktionieren dieser Aktivitäten wird „Gesundheit“ erlangt. Die Stabilisierung dieses Wiederherstellungsprozesses bedeutet die „Normalisierung.“ (4, 49)

In diesem Zusammenhang wird die schon früher zitierte Auffassung Montessoris einleuchtend, daß die Formung der Persönlichkeit sich durch praktisches Tun vollziehe. (13, 77)

3.2.2 Normalisierung: Basis für Persönlichkeitssynthese und -erweiterung

Normalisierung bedeutet Neubeginn einer inneren Aufbauarbeit durch die Konzentration auf eine Arbeit – tätige Meditation genannt. Entscheidend ist die Ausdauer bei einer einzelnen Sache, das versunkene isolierte Verharren bei einem einzigen Gegenstand.

„Wer meditiert, entfernt so viel als möglich jede andere Vorstellung aus dem eigenen Geist und sucht ihn auf den Gegenstand der Meditation zu konzentrieren, so daß die ganze innere Tätigkeit, oder, wie die Mönche es ausdrücken, ‚die ganze Kraft der Seele‘ darauf polarisiert bleibt. Was von der Meditation erwartet wird, ist ‚eine innere Frucht der Kraft‘: die Seele festigt sich, wird mit sich einig, und wird aktiv.“ (1, 218–207)

In solchen Vorgängen der Konzentration oder tätigen Meditation wird das Bewußtsein von sich selbst als einer lebendigen Einheit erfahrbar: Die Seele, d. h. die in der Konzentration eingesammelte Kraft, wird verfügbar, wird mit sich einig und aktiv. In der erreichten Synthese oder funktionellen Einheit der Persönlichkeit erfährt bereits das Kind seine Identität. Nur so werden die vielfältigen Formulierungen Montessoris verständlich, die diesen Sachverhalt meinen: Polarisation der inneren Persönlichkeit. (1, 126–116)

„Dann gewinnt der Mensch die Offenbarung seiner selbst und fühlt, daß er anfängt, wirklich zu leben.“ (1, 74–71)

Die von Montessori häufig verwandten Formulierungen wie Offenbarung und Entdeckung hängen mit dem Phänomen der Polarisation zusammen; an schon zitierter Stelle hieß es, daß der Geist sich auftue, öffne und sensibel werde. Hier liegt die Fähigkeit für das schon mehrfach beschriebene Vernehmen von Anspruch aus einer Umgebung mit Offenbarungscharakter für Welt- und Selbsterschließung. (vgl. V. 5.1.2) Die Polarisation der inneren Persönlichkeit bedeutet auch Aufbau einer den Menschen zentrierenden Mitte: in ihr und durch sie werden Bindungen eingegangen und für das Handeln verbindlich gemacht. (vgl. II. 5.1.2.3; 5.4.3.2; IV. 5.1.2; 5.5.2)

Die Polarisation der Aufmerksamkeit, auch Konzentration genannt, gilt demnach als Ursprungsort des elementaren Ordnungs- und Entwicklungsprinzips menschlicher Personalität: dem Aufbau einer Mitte, die den Menschen zentriert und ihn befähigt, über sich selbst in Verantwortung zu verfügen.

Die Wirklichkeit des normalen menschlichen Aufbaus durch kontinuierliche Konzentrationsphasen beobachtete Montessori an Kindern, denen die Möglichkeit freier Selbstentfaltung via Erziehung gewährt wurde: Sie erwarben Liebe für die Gegenstände, „während sich gleichzeitig der Ordnungssinn, die Disziplin und die Selbstkontrolle in ihnen als Ausdruck einer vollkommenen Freiheit entwickelten“ (10, 70).

4. Arbeit – Experimentieren mit Umwelterfahrungen

Montessoris Umschreibung der kindlichen Tätigkeit als Arbeit hat in der Forschungsgeschichte immer wieder kritische Diskussionen ausgelöst. Auf Mißverständnisse des damit Gemeinten folgen wiederum Versuche der Klärung, insbesondere des Verhältnisses von Arbeit und Spiel im Leben des Kindes.

Ein sehr krasses Urteil findet sich bei M. Muchow: „Das Kinderhausverfahren vernichtet das Spiel, indem es, den Gewinn des Spiels nur in der Übung der Organe und Fertigkeiten des psycho-physiologischen Organismus, aber nicht der personalen Totalität sehend, diesen Gewinn möglichst sicher einzubringen sucht. Es steht mehr unter dem Gesichtspunkt des Lernens und der ‚Aufgabearbeit‘ (Hessen) als dem des Spiels, das der Phantasie bedarf, um sein Wesen zu erfüllen. Stellt man aber das Kind zu früh, wenn seine Welt noch vorwiegend die der Phantasie und des Spiels ist, vor Arbeiten, so läuft man Gefahr, daß diese so beschaffen sind, daß das Kind noch nicht imstande ist, sie sinnvoll zu tun; es entsteht die Gefahr der mechanischen Übernahme vom vormachenden Lehrer, von den fortgeschrittenen Gefährten oder aus der Tradition, die die schlimmste Feindin der Selbständigkeit geistiger Entscheidung ist. So liegt in der Erziehungsweise, die die Selbständigkeit des Kindes auf ihre Fahne geschrieben hat, im letzten Grunde die Gefahr der Vernichtung dieser Selbständigkeit im höheren Sinne.“ (Hecker, H. / Muchow, M., 1927, 154.155)

Das Zitat spricht für sich. Es macht deutlich, daß hier die Arbeitsauffassung des Erwachsenen einfach auf das Kind übertragen wird. Montessori aber liegt gerade an einer Unterscheidung dessen, was Arbeit für das Kind und was Arbeit für den Erwachsenen bedeutet.

H. Helming und E. M. Standing kommen in ihren Interpretationen dem durch Montessori mit Arbeit Gemeinten näher und beurteilen auch ihre Einstellung zum Spiel ausgewogener und differenzierter. (Helming, H., [4]1971, 76–85; Standing, E. M., o. J. 291–293; vgl. auch: Schmutzler, H. J. 1975)

Im Rahmen dieser Arbeit soll die erwähnte Diskussion nicht aufgegriffen und fortgeführt, sondern – wie bisher – der Versuch unternommen werden, Montessori aus dem Kontext ihrer eigenen Arbeiten zu interpretieren, um auf diesem Wege das Gemeinte herauszuarbeiten.

4.1 Bildwort: Arbeiter

Von Montessori wird der ausdrückliche Versuch unternommen, das Kind in der menschlichen Gesellschaft unter einem in der Gegenwart geläufigen Gesichtspunkt zu betrachten:

> „Das Bild des Arbeiters in der marxistischen Lehre ist heute Gemeingut des modernen Bewußtseins geworden: der Arbeiter als Erzeuger von Wohlstand und Reichtum, als wesentlicher Mitarbeiter am großen Werk des gesellschaftlichen Lebens. Als solcher wird er von der Gesellschaft im Hinblick auf seine moralischen und ökonomischen Werte anerkannt und hat somit vom moralischen und ökonomischen Standpunkt her das Recht auf Mittel und Materialien, um seine Arbeit durchführen zu können. Übertragen wir nun diese Idee auf unser Gebiet und werden wir uns bewußt, daß das Kind ein Arbeiter ist, dessen Aufgabe es ist, den Menschen hervorzubringen. Dieser Tatsache zufolge muß die Gesellschaft dem Kinde Rechnung tragen und seine Rechte anerkennen, indem sie für seine Bedürfnisse aufkommt." (9, 14)

Abgesehen von dem Versuch einer sozial-rechtlichen Gleichstellung des Kindes mit der Funktion des Arbeiters für die Gesellschaft, wird nachdrücklich die Bedeutung der Kindheit mit Hilfe des „Bildes" vom Arbeiter herausgestellt. Daraus ergeben sich methodische Konsequenzen: Das Kind als Erzeuger eines Werkes, durch das der Mensch, die Menschheit geschaffen werden, bedarf einer entsprechenden Einschätzung und Anerkennung sowie der Bereitstellung erforderlicher Mittel. In diesem Bild werden anthropologische, sozial-reformerische und pädagogisch-didaktische Aspekte miteinander verknüpft. (8, 66.67)

4.2 Mensch – Arbeiter par excellence

Lebewesen einschließlich des Menschen, die durch ihre Aktivitäten einen Überschuß produzieren, also mehr als die unmittelbar notwendige Selbst- und Arterhaltung erfordert, werden bezeichnet als „Werkleute des Universums". Unter ihnen gilt der Mensch – ausgestattet mit einer hohen Intelligenz – als „Arbeiter par excellence“ (10, 108; 6, 262). Mit dieser Bezeichnung wird die Fortschritt und Kultur schaffende Tätigkeit des Menschen angesprochen, die nach Montessoris Auffassung einen Teil der kosmischen Arbeit ausmacht. Der Zusammenhang von Intelligenz und Arbeit deutet sich an.

„Die Arbeit ist sicher das merkwürdigste Kennzeichen des Menschen: der Fortschritt der Zivilisation ist gebunden an einen in unzähligen Formen sich äußernden Tätigkeitsdrang, der darauf abzielt, Umwelt zu schaffen und dem Menschen sein Dasein zu erleichtern.“ (6, 260)

Für die weiteren Ausführungen ist es wichtig, den Aussagegehalt dieses Zitates zu berücksichtigen. Es handelt sich bei der Verwendung der Bildworte Arbeit und Arbeiter um einen Versuch, menschliche Fähigkeiten und Aufgaben zu erhellen: Arbeit als Tätigkeit der kreativen Intelligenz; Arbeit als Prozeß aktiver Entwicklung des Menschen als Individual- und Sozialwesen.

4.3 Zwei Arbeitsarten

Das Wort Arbeit wird nach ausdrücklicher Betonung nicht im herkömmlichen Sinne verwandt. Diesbezüglich ist von einem grundlegenden Trieb oder von einem „Arbeitsinstinkt“ die Rede. (6, 258; 10, 36) Damit wird zum Ausdruck gebracht, daß es sich bei den mit Arbeit bezeichneten Tätigkeiten um grundlegende und elementare Aktivitäten handelt. Der menschliche Geist bedarf ihrer zu seiner Entwicklung in Richtung Freiheit. Ihre Auffassung vom Wesen der Arbeit erklärt Montessori mit einem Wort Gibrans: „Die Arbeit ist sichtbar gewordene Liebe.“ (9, 185; 10, 37.39)

Diese Definition mag auf den ersten Blick sehr ungewöhnlich erscheinen. Sie bedarf der näheren Untersuchung. Bevor dies geschehen kann, ist es zuvor notwendig, auf Montessoris Unterscheidung der beiden Arbeitsarten – der des Kindes und der des Erwachsenen – näher einzugehen. Sie sagt in diesem Zusammenhang, daß es zwei Haupttypen von Arbeit gebe: die Arbeit des Erwachsenen und die des Kindes. Beide sind notwendig für das Leben der Menschheit. (6, 265)

4.3.1 Arbeit des Erwachsenen

„Die dem Erwachsenen zukommende Tätigkeit ist das Mitwirken am Aufbau eines Lebensbereiches, der über der Sphäre des Natürlichen liegt. Es handelt sich hier um eine äußere Arbeit, getragen von vernunftbestimmter Willensanstrengung und auch als produktive Arbeit bezeichnet, ihrer Anlage nach sozial, kollektiv und organisiert.“ (6, 265)

Von dieser Art Arbeit läßt sich zunächst sagen, daß sie dazu zwingt, sich nach sozialen Normen auszurichten, um das Ziel der Arbeit zu erreichen. Die soziale Arbeitsorganisation verlangt eine Gemeinschaftsdisziplin, der der Erwachsene sich freiwillig unterwerfen muß. Ein weiterer Aspekt ist die Arbeitsteilung, die auch bei allen Lebewesen des Universums vorgefunden und eingehalten werden muß. Weiter hat das arbeitende Individuum selbst die Intention, mit dem geringsten Kraftaufwand und wenig Mühe gleichzeitig viel zu erreichen: Ökonomieprinzip genannt. (6, 265.266)

Außerdem arbeiten Erwachsene in erster Hinsicht aus äußerlichen Gründen: ihr Ziel ist es, etwas für die getane Arbeit – deutlich erkennbare, reale Belohnungen – zu erhalten. (7, 47)

Montessori verkennt nicht, daß die beschriebenen Aspekte einer Anpassung an die Notwendigkeit der Arbeit für den einzelnen und die Gemeinschaft unumgänglich sind. Sie erkennt aber auch die Grenzen und Gefahren, die allerlei konfliktschaffende individuelle und kollektive Abwegigkeiten im Verlaufe der Geschichte bereits bewirkt haben und noch immer bewirken: Der Besitztrieb, der keine Beziehung zu Selbst- oder Arterhaltung hat, wuchert. Besitzgier siegt über die Liebe und kippt sie um in Haß. Wo sie in organisierte Lebens- und Arbeitsbereiche einbricht, wird sie zu einem Faktor der individuellen und sozialen Behinderung.

„So wird die Arbeitsteilung abgelöst von der Ausbeutung fremden Fleißes, wie sie durch die Gesetze der Konvention geregelt ist, die als Rechtsgrundsätze bemäntelte Folgeerscheinungen menschlicher Abwegigkeit zu sozialen Grundregeln erhebt." (6, 266)

In der so entstehenden tragischen und düsteren Sozialatmosphäre, die durch das als „Wohltat maskierte Übel" entsteht, verlieren sich die Konturen echter menschlicher Arbeit. Leiden, die dadurch entstehen, werden als Notwendigkeiten hingenommen. So geschieht es, daß die Arbeit der menschlichen Gesellschaft auf falschen Grundlagen ruht und die wahre Arbeitshaltung „in Besitzgier, Machthunger, Heuchlertum und Monopolstreben entartet" (6, 259).

Die Arbeit läßt sich als „Kampf zwischen entgleisten Charakteren" bestimmen (6, 259). Sie wird zur Zwangsarbeit, ruft stärkste innere Hemmungen hervor, gilt als hart und widerwärtig. Gerät auf solche Weise durch die Entartung der Arbeit die menschliche Persönlichkeit auf Abwege, so ist ihr gesamtes Leben und ihr Lebensbereich bedroht, weil Gefahr für den Menschen, seine Umwelt und den Fortschritt der Zivilisation besteht.

Der Zusammenhang von Arbeit und Liebe, die nicht besitzen will, erhält im Rahmen dieser Aussagen einen bedeutenden Stellenwert.

4.3.2 Arbeit des Kindes

Die Arbeit des Kindes besteht in schöpferischen Aktivitäten. Sie geschieht unbewußt „durch eine in der Entwicklung befindliche geistige Energie" (6, 269;

vgl. Kap. III. 4.2) Unter diesem Gesichtspunkt ist es wichtig, die Art so verstandener kindlicher Arbeit und ihre Ausdrucksformen kennenzulernen, in denen sie sich von denen der Erwachsenenarbeit unterscheidet:

Das Kind arbeitet nicht, um ein äußeres Ziel zu erreichen – sein Ziel ist das Arbeiten selbst.

Es folgt bei seinen Aktivitäten nicht dem Ökonomieprinzip des geringsten Aufwandes an Energie und Mühe bei gleichzeitig größtem Effekt.

Kindliche Arbeit zielt nicht ab auf konkrete und reale Belohnungen.

Das Kind bedarf keines Übermaßes an äußeren Motiven.

Es ermüdet nicht bei der Arbeit, vielmehr wächst seine Energie.

Darum möchte es sich der Mühe unterziehen und sie sich nicht abnehmen lassen. (6, 269–275)

Entscheidend für die so verstandene kindliche Arbeit ist die Freigabe seiner spontanen Aktivitäten. Montessori macht mit Nachdruck darauf aufmerksam, daß es die erzwungene Arbeit ist – die auch in Schulen methodisch praktiziert wird –, die dem Kind wirklich schadet, weil durch sie der erste Arbeitswiderwille entsteht. (7, 15)

Die Bedeutung des „Freiarbeitsprinzips" für den optimalen Lernerfolg durch Konzentrationsvorgänge wird in der Gegenwartsliteratur zu Montessori häufig hervorgehoben. (Neuhaus, E., 1967, 105; Ockel, B., 1968, 74; Ruthenberg, K. u.a., 1974, 292)

Der wichtigste Stützpunkt, auf den sich kindliche Arbeit aufbaut, ist das im 2. Punkt behandelte psychische Phänomen der Konzentration oder Polarisation der Aufmerksamkeit. So läßt sich verstehen, daß Montessori die beschriebene Verlaufsform der Polarisation der Aufmerksamkeit als Arbeitszyklus beschreibt. Die Hauptphase wird die Periode der großen Arbeit genannt. Sie ist ein Kulminationspunkt der Einheit der Kraftanspannung und der höchsten Anspannung der Kräfte. Zu solcher Konzentration oder Meditation, die das Wesen kindlicher Arbeit ausmachen, bedarf das Kind der Beziehung zu einem Gegenstand, einem Detail der Wirklichkeit.

„Die Arbeit ist eine Aktivität, die weder mit der Belehrung noch mit dem Wunsch des Erwachsenen zusammenhängt. Die Arbeit eint das kindliche Wesen mit der Umgebung. Aber diese Arbeit zeigt sich nur bei Kindern, die in einer Umgebung leben, die ihnen angepaßt ist." (7, 15)

Den im Zitat beschriebenen Prozeß der Einung des kindlichen Wesens mit der Umgebung nennt Montessori auch das „Aufgehen in einer Arbeit", nämlich eine für das Kind interessante und auch frei gewählte Tätigkeit an einem Gegenstand der bereitgestellten Umgebung. Solche Arbeit hat dann die schon beschriebenen Wirkungen. (vgl. 3.)

Grundvoraussetzung dazu ist die Ermöglichung von Erfahrungen in einer vorbereiteten Umwelt, mit denen das Kind experimentieren kann. „Dieses Experimentieren bezeichnen wir als ‚Arbeit'." (9, 82)

4.3.3 Arbeit – Liebe – Intelligenz

Die eigentliche Arbeit ist das Zustandekommen der Polarisation der Aufmerksamkeit, in der Kind und Gegenstand sich miteinander einen. Der Geist des Kindes tut sich bei diesem „Aufgehen in der Arbeit“ auf. Darin wird „Zugang zum Kern einer Sache“ gewonnen. (Oswald, P., 1967, 22)

Liebe treibt zum Erkennen, zur Begegnung zwischen der geliebten Sache und dem Geist, „es ist die Liebe, die zur intelligenten Aktivität führt“ (10, 38).

Im Vorgang der tätigen Meditation, auch Phase der großen Arbeit genannt, vollzieht sich „ein tiefes Ergriffensein von der Sache so stark, daß das Kind darüber Raum und Zeit vergißt.“ (Neuhaus, E., 1967, 93)

In solchem Ergriffensein offenbart sich die Sache in ihrem innersten Kern. Sie wird darin geschaut, erkannt. F. J. J. Buytendijk beschreibt diese Form des Erkennens, das zur Bindung an die Realität führt, als „Liebhaben mit dem Verstand“ (Buytendijk, F. J. J., 1932, 266). Montessori nennt dies eine Form von Liebe, die erkennen und nicht besitzen will.

Aussagen, die sich gegenseitig bestätigen, werden in diesem Zusammenhang interessant:

> „Die kindliche Liebe kommt aus der Intelligenz, und sie baut auf, indem sie liebevoll sieht und beobachtet. Die Eingebung, die das Kind dazu drängt zu beobachten, ließe sich mit einem Wort Dantes ‚intelletto d'amore‘ (‚Intelligenz, Schaukraft der Liebe‘) nennen.“ (6, 144)

An anderer Stelle heißt es:

> „Ja, das Kind ist ein leidenschaftlicher Intellektueller. Wenn es nicht diese intellektuelle Leidenschaft besäße, wie könnte es sich in der Welt orientieren?“ (10, 90)

Der Zusammenhang von kindlicher Arbeit, Intelligenz und Liebe geht aus diesen Zitaten eindeutig hervor (vgl. dazu Kap. II. 1.2.5 Gutsein – Physiognomie der Sittlichkeit). Nicht so leicht zu verstehen ist der von Montessori genannte Charakterzug der Sittlichkeit, die sie als Möglichkeit bezeichnet, „sich in Beziehung zur Wirklichkeit zu setzen, was nicht Phantasie bedeutet“ (10, 36). Hier liegt vielleicht der Schlüssel zu ihrem nicht eindeutigen Verhältnis zur Phantasie.

Wahrnehmung der Realität und gute Orientierung in der äußeren Welt gelten Montessori als Kriterien einer sich gut organisierenden Persönlichkeit. So wird auch Buytendijks Feststellung verstehbar: „Das Geheimnis der Methode M. Montessoris ist die Apperzeption der Wirklichkeit der Liebe, die identisch ist mit der Liebe für die Wirklichkeit.“ (Buytendijk, F. J. J., 1952, 302) Diese Haltung ist ein Arbeiten und Lernen „rein um der Sache selbst willen.“ (Oswald, P., 1970, 51)

Ursprungsort solchen Haltungserwerbes ist die Polarisation der Aufmerksamkeit, als deren Zentrum die „große Arbeit“ bezeichnet wird. Sie ist die Grundsituation, die den paradoxen „entselbstenden Charakter der Liebe“ bewirkt: „Das Kind, frei von den Sorgen um Ichbewahrung, ist jetzt zur Selbstvergessenheit in der Arbeit, zur Hingabe an die Sache fähig." (Moosmann, H., 1966, 4,5; vgl. dazu Jühlke, K.-J., 1980, 69f.)

Am Ende dieser Überlegungen kann festgestellt werden: Die in II. 1.2.5 genannten Qualitäten des „neuen Menschen" sind identisch mit der hier inhaltlich begründeten Zielsetzung Montessoris. „... unser Ziel besteht darin, zur Aktivität, zur Arbeit, zum Guten zu disziplinieren." (8, 62)

4.4 Rhythmus von Arbeit und Spiel

Es scheint notwendig zu sein, Spiel im weiteren und Spiel im engeren Sinne zu unterscheiden. Spiel im weiteren Sinne – als zweckfreie, aber sinnvolle, intensive und selbstvergessene kindliche Tätigkeit – ist identisch mit dem, was Montessori unter Polarisation der Aufmerksamkeit versteht. Grenzt man Spiel im engeren Sinne davon ab, so müßte die gezielte Lenkung durch eine entsprechende Anregungsumwelt entfallen. Das ist in der Montessori-Praxis auch tatsächlich der Fall. Es gibt sogenannte Spielecken mit dem üblichen Spielzeug. (Helming, H., [4]1971, 78.79)

Einerseits spricht Montessori von einem Rhythmus hervorgelockter und durch die Dinge gelenkter kindlicher Aktivitäten, die einen Arbeitszyklus ermöglichen. Auf der anderen Seite erwähnt sie auch andere Beschäftigungsarten.

Um zu verhindern, daß der kindliche Geist durch Untätigkeit in Trägheit verfällt, und auf Grund der Bedeutung vollendeter Aktivitäten für die kindliche Entwicklung weist sie darauf hin, daß die Arbeit im beschriebenen Sinne zur Gewohnheit und dadurch Müßiggang überwunden wird.

> „Aber um eine solche Gewohnheit aufrechtzuerhalten und die Persönlichkeit in ihrer Entwicklung nicht zu unterbrechen, ist es erforderlich, daß an jedem Tag eine wirkliche Arbeit verrichtet wird." (1, 110–104)

„An jedem Tag eine wirkliche Arbeit" – dieser Satz ist ein Schlüssel zum Verständnis dafür, daß Montessori keineswegs daran denkt, den kindlichen Alltag mit Lernaktivitäten zu verplanen und anzufüllen. Die Praxis der Montessori-Kinderhäuser zeigt durchgängig, daß eine bestimmte Zeit dem Arbeiten mit dem Material zugedacht ist. In der übrigen Zeit beschäftigen sich die Kinder drinnen oder draußen in anderer Weise spielend.

Ein Kind, das gelernt hat, sich konzentriert mit einer Sache zu beschäftigen und sie zu Ende zu führen, wird auch einen anderen Zugang zum unmittelbaren Spiel haben im Gegensatz zu jener Haltung, die Montessori „müßige Tändelei" nennt. (6, 170)

In diesem Zusammenhang muß jedoch kurz auf den in der Kritik immer wieder aufgegriffenen und auch tatsächlich gegebenen wunden Punkt hingewiesen werden: Montessoris zwiespältiges Verhältnis zu Phantasie und Einbildungskraft sowie deren Unterschätzung – um nicht zu sagen: Fehleinschätzung – für die Bedeutung kindlichen Spielens (vgl. Schmutzler, K.-H. J., 1981).

„Eine Art der Einbildungskraft, die für ein charakteristisches Merkmal der Kindheit angesehen und fast allgemein für schöpferisch gehalten wird, ist jene spontane Tätigkeit des kindlichen Geistes, mit der die Kinder aus ihren Wünschen heraus den Gegenständen Eigenschaften beilegen, welche sie nicht besitzen. Wer hat nicht schon Kinder gesehen, die den Spazierstock des Vaters als Steckenpferd benützen? Das gilt als Beweis für die kindliche ‚Einbildungskraft'." (1, 246–238)

In diesem Zitat zeigt sich ein Bemühen, die „nebelhafte Periode kindlichen Geistes" nicht zu verstärken, sondern durch gezielte Hilfen Brücken zur Wirklichkeit anzubieten.

Äußerungen im Hinblick auf die Bedeutung der Vorstellungskraft und Phantasie für das Schulalter sind differenzierter:

„Wer nicht diese Welt der Phantasie besitzt, ist nur ein armes Wesen. Aber das Kind, das zuviel Phantasie hat, ist ein unruhiges Wesen. Wir wissen es kaum zu beruhigen. Sagen wir doch nicht: ‚Wir wollen die Phantasie des kindlichen Geistes unterdrücken', sondern sagen wir: *‚Die Phantasie genügt seinem Geiste nicht.'* Man muß auch die andere Seite seiner Intelligenz pflegen, nämlich jene der Beziehungen zur äußeren Welt: seine Aktivität. Dadurch werden wir es an Zucht gewöhnen. Die Vorstellungskraft des Kindes ist verschwommen, ungenau und unbegrenzt. Aber sobald es sich mit der äußeren Welt in Kontakt befindet, ist es auf Genauigkeit angewiesen." (5, 48)

In diesem Zusammenhang wird ausdrücklich gesagt, daß das Kind, dem die Meditation am Detail ermöglicht wird, seine Phantasie (Imagination) zu Hilfe nehmen muß, um das Ganze der Wirklichkeit zu rekonstruieren. (5, 47)

Die Gegenüberstellung dieser Aussagen läßt ein Pauschalurteil über Montessoris Bewertung der Phantasie im Leben des Kindes nicht zu. Es ist notwendig, herauszufinden, wogegen sich ihre Kritik richtet und wohin sie ihre Akzente – sozusagen als Ergänzung oder tarierendes Gegengewicht – setzt.

Ihre Kritik im Hinblick auf Spielsachen scheint sich auf solche zu richten, die keine fördernde Wirkung im Kind zulassen. Durch solche Dinge kommt die kindliche Aktivität in falsche Bahnen. Sie wendet sich der Beschäftigung mit Dingen zu, denen ein wirkliches Ziel fehlt. Die Folgen sind unbewußte Entmutigung, lähmende Passivität und resignierende Untätigkeit. (2, 24)

Das Fehlen der gezielten Förderung kindlicher Aktivitäten hat also Folgeerscheinungen: das Versinken des kindlichen Bewußtseins in trägen Dämmerschlaf. (8, 107)

Um dies zu verhindern und auf Grund ihrer Beobachtungen des Dranges kindlicher Aktivitäten, ist die folgende Äußerung verständlich: „... im Leben des Kindes sei Spielen vielleicht etwas Untergeordnetes, zu dem es nur dann seine Zuflucht nimmt, wenn ihm nichts Besseres, von ihm höher Bewertetes zur Verfügung steht." (6, 170)

Es ist nicht zu übersehen, daß der Hauptakzent auf die Ermöglichung des Zustandekommens der Polarisation der Aufmerksamkeit und deren persönlichkeitsfördernde Wirkungen gelegt wird. In diesem Zusammenhang ist es von Bedeutung, die Praxis der noch heute bestehenden Kinderhäuser ergänzend hinzuzunehmen. Hier wechseln die sogenannten Freiarbeitsphasen mit freiem Spiel täglich in ausgewogener Weise miteinander ab. Durch diese Beobachtung wird sehr deutlich, was Montessori meint, wenn sie hinsichtlich der Umsetzung ihres Erziehungsdenkens in konkrete Praxis sagt: „Die Geschicklichkeit der Lehrerin liegt in der durchdachten Anwendung der Grundlagen unserer Methode." (2, 88)

5. Gegenwartsbezug: tätige Meditation und Lernen des Lernens

E. Neuhaus sieht die Gegenwartsbedeutung des Montessori-Modells darin gegeben, daß in ihm der Wert der Konzentration für die Bildung des Menschen erkannt und entsprechende Materialien entwickelt wurden, die solche Polarisation ermöglichen. (Neuhaus, E., 1967, 105)

5.1 Tätige Meditation

In diesem Zusammenhang ist die Frage an die Erziehungspraxis zu stellen, welchen Stellenwert der Vorgang der methodischen Konzentration – auch tätige Meditation genannt – in ihr einnimmt. Es ist auffallend, daß in der pädagogischen Fachliteratur der heutigen Zeit keine Arbeiten zu diesem pädagogisch hoch relevanten Thema (vgl. VI. 3) zu finden sind. Hier besteht offenbar eine Lücke von weittragender Bedeutung.

E. Gottfried hat eine kleine Arbeit unter dem Titel „Meditation mit Vorschulkindern" herausgegeben. In ihr wird nach dem Ziel der Meditation und ihrem Platz in der Pädagogik gefragt. Die Erarbeitung inhaltlicher Meditationsübungen geschieht auf Grund der Anregungen von Montessori. (Gottfried, E., 1973, 275) Den bekannten und vorgestellten Übungen der Stille und Bewegung (vgl. IV. 1.1 und 1.2) werden weitere Formen und Inhalte hinzugefügt. Dabei geht es speziell um die Sensibilisierung im Bereich von Hören, Sehen und Empfinden. Für Erfahrung wird den Kindern Zeit gelassen, sie bestimmen auch den Abschluß. Außerdem werden die Kinder zu einem dialogischen Gespräch über die gemachten Erfahrungen hingeführt.

5.2 Lernen des Lernens

„Im Grunde ist das, *was* die Kinder lernen, nur zweitrangig, denn in jedem Zeitalter wird der Stoffplan sich ändern, aber *wie* sie es lernen ist ausschlaggebend." (Ockel, B., 1968, 76)

Das *Wie* des Lernens nimmt einen zentralen Stellenwert im *Strukturplan* ein: Damit ist der formale Grundsatz vom Lernen des Lernens gemeint: ein selbständiges Lernenkönnen, das seinerseits zunächst gelernt werden muß. (Deutscher Bildungsrat, 1970, 33)

Was hier als Formalprinzip für selbsttätiges Lernen bezeichnet wird, nennt Montessori die „Aneignung der Bildung durch die eigene Aktivität des freigegebenen Kindes, das dabei eine ‚Art bildenden Mechanismus'" enthüllt: das Phänomen der Polarisation der Aufmerksamkeit als genuines Bildungsgeschehen. (vgl. 2. und 3.)

6. Zusammenfassung

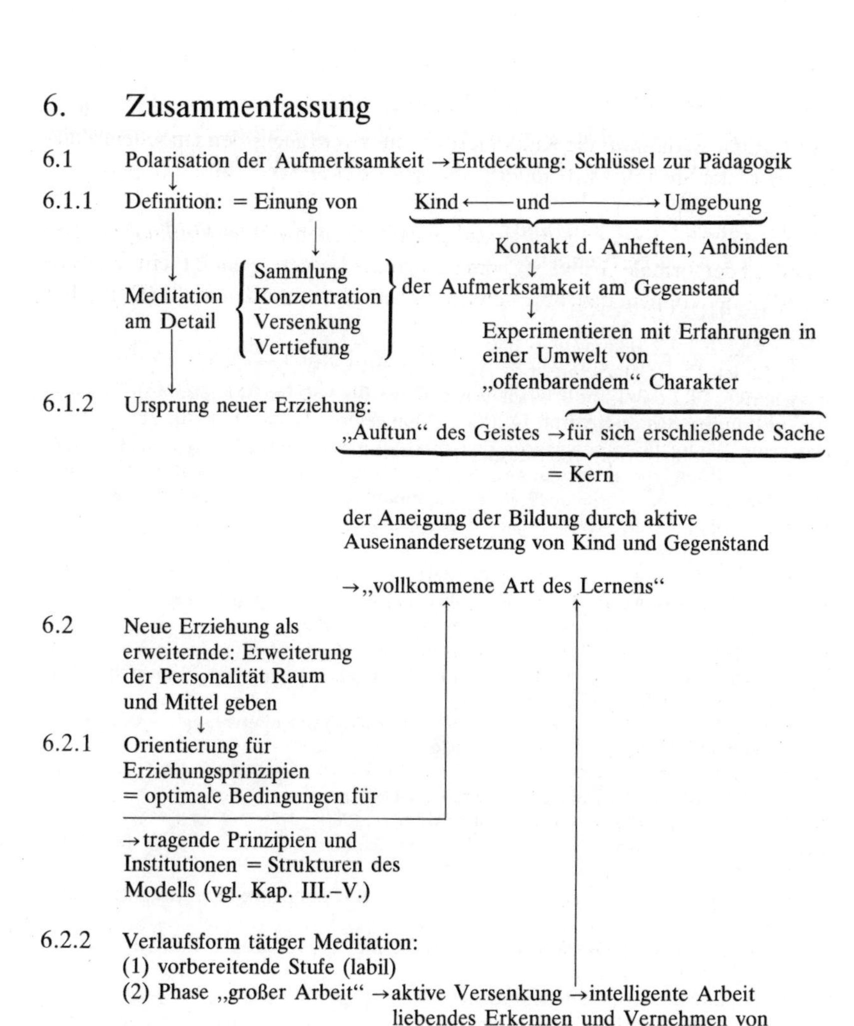

(3) Phase der Verarbeitung

6.3 Wirkungen der Konzentration
Komplexe Bildungswirkungen:
= Ziel →vgl. Kap. II. 5.7

6.3.1 Entdeckungen und Wirkungen intellektueller, motivationaler und sozialer Art

6.3.2 Normalisierung als personale Reorganisation und Rekonstruktion zur funktionellen Einheit der Persönlichkeit

6.3.3 sich einstellende Qualitäten des neuen (sittlichen) Menschen: selbstlose Liebe → aktive Disziplin → aktiver Friede (Gerechtigkeit) → freigebende Achtung → Erkenntnis und Anerkennung der Realität

6.3.4 Entstehung des festen Gefüges der Persönlichkeit mit zunehmender Fähigkeit, sich aufgrund der (6.3.3) beschriebenen Qualitäten selbst zu leiten, zu bestimmen.

7. Literaturverzeichnis

Buytendijk, F. J. J.: Bildung der Jugend durch lebendiges Tun (1932). In: Schulz-Benesch, G. (Hg.): Montessori. Darmstadt 1970. 254–273

Buytendijk, F. J. J.: Gelebte Freiheit und sittliche Freiheit im Bewußtsein des Kindes (1952). In: Schulz-Benesch, G. (Hg.): Montessori. Darmstadt 1970. 282–303

Dartmann, W.: Realisierungschancen Freier Arbeit in der Grundschule und die Frage ihrer Kontinuität beim Übergang zur Sekundarstufe I. Analyse der Richtlinien u. Lehrpläne der Primar- u. Sekundarstufe I als Fundierung der F. A. Diss. Münster 1989

Deutscher Bildungsrat: Strukturplan für das Bildungswesen (abgekürzt: *Strukturplan*). Stuttgart [1]1970

Gottfried, E.: Meditation mit Vorschulkindern. In: Welt des Kindes 12 (1973) 273–282

Hecker, H. / Muchow, M.: Friedrich Fröbel und Maria Montessori. Leipzig 1927

Helming, H.: Montessori-Pädagogik. Freiburg [4]1971, [13]1989

Holtstiege, H.: Montessori-Pädagogik. In: Lenzen, D. (Hg.): Enzyklopädie Erziehungswissenschaft, Bd 7: Hemmer, K. P./Wudtke, H. (Hg.): Erziehung im Primarschulalter. Stuttgart 1985, S. 425–435

Holtstiege, H.: Maria Montessori und die „reformpädagogische Bewegung." – Studien zur Montessori-Pädagogik 1. Freiburg (1986).

Holtstiege, H.: Maria Montessoris Neue Pädagogik: Prinzip Freiheit – Freie Arbeit – Studien zur Montessori-Pädagogik 2. Freiburg (1987)

Jühlke, K.-J.: Montessori und Freud. Diss. Münster, 1980

Ludwig, H.: Montessori-Freiarbeit mit Ausländerkindern konkret. In: SMP 14 (1986), S. 385-392

Moosmann, H.: Die Bedeutung der Arbeit in der Kleinkinderziehung. In: Das Kind 1 (1966) 1–5

Neuhaus, E.: Zur Gegenwartsbedeutung der Montessori-Pädagogik. In: Die Deutsche Schule 2 (1967) 49–88

Ockel, B.: Montessori in der Grundschule. In: Pädagogik heute 1 (1968) 72–80

Oswald, P.: „Die Polarisation der Aufmerksamkeit", das Zentralphänomen der Montessori-Pädagogik. In: Pädagogische Rundschau 12 (1963) 1017–1024

Oswald, P.: Zur Didaktik Maria Montessoris. In: Mitteilungen des Düsseldorfer Kreises. 3/4 (1967) 4–25

Oswald, P.: Die Anthropologie Maria Montessoris. Münster 1970

Ruthenberg, K. u. a.: Das Münchener Montessori-Modell. In: Neue Sammlung 3 (1974) 289–310

Schmutzler, H. J.: Spiel, Arbeit u. Phantasie bei Fröbel u. Montessori. Münster 1975 (Diss. PH WL)

Schmutzler, H.-J.: Bedeutung und Bildung der Phantasie bei Montessori. In: Montessori-Werkbrief 3/4 (1981), 55–74

Standing, E. M.: Maria Montessori. Stuttgart o. J.

Veen-Bosse, B. van: Konzentration und Geist. Die Anthropologie in der Pädagogik Maria Montessoris. In: Hagenmaier, Th. / Correll, W. / Veen-Bosse, B. van: Neue Aspekte der Reformpädagogik. Heidelberg 1964. 101–160

VII. Anhang

1. Zeittafel zum Leben und Wirken Maria Montessoris

31.8.1870	Maria, Tochter eines Offiziers des Risorgimento, Alessandro Montessori und Renilde geb. Stoppani, in Chiaravalle bei Ancona geboren. Es ist das Jahr der Gründung einer konstitutionellen Monarchie in Italien.
Um 1882	(andere Quellenlage mehr für 1872) lebte die Familie Montessori in Rom. Besuch einer technischen Schule für Jungen – einer Vorstufe des heutigen Realgymnasiums – Abitur – Studium der Medizin an der Universität Rom.
1896	Staatsexamen und Promotion als erster weiblicher Doktor der Medizin in Italien – Assistenzärztin an der psychiatrischen Universitätsklinik in Rom.
1900	Wirtschaftliche und soziale Krisen bilden den Hintergrund ihrer Initiativen zugunsten der ausgebeuteten Kinder in sizilianischen Minen, die sie auf dem Londoner Frauenkongreß einbringt.
1898–1900	Leiterin der Scuola Ortofrenica (Schule zur Ausbildung von Heilpädagogen) – Aufenthalt im Bourneville-Institut in Paris – Studium der Werke Jean Marie Itards (1775–1830), Édouard Séguins (1812–1880) und des Taubstummenlehrers Pereira (1715–1780) – Praxis als Kinderärztin in Rom.
1899	Das Recht des geistig-behinderten Kindes auf Achtung innerhalb der Gesellschaft bildet den Kern ihrer Vortragsreihe auf einem Kongreß in Turin. – Das Problem der Abhängigkeit von sozialer Herkunft und Schulerfolg ist Inhalt ihrer empirischen Forschungen in dieser Zeit. – Studium der Psychologie und Philosophie an der Universität Rom.
1904–1908	Prof. für Anthropologie an der Universität Rom.
6.1.1907	Eröffnung des ersten Kinderhauses (casa dei bambini) in San Lorenzo, einem slumähnlichen Viertel Roms, auf Initiative einer gemeinnützigen Wohnbaugesellschaft zur unentgeltlichen Betreuung vernachlässigter Vorschulkinder. Mit der Übernahme dieser Institution bringt sie ihr Gedankengut für die Gestaltung der Umgebung des Kindes ein und verwendet erstmals ihr Sinnesmaterial bei normalen Kindern.

1909	Sie legt die Ergebnisse ihrer teilnehmenden Beobachtung und der darauf aufbauenden Prinzipien erstmals schriftlich nieder. Sie gibt ihre Praxis als Ärztin auf, überträgt Helferinnen die Leitung der Kinderhäuser und widmet sich von nun an der Ausbildung von Erziehern.
1913	Gründung des „Hauses der Kinder in der Kirche" in Barcelona. – Von 1915 an Zentrum ihrer Bemühungen um die Rechte des Kindes in der modernen Gesellschaft – häufiger Aufenthalt in Spanien.
1915	Einführung der religionspädagogischen Gedanken Maria Montessoris durch A. Maccheroni anläßlich des liturgischen Kongresses auf dem Montserrat.
1926	Gründung eines Montessori-Institutes in Wien – Anerkennung durch S. Freud. (Unter dem faschistischen Regime werden ihre Schulen in Italien geschlossen – in Deutschland und Österreich werden ihre Bücher verbrannt.)
1936	Zu Beginn des Spanischen Bürgerkrieges Weggang von Barcelona.
1939	Aufenthalt in Indien – kurze Internierungszeit – Möglichkeit freier Vortragsreisen – freundschaftliche Beziehungen u.a. zu Rabindranath Tagore und seiner Schule „Heim des Friedens".
1949	endgültige Rückkehr nach Europa (Holland) – Vortragsreisen – Ehrungen auf internationaler Ebene.
6.5.1952	In Noordwijk-an-Zee in Holland gestorben.

Lit.: Standing, E.M.: Maria Montessori – Leben u. Werk. Stuttgart o.J.
Kramer, R.: Maria Montessori. Leben und Werk einer großen Frau. München 1977

2. Personenregister

(In Klammern angegebene Seitenzahlen beziehen sich auf Literaturangaben)

3. Sachregister

(Synonym verwandte Begriffe sind nicht gesondert aufgeführt. Eine zusätzliche Hilfe sind das klargegliederte Inhaltsverzeichnis sowie die Zusammenfassung am Ende eines jeden Kapitels.)